Óscar Martínez

Eine Geschichte der Gewalt

Leben und Sterben in Zentralamerika

Aus dem Spanischen von
Hans-Joachim Hartstein

Verlag Antje Kunstmann

Anstelle eines Vorworts

Dieses Buch hat drei Teile : Einsamkeit, Wahnsinn und Flucht.

Einsamkeit ist der erste und längste Teil. Er handelt von der Abwesenheit des Staates. Von den Regionen, aus denen sich die Regierungen verabschiedet oder in denen sie sich mit dem organisierten Verbrechen arrangiert haben, wobei die Regeln von den kriminellen Banden gemacht werden. Dieser Teil berichtet über die Ankunft der Zetas in Guatemala; über die Grenze zwischen Guatemala und Honduras und die Unfähigkeit der Polizei, dort wirksam einzugreifen; darüber, wie der Staat die nicaraguanische Karibikküste aufgegeben hat, wo viele Menschen sich dem Fang der »weißen Languste« widmen, um zu überleben (das heißt, Kokainbeutel, die von den Händlern ins Wasser geworfen werden, aus dem Meer fischen); darüber, wie eine Straßengang wie die von Chepe Furia vor den Augen des Staates zu einer Bande des organisierten Verbrechens aufsteigt; darüber, wie der Staat die Bauern von Guatemala im Stich lässt, die an der Grenze zu Mexiko, dem »Goldenen Tor« des Drogenschmuggels, leben und von den Drogenbaronen von ihrem Land vertrieben werden; über ein Gespräch mit einem der Drogenbosse an der Grenze zwischen Nicaragua und Costa Rica, der sich darüber amüsiert, wie die Polizei sich zum Komplizen macht oder sich als unfähig erweist, dem groß angelegten Kokainschmuggel zu begegnen.

Wahnsinn ist der zweite Teil. Er beschreibt die Sinnlosigkeit, die extreme Gewalt, in der uns die Einsamkeit versinken lässt. Er berichtet von den systematischen Rachefeldzügen in den Gefängnissen; von der Schutzlosigkeit der Kronzeugen, die der Staat benutzt und dann wie schmutziges Toilettenpapier wegwirft; von der Brutalität der Drogenbanden in Guatemala, die in den letzten Jahren entstanden sind, als die Drogenbosse an die Vereinigten Staaten ausgeliefert wurden;

von der Unfähigkeit des salvadorianischen Staates, Leichen aus einem Brunnen zu bergen, in den die Banden sie werfen; davon, wie wenig ein Leben zählt.

Flucht ist der dritte Teil. Er berichtet von denen, die dem Wahnsinn entfliehen wollen. Erzählt wird die Geschichte von sechs Salvadorianern, die versucht haben, in die Vereinigten Staaten zu gelangen, und bei dem berühmten Massaker von Tamaulipas im Jahre 2010 starben; von den Organisationen, die Frauen verschleppen, um sie sexuell auszubeuten, von Migrantinnen, die auf ihrem Weg in die Vereinigten Staaten an Menschenhändler verkauft werden; von einem Mann, der bei seinem Versuch, aus Zentralamerika fortzugehen, an die Zetas verkauft und von ihnen gezwungen wurde, Marihuana in die Vereinigten Staaten zu schmuggeln, und schließlich nach El Salvador abgeschoben wurde; erzählt wird die Chronik des angekündigten Todes von El Niño, der die Gang Hollywood Locos Salvatrucha verriet.

ÓSCAR MARTÍNEZ, 2016

INHALT

Einsamkeit

Wenn die Behörden beschließen, sich aus einer Region zurückzuziehen, wenn sie aufhören, ihre Arbeit zu tun, bleiben die Ärmsten der Armen allein zurück und versuchen, unter den Regeln zu leben, die von den neuen Machthabern mit Klingen und Kugeln durchgesetzt werden.

- 13 Der Staat gegen Chepe Furia
- 41 Die Grenze der Señores
- 59 Guatemala schreibt sich mit Z
- 79 Ein Niemand im Land der Drogenbosse
- 101 Drogenhandel made in Zentralamerika

Wahnsinn

Diejenigen, die bleiben, versuchen in der Einsamkeit, fern der staatlichen Autorität, die Gewalt zu überleben. Den Wahnsinn, der hier entstanden ist, kann man auch als großes Scheitern verstehen.

- 119 Ein Brunnen ohne Boden
- 133 Der erbärmlichste aller Verräter
- 155 Die Lehren aus dem Massaker von Salcajá
- 183 Männer, die Stacheln herausreißen

Flucht

Viele glauben, dass es in diesem Winkel der Welt für sie keine Zukunft mehr gibt. Sie stürzen sich in eine andere Hölle und versuchen, sie zu durchqueren, um der eigenen Hölle zu entfliehen.

- 207 Die gezähmten Kojoten
- 231 Männer, die Frauen verkaufen
- 261 Beten gegen die kriminellen Banden
- 271 Die unglückliche Geschichte eines Illegalen ohne Papiere: verkauft, erpresst, abgeschoben
- 283 El Niño von der Hollywood-Gang wurde ermordet (und wir wussten alle, dass das passieren würde)

Wenn die Behörden beschließen, sich aus einer Region zurückzuziehen, wenn sie aufhören, ihre Arbeit zu tun, bleiben die Ärmsten der Armen allein zurück und versuchen, unter den Regeln zu leben, die von den neuen Machthabern mit Klingen und Kugeln durchgesetzt werden.

EINSAMKEIT

Der Staat gegen Chepe Furia

Dies ist die Geschichte eines Bandenchefs der Mara Salvatrucha, eines Mannes, der die Gesetze der Organisation nutzte, um seine eigene Privatarmee aufzustellen. Des Gründers einer Gang, die auf der schwarzen Liste des Finanzministeriums der Vereinigten Staaten steht. Die salvadorianischen Behörden, die für die Mitglieder der Organisation gerne die despektierliche Bezeichnung marero *verwenden, nennen ihn Mafioso, Hirn, Intellektueller oder auch Don José. Vor allem aber sind dies die Spuren eines Kriminellen, der den Staat, der oftmals sein engster Verbündeter war, konsequent unterwanderte. Um den Kampf gegen Chepe Furia zu gewinnen, musste der Staat bei verschiedenen Gelegenheiten die eigenen Waffen gegen sich selbst richten.*

Anfang März 2011 erhielt der Chefinspektor der Polizeidienststelle von El Refugio den richterlichen Befehl, José Antonio Terán, besser bekannt unter dem Namen Chepe Furia, zu verhaften. Der Chefinspektor wurde wütend. »Die können mich mal am Arsch lecken«, brummte er.

Ein Jahr zuvor war er nach Ahuachapán gekommen, einer der Provinzen von El Salvador an der Grenze zu Guatemala, zu der auch El Refugio gehört. Der Chefinspektor ist ein alter Fuchs mit fast zwanzig Dienstjahren auf dem Buckel, ein ehemaliger Agent der Geheimdienste von Polizei und Staatsanwaltschaft, der jederzeit ohne Weiteres imstande ist, ein Netz von Informanten aufzubauen, die ihn darüber aufklären, wer wer ist. Sein ganz besonderes Interesse gilt den Bandenmitgliedern der Mara Salvatrucha (MS). Fast zwei Jahre lang untersuchte er die hierarchischen Strukturen unter den gefangenen Gangstern, hörte ihre Gespräche ab und setzte Spitzel ein, um schließlich herauszufinden, dass die Mara Salvatrucha besser organisiert war und über fähigere Leader verfügte als die rivalisierende Organisation Barrio 18.

Der Chefinspektor will wissen, was das für Männer sind, die er jagt, er will ihre Gesichter sehen, macht Fotos von ihnen, die er dann in dem alten Computer im Büro von El Refugio speichert und mit virtuellen Linien verbindet. Die Gesichter unterteilt er in ranghohe und rangniedere Mitglieder, die er in Gruppen untereinander anordnet. Die oberen Gruppen, die naturgemäß nur aus wenigen Fotos bestehen, versieht er mit Bezeichnungen wie Leader, Wortführer, *ranflero* (eine Art Gruppenführer), Gründer. Der Chefinspektor erträgt es nicht, wenn seine Bildergalerie unvollständig ist. Er hasst es, wenn in seinem Puzzle ein Foto fehlt.

Aufgrund eben dieser Organigramme der kriminellen Strukturen ist ihm der Mann, den er verhaften soll, alles andere als unbekannt. Das Foto von José Antonio Terán alias Chepe Furia, einem sechsundvierzigjährigen Mann mit indianischen Gesichtszügen, tauchte immer wieder auf, seit der Inspektor angefangen hatte, sein wichtigstes Puzzle, das der Gang Hollywood Locos Salvatrucha, zusammenzustellen. Das Gesicht von Chepe Furia thront ganz oben auf diesem großen Gruppenbild, versehen mit den Wörtern »Leader« und »Veteran«.

Die Hollywood-Gang ist eine der angesehensten innerhalb der MS. In dieser Gang, die Anfang der Achtzigerjahre in Los Angeles, nahe dem McArthur-Park, gegründet wurde, begann die Karriere von Borromeo Henríquez, dem heutigen Chef der MS für ganz El Salvador. Damals wurde er El Diablito genannt, der kleine Teufel.

Der Chefinspektor wusste von Anfang an, dass er nicht irgendein Bandenmitglied jagte. Chepe Furia war weder ein einfacher Killer noch ein Soldat oder eines der vielen Gesichter auf seinen Bildergalerien: blutjunge Männer, noch bartlos, die bereits mehr als einen Mord auf ihrem Konto hatten. Der eigentliche Grund, warum der Inspektor sich mit seinem Team nach El Refugio zurückgezogen hatte, war eben dieser Mann, den er verhaften sollte. Der Umzug von der benachbarten Stadt Atiquizaya nach El Refugio, einem ländlichen Bezirk, würde es ihm ermöglichen, so glaubte der Inspektor, sich die Leute vom Leib zu halten, die in den Polizeirevieren von Atiquizaya für Chepe Furia arbeiteten. Deswegen wurde er wütend, als er den richterlichen Haftbefehl erhielt. »Die können mich mal am Arsch lecken!« Wie war es möglich, so fragte er sich, dass Richter Tomás Salinas, ein kleiner, korrekter, extrem liebenswürdiger Mann, der sich in juristischen Begriffen auszudrücken pflegte, Chepe Furia zum zweiten Mal aus der Untersuchungshaft entlassen hatte? Wie war es möglich, dass dieser auf organisiertes Verbrechen spezialisierte Richter glaubte, Chepe Furia, der Pik-König des Kartenspiels mit den Fotos salvadorianischer Gangster, werde nicht erneut flüchten, wenn man ihn gegen eine Kaution von 25.000 Dollar auf freien Fuß ließ und ihm erlaubte, zu Hause auf den Beginn seines Prozesses wegen illegaler Bandenbildung innerhalb einer kriminellen Vereinigung (der MS) zu warten? Der Chefinspektor konnte kaum glauben, dass man ihn erneut aufforderte, den Gangsterboss zu verhaften, der einen unter dem Schutz der Staatsanwalt stehenden Zeugen ermordet, die Provinzpolizei unterwandert und dennoch einwandfreie Führungszeugnisse von der Bürgermeisterin von Atiquizaya bekommen hatte und vom ehemaligen Minister für Justiz und innere Sicherheit, Manuel Melgar, als einer jener Bandenchefs innerhalb der MS bezeichnet worden war, die nicht mehr nur bloße Gangster seien, sondern eher den Titel »Mafioso« verdienten. »Die können mich mal am Arsch lecken«, brummte der Inspektor.

El Niño von der Hollywood-Gang

In einem ärmlichen Vorort von Atiquizaya sitzt ein junger Mann von 27 Jahren gegen die Innenseite der Tür seiner Baracke gelehnt und raucht seinen fünften Stein Crack. Die Tür kann mit einem eisernen Riegel verschlossen werden, der im Moment aber nicht vorgelegt ist. Der junge Mann nimmt einen tiefen Zug. Plötzlich hört er, dass die Tür knarrend geöffnet wird. Er hält den Rauch zurück. Er hört das Kli-

cken einer Pistole. Der junge Mann umklammert seine .40er mit der einen und seine .357er mit der anderen Hand.
»He, ganz ruhig! Ich seh ja, dass du bewaffnet bist.«
Der junge Mann erkennt die gelassene Stimme. Sie gehört Pozo, dem Cabo von der Polizeidienststelle El Refugio.
»Und high bin ich auch«, erwidert der junge Mann.
»Ich will nur mit dir reden.«
»Ich bin völlig stoned.«
»Hurensohn! Meinst du, wir können trotzdem reden?«
Cabo Pozo hält den Atem an und beschließt, es zu riskieren. Er schießt nicht, als er sieht, dass der junge Mann von seinem Stuhl aufsteht und sich zu ihm umdreht, in jeder Hand eine Pistole. Ohne den Cabo aus den Augen zu lassen, geht der junge Mann an ihm vorbei nach draußen. Er springt auf die Ladefläche eines Pick-ups, immer noch mit seinen Pistolen in den Händen, und sagt: »Los, fahren wir.«
Cabo Pozo steckt seine Waffe weg, steigt ein und fährt durch die wenig befahrenen Straßen zu seiner Dienststelle. Hinter ihm sitzt ein bewaffneter Killer der Gang Hollywood Locos Salvatrucha.

Cabo Pozo hat endlich erreicht, dass sich ein hochrangiges Mitglied der von Chepe Furia gegründeten Gang bereit erklärt hat, mit der Polizei zu sprechen, um ins Zeugenschutzprogramm aufgenommen zu werden.

Der junge Mann, bekannt unter dem Namen El Niño (*Das Kind*), war ein zuverlässiger Killer der MS, der zum dritthöchsten Mitglied der Gang von Atiquizaya avancierte. Man könnte meinen, es sei gefährlich für ihn, seinen Decknamen preiszugeben. Wer das glaubt, unterschätzt die geheimen Verbindungen einer kriminellen Organisation wie der MS, vor allem die von Chepe Furia, und die Unfähigkeit des Staates, seine Zeugen zu schützen. In der Strafvollzugsanstalt von Ciudad Barrios, wo ausschließlich Mitglieder der MS einsitzen, hat El Niño von den Anführern der Gang Anrufe bekommen, in denen ihm gedroht wurde, früher oder später werde er ein toter Mann sein. »Wenn sie dich da raustragen, wirst du nach Kiefern riechen«, sagten sie zu ihm in Anspielung auf einen Sarg. »Hier werden Särge nicht aus

Kiefern gemacht, sondern aus Conacaste- und Mangobäumen«, antwortete ihnen El Niño.

Nicht zum ersten Mal versuchte das Ermittlerteam des Chefinspektors von El Refugio – der darum gebeten hat, seinen Namen nicht zu nennen, da seine Familie denselben Namen trägt und in der Nähe seines Einsatzortes wohnt –, El Niño dazu zu bewegen, mit ihnen zusammenzuarbeiten. Dem Chefinspektor gelingt es immer wieder, Zwietracht zu säen und geschützte Zeugen zu ernten. Mehrmals hat er Bandenmitgliedern damit gedroht, sie in Feindesland zu schicken, wo sie dann beweisen könnten, dass sie, wie sie behaupteten, keiner Bande angehörten. Manchmal hat er sie mit seinem Handy gefilmt, als sie ihre Zugehörigkeit zur MS bestritten oder in Momenten der Schwäche während der Verhöre weinten. Dank seines Netzes von Informanten ist es ihm innerhalb nur eines Jahres gelungen, sein Puzzle mit den Gesichtern der Gang zu vervollständigen. Seit Ende 2009 hat er einen nach dem anderen erpresst, um an El Niño heranzukommen. Doch erst als dieser beschuldigt wurde, am Mord eines fünfzehnjährigen Mädchens beteiligt gewesen zu sein, bekam er die Chance, ein Bandenmitglied aus dem ummittelbaren Umfeld des Veteranen Chepe Furia zur Mitarbeit zu bewegen. Deshalb wies der Chefinspektor seinen Cabo an, alle Register zu ziehen, um El Niño zum Reden zu bringen. Das Angebot, das Cabo Pozo dem jungen Mann machte, war unmissverständlich: Entweder du gibst uns Informationen über sie, oder wir kriegen dich wegen all ihrer Morde dran.

Jetzt wohnt El Niño in einer Baracke in der Nähe der Ermittler, die ihn als Informant angeworben haben, und seit über einem Jahr ist er Hauptbelastungszeuge im Prozess gegen 42 Mitglieder der von Chepe Furia gegründeten Gang. Nach mehr als zwanzig Gesprächsstunden während rund fünfzehn Besuchen in seiner Baracke innerhalb von zwei Jahren ist mir klar geworden, dass El Niño kein einfacher Zeuge ist, sondern das lebende Gedächtnis der Gang. Er weiß, wie sie entstanden ist, wie dreizehnjährige Jungen aus ärmlichen Verhältnissen, die bereits kleineren Straßenbanden angehörten, zu den ersten Mitgliedern der mächtigen Gang wurden; wie ein Mann, der aus Los Angeles hierherkam, das Leben dieser Jungen und der Gemeinden, in denen sie geboren worden waren, veränderte. Dieser Mann war Chepe Furia.

El Veneno

»Wir waren ziemlich blöd, *man*. Und dann kam er und hat uns beeindruckt mit seiner Wortgewandtheit, seiner Knarre. Und er beschloss, sich hier niederzulassen und wie ein König zu leben und mit unserer Bande Geschäfte zu machen.«

El Niño spricht abgehackt. Nach jedem Satz stößt er den Rauch aus und versucht dann, ihn wieder zu inhalieren, wobei er die Lippen bewegt wie ein Fisch auf dem Trockenen. El Niño raucht Marihuana, während seine minderjährige Frau ihre vor Kurzem geborene Tochter auf den Armen wiegt und der zu seiner Bewachung abgestellte Polizist in der Baracke nebenan seine Siesta hält. Das filmreife Bild vom glamourösen Leben im Zeugenschutzprogramm kann man in El Salvador eben nur dort sehen, im Film, und nirgendwo sonst.

El Niños Geschichte beginnt 1994, als er bereits einer Jugendgang angehörte. Die Namen der Banden, die er erwähnt, klingen allerdings eher nach Kinderspielen und Straßenkämpfen. Seine Gang hieß Mara Gauchos Locos, (*Die Familie der verrückten Gauchos*) und kämpfte gegen die anderen Banden der Gegend: Los Valerios, Los Meli 33 (*Die Zwillinge 33*), Los Chancletas (*Die Sandalen*) und Los Uvas (*Die Trauben*). Man ging in Gruppen zu Dorffesten und zettelte eine Schlägerei an. Manchmal hatte einer der Jungen einen Knüppel dabei, und als ein anderer einmal ein Messer herausholte, war er der Held des Abends.

Der Tummelplatz der bösen Jungs von Atiquizaya konnte sich bis nach El Refugio und Turín erstrecken, aber niemals bis zur Nachbargemeinde Chalchuapa. Es war bekannt, dass sich dort die Älteren tummelten, die sich Barrio 18 nannten und von einem Zwanzigjährigen angeführt wurden, der – außergewöhnlich für die Jugendbanden der

Jahre nach dem Bürgerkrieg – eine Schusswaffe besaß. Der Deckname des Anführers war Moncho Garrapata (*Zecke*).

In dieser Gegend war das Wort »Delinquent« für Viehdiebe reserviert oder für diejenigen, die Lastwagen ausraubten und Menschen entführten. Unter diesen Leuten, erzählt El Niño, ragten einige Männer heraus, die als besonders gefährlich galten und von allen gefürchtet wurden: Nando Vulva, Víctor und Pedro Maraca, Henry Méndez.

Außerdem ein junger Mann von 26 Jahren, der während des Bürgerkriegs zur Nationalgarde gehört hatte und vor Kurzem aus den Vereinigten Staaten in seinen Geburtsort Atiquizaya zurückgekehrt war: Chepe Furia.

Laut Polizeiakten wurde Chepe Furia am 15. Oktober 2003 aus den Vereinigten Staaten ausgewiesen, das heißt, seit 1994 pendelte er zwischen den beiden Ländern hin und her.

Dort drüben, im Süden Kaliforniens, wurde Chepe Furia, El Veneno (*Das Gift*) genannt, zum Gründungsmitglied einer der mächtigsten Banden der MS in den Vereinigten Staaten: La Fulton Locos Salvatrucha. Das wurde von zwei Männern bezeugt. Einer der beiden war von Chepe Furia persönlich in die Gang geholt worden und wollte anonym bleiben, der andere war bereit, seinen Namen zu nennen: Ernesto Deras, besser bekannt als »Satan«, ein ehemaliger salvadorianischer Soldat, der nach dem Bürgerkrieg in die USA auswanderte und viele Jahre Wortführer der Fulton Locos Salvatrucha in Los Angeles war, wo er heute noch lebt. Inzwischen arbeitet Deras für verschiedene Bürgerinitiativen in Kalifornien, die verhindern wollen, dass Jugendliche in die Gangs eintreten. Er erinnert sich, dass Antonio Terán »El Veneno war, der von den anderen respektiert wurde und dessen Wort etwas galt«, und dass er »um 1995 aus Los Angeles verschwand«.

Soeben an der Grenze zu Guatemala angekommen, sprach Chepe Furia die Jungen der Straßenbanden an und erzählte ihnen etwas von einer viel größeren Gang, von der großen Familie, der Mara Salvatrucha. Nach und nach fanden die zuerst sporadischen Begegnungen in San Antonio, einem Vorort von Atiquizaya, regelmäßig statt.

»Er machte großen Eindruck auf uns, fuhr einen Pick-up mit doppelter Fahrerkabine, trug eine Waffe, hatte Knete«, erinnert sich El Niño in seiner Baracke. Wie ein weiser alter Häuptling, der den Jüngeren des Stammes Kenntnisse vermittelt, scharte Chepe Furia die Jugendlichen um sich. Er erklärte ihnen die Bedeutung bestimmter Wörter und erzählte ihnen Anekdoten aus den Kämpfen gegen den Erzfeind Barrio 18. Eines Abends, erinnert sich El Niño, ließ sich Chepe Furia dazu hinreißen, über den Mord an Brenda Paz zu sprechen, den ersten berühmt-berüchtigten Mord der MS. Das siebzehnjährige, im vierten Monat schwangere Mädchen aus Honduras hatte Informationen über ihre Gang an das FBI weitergegeben und wurde am Ufer des Shenandoah River in Virginia erstochen aufgefunden. »Verräter sind der letzte Dreck«, sagte Chepe Furia zu seinen Schülern.

An mehreren Abenden versammelte er Gruppen von zehn oder fünfzehn Jugendlichen in verlassenen Häusern von San Antonio, wo er sie dreizehn Sekunden lang gegeneinander kämpfen ließ. Danach sagte er zu ihnen: »Willkommen in der Familie.« Loyalität und Tapferkeit. Chepe Furia war dabei, seine Jungs zu formen.

Als er rund 25 Jugendliche unter seinem Kommando hatte, zeigte er ihnen sein Arsenal, das aus drei Pistolen bestand, zwei .22ern und einer 9mm.

Zu der Zeit, Ende der Neunziger, saß Moncho Garrapata, der Anführer des Barrio 18, im Gefängnis. Chepe Furia beschloss, eine Offensive gegen die rivalisierende Gang zu starten. Er nannte sie »Offensive Hollywood«. Die Jungen, die vorher lediglich aufmüpfige Jugendliche gewesen waren, sollten nun zu Mördern werden.

El Niño zum Beispiel versuchte, Chepe zu beeindrucken, indem er Paletín tötete, einen Bäcker und Mitglied des Barrio 18, der erst kürzlich aus Mexiko zurückgekehrt war, nachdem er mit seinem Versuch, in die Vereinigten Staaten zu gelangen, gescheitert war. El Niño bekam eine der .22er und wurde von seinem Boss persönlich zum Vorort El Zapote gefahren und dort abgesetzt. Er wartete, bis Paletín auf seinem Fahrrad angefahren kam. Die .22er klemmte ein wenig, und als es

El Niño endlich gelang, einen Schuss abzugeben, hatte Paletín seinen Angreifer längst bemerkt und rannte auf ihn zu. Ein Schuss traf ihn in den Oberkörper, doch er lebte noch.

»Dann hab ich ihm mit der Machete den Kopf abgetrennt, aber richtig, damit man ihn nicht wieder annähen konnte. Angeblich hatte er nämlich magische Kräfte. Und dann bin ich weg nach El Naranjo, wo ich damals gewohnt habe«, erinnert sich El Niño.

Zur Belohnung ließ ihm Chepe Furia eine Unze Marihuana zukommen. El Niño rauchte das Marihuana und trank dazu Rum *Cuatro Ases*. Da war er gerade mal fünfzehn Jahre alt.

Wie er tyrannisierten auch die anderen Jungen von Chepe Furia ihre Rivalen und jeden, der sich ihnen in den Weg stellte.

Chepe Furia brachte zwei weitere Banden unter sein Kommando, die Parvis von Turín und die Los Angeles von Ahuachapán, die bis dahin noch nicht mal eine Schusswaffe besaßen. Die Parvis von Turín waren in der Park View Street entstanden, direkt gegenüber dem McArthur-Park in Los Angeles. Der Akzent der Salvadorianer machte das englische Wort Park View zu *Parvi*.

Der Vorort San Antonio, wo ein Mann namens El Cuto dafür sorgte, dass die Polizei nicht auftauchte, war vollkommen unter Chepe Furias Kontrolle. Er residierte einen Wohnblock vom Fußballplatz entfernt, den er mit einem neuen Rasen ausgestattet hatte. Auf dem kleinen Parkplatz vor dem Haus kamen seine Killer zusammen, um Marihuana zu rauchen und Alkohol zu trinken. Manche von ihnen trugen noch Schuluniform.

In diesen Jahren bildete Chepe Furia die Jugendlichen zu Mördern aus und machte sie zu seiner Privatarmee.

Viele der Aktionen, erinnert sich El Niño, hatten nichts mit dem Bandenkrieg gegen den Barrio 18 zu tun, und nur der Boss wusste, worum es dabei ging.

»Er hatte Kontakt zu wichtigen Leuten, die ich nicht kannte, Leuten aus der Politik, Leuten von irgendwelchen Drogenkartellen. Er wurde dafür bezahlt, jemanden aus dem Weg zu räumen, was er aber, wenn möglich, nicht selbst erledigte. Er brachte dich hin, du hast die

Drecksarbeit gemacht und er hat kassiert. Du hast Ansehen in der Gang gekriegt, er die Knete. Wir waren ziemliche Blödmänner, *man*. Er fuhr nach Guatemala und nach San Miguel. Fing an, mit Schutzgelderpressungen Geld zu machen. Damals war er schon der König von Atiquizaya«, sagt El Niño, während die Nacht vor seiner Baracke hereinbricht.

Don Chepito

Atemlos betritt der Abgeordnete das Büro seiner Partei. Drinnen sitzen sieben Mitarbeiter, die mit der Hitze kämpfen. Als sie den Abgeordneten sehen, tun sie beschäftigt. Einer von ihnen betrachtet stirnrunzelnd ein Blatt Papier und legt es dann auf den Tisch. Das Blatt ist leer. Der Abgeordnete fordert sie auf, das Büro zu verlassen, er möchte niemanden hier sehen. Nach weniger als drei Minuten ist das Büro geräumt. Der Abgeordnete schließt die Eisentür und legt den Riegel vor. Er öffnet das Fenstergitter der Tür, vor der sein Leibwächter auf die Anweisung seines Chefs wartet.

»Du bleibst da stehen, bis ich rauskomme.«

Der Abgeordnete setzt sich hinter seinen Schreibtisch und sagt zu mir: »Also schön, was wollen Sie über Chepe Furia wissen?«

Das Gespräch fand Anfang 2012 in einem Büro in der Nähe von Ahuachapán statt, der größten Stadt der Provinz gleichen Namens, zu der auch Atiquizaya gehört. Der Abgeordnete, der anonym bleiben wollte, sprach über Chepe Furias Macht, über seine Freundschaft zu Strafverteidigern und Staatsanwälten, Polizisten und Drogenschmugglern, Zollbeamten und Lkw-Fahrern, über seine Funktion als Wohltäter der Gemeinde, der Straßen ausbessern, Sportplätze anlegen und Schutzmauern bauen ließ. Das Aufschlussreichste an diesem Tag geschah jedoch, noch bevor der Abgeordnete ein Wort gesagt hatte: das Büro geräumt, die Eisentür mit einem Riegel verschlossen, der bewaffnete Leibwächter vor der Tür, ein Abgeordneter des nationalen Parlaments, der es für nötig hielt, seinen eigenen Namen geheim zu halten, um den Namen Chepe Furia auszusprechen.

»Wir reden nicht von einem gewöhnlichen Verbrecher, sondern von einem Mafioso, dessen Verbindungen in alle Bereiche der Verwaltung hineinreichen. Und irgendwann werde ich kein Abgeordneter mehr sein«, rechtfertigte er seine Vorsichtsmaßnahmen.

2009 stand Chepe Furia an der Spitze einer mächtigen Gang. Die Zeiten, in denen seine Jungen unerfahrene Mörder waren, hatte er hinter sich gelassen. In einem jahrelangen Krieg gegen den Barrio 18 mit Dutzenden von Überfällen auf das Hauptquartier der rivalisierenden Gang in Chalchuapa hatte er ihnen beigebracht, wie man mit einer Schusswaffe umgeht. El Niño erinnert sich, dass Chepe Furia in den neun Jahren zuvor die Stadt drei Mal für jeweils mehr als ein Jahr verlassen hatte, und das immer dann, wenn der Bandenkrieg besonders heftig wütete. Wenn es wieder ruhiger wurde, kam er zurück und brachte Waffen mit, um sich bei seinen »Soldaten« beliebt zu machen: .357er Pistolen, einmal eine Maschinenpistole SAF, ein anderes Mal ein Gewehr G-3, »einmal sogar eine geklaute Beretta 9mm aus Polizeibeständen«, erinnert sich El Niño.

Bei verschiedenen Verhaftungen von Mitgliedern der Gang von Atiquizaya, unter anderem nach einem Überfall auf eine Polizeistreife, fanden Beamte drei Waffen aus Polizeibeständen. Zwei davon gehörten einem Inspektor namens Delgado Juárez, der damals in San Miguel, am anderen Ende des Landes, stationiert war und bereits eine 9mm als gestohlen gemeldet hatte. Er sagte aus, er habe die Maschinenpistole im Wagen in seiner Garage gelassen, wo sie ihm gestohlen worden sei.

Zu der Zeit verfügte Chepe Furia über eine streng hierarchisch strukturierte Gruppe. Er selbst, der Gründer der Gang, war der Veteran, der absolute Leader der Hollywood Locos Salvatrucha von Atiquizaya, so etwas wie der Geschäftsführer des Unternehmens. Die operative Führung hatte er einem dreißigjährigen Mann namens José Guillermo Solito Escobar übertragen, besser bekannt unter dem Namen El Extraño (*Der Fremde*), der soeben zwei Jahre wegen schwerer Körperverletzung abgesessen hatte; als dessen Stellvertreter fungierte der ebenfalls dreißigjährige Jorge Alberto González Navarrete, der 2009 wegen schwerer Körperverletzung aus den Vereinigten Staaten ausgewiesen worden war, ein stämmiger Mann mit mehreren tätowierten Totenschädeln, der in Maryland als Baby Yorker bekannt gewesen war und sich in El Salvador den Namen Liro Joker (*Kleiner Joker*)gegeben hatte . »Ein ausgemachter Hurensohn, ein Killer«, so charakterisiert ihn El Niño. Der Schatzmeister der Gang war Fredy Crespín Morán, der von seinen Komplizen El Maniático (*Der Besessene*) genannt wurde, 38 Jahre, weiß, schlank, mit fein geschnittenen, liebenswürdigen Gesichtszügen, von Beruf Elektriker. El Maniático war eine Schlüsselfigur in Chepe Furias Organisation, denn bevor er 2010 von den Ermittlern des Chefinspektors verhaftet wurde, war er Referent für soziale Projekte in der Gemeindeverwaltung von Atiquizaya, in der der rechtsgerichtete Partido Arena die Mehrheit hatte. Er besuchte die Kommunen mit seinem Team aus einfachen Arbeitern, die meisten von ihnen junge Killer der Hollywood-Gang, die als Mitarbeiter der Stadtverwaltung mit entsprechendem Ausweis vor jeglicher Strafverfolgung geschützt waren.

Chepe Furia tauschte seine Killer mit der Normandie Locos Salvatrucha aus der Küstenregion Sonsonate. Die Gang wurde von Moris Bercián, genannt Barney, angeführt, einem weiteren Mitglied der MS, das vom ehemaligen Minister für Justiz und innere Sicherheit, Manuel Melgar, in einem Interview von 2011 als »Musterbeispiel eines Rauschgifthändlers« bezeichnet wurde. Dieser Moris Bercián wurde einmal mit Kokain im Wert von 160 Dollar verhaftet, konnte aber einer Gefängnisstrafe entgehen, genauso wie bei einer anderen Gelegenheit, als er mit fünfzig Tötungsdelikten in Verbindung gebracht wurde, bei denen einige Leichen zerstückelt und in schwarzen Plastiksäcken einfach auf die Straße geworfen worden waren. Auch die Gang Normandie Locos Salvatrucha war nicht an dieser heißen Grenze Zentralamerikas entstanden, sondern Tausende von Kilometern nördlich, in der Normandie Avenue in Los Angeles, von wo aus sie, zusammen mit ein paar Ausgewiesenen, nach El Salvador gelangt war.

Dank dieser Zusammenarbeit mit anderen Banden stieß einer der besten Killer zur Hollywood-Gang von Atiquizaya, ein ehemaliger Polizist von Sonsonate, der Küstenprovinz, die an Ahuachapán grenzt. Sein Deckname war Loco 13 (*Die verrückte 13*), doch sobald er die blaue Uniform anzog, war er der Polizeibeamte Edgardo Geovanni Morán, ein untersetzter, 1,72 m großer Mann, der Respekt einflößte. Er war das letzte Bandenmitglied, das unter der Führung von Chepe Furia verhaftet wurde: Ende 2012 wurde er bei einer Razzia festgenommen. Bei einer anderen Gelegenheit waren zwei junge Polizisten von Atiquizaya nahe daran, ihn zu verhaften, doch er konnte sich losreißen, und die beiden Polizisten blieben mit den Fetzen seines T-Shirts in der Hand zurück.

Dem Chefinspektor von El Refugio bereitete die Zusammenarbeit verschiedener Gangs große Kopfschmerzen. Häufig blieben seine Bildergalerien unvollständig, weil er immer wieder bei null anfangen musste, um die neuen Killer aus Sonsonate zu identifizieren, Schatten ohne Vergangenheit in Ahuachapán, jedoch mit einem langen Strafregister in der Küstenprovinz.

Mit einer soliden Infrastruktur im Rücken arbeitete Chepe Furia an seiner Karriere als Unternehmer. Zu der Zeit unterhielt er bereits offizielle Beziehungen zur Gemeindeverwaltung. Ihm gehörte einer der beiden Kipplaster, die den Müll der Gemeinde einsammelten. Laut Polizeiakten brachte der weiße Isuzu Bj. 95 dem Boss der Hollywood-Gang mindestens 2.500 Dollar pro Monat ein.

Als ich die Bürgermeisterin Ana Luisa Rodríguez de González Mitte 2012 fragte, wie es möglich sei, dass ein stadtbekannter Mafioso für die Gemeindeverwaltung arbeite, antwortete sie, den Namen Chepe Furia habe sie nie gehört, sie kenne nur »den Señor José Terán, Vorsitzender der Nachbarschaftsvereinigung von San Antonio«. Dieselbe Frage sei ihr schon einmal gestellt worden, fuhr sie fort, und zwar von Ermittlern der Kripozentrale. Ihre Antwort sei immer die gleiche: Sie habe den Namen Chepe Furia nie gehört, Señor Terán, der Mann, den sie kenne, habe an einer öffentlichen Ausschreibung zur Müllbeseitigung teilgenommen, er sei ein sehr liebenswürdiger Nachbarschaftsvertreter, der sich in seinem Vorort aktiv für Sauberkeit und Ordnung einsetze, und ebenso wenig habe sie von einem El Maniático gehört, sie kenne aber den Señor Fredy, einen Referenten für soziale Projekte, der auf Empfehlung von Doktor Avilés, einem ehemaligen Gemeinderatsmitglied, eingestellt worden sei. Im Übrigen kenne sie, ehrlich gesagt, nicht alle Angestellten der Gemeindeverwaltung persönlich, und sie sei sehr verwundert gewesen, als man die Männer verhaftet und »all dieser schrecklichen Dinge« beschuldigt habe.

Monate später fragte ich Mario Jacobo, den Leiter der Staatsanwaltschaft der Provinz Ahuachapán, ob er es für wahrscheinlich halte, dass irgendjemand in Atiquizaya nicht gewusst habe, wer Chepe Furia sei. Seine Antwort lautete: »Nein, das halte ich nicht für wahrscheinlich.«

Schaut man sich die illegalen Geschäfte Chepe Furias an, so stellt man fest, dass das Geld, das er mit seinen Müllwagen verdiente, nur Spielgeld für den Veteran der Hollywood-Gang war.

El Niño erzählt mir, dass Chepe Furia ihm und zwei anderen Mitgliedern einmal befohlen habe, einen brandneuen Geländewagen der Marke Toyota in Brand zu setzen. Für El Niño ergab das keinen Sinn. Die Gang verbrannte keine Luxusautos. Warum also?

»Wenn der Mann Chepe Furia so viel Geld schuldet, warum befiehlt er mir nicht, ihn umzubringen, dachte ich mit meiner Killermentalität«, erinnert er sich. Laut El Niño war der Grund der, dass Chepe Furia zusammen mit einem als El Viejo Oso (*Der alte Bär*) bekannten Unternehmer jemanden erpresst und sein Geschäftspartner ihm nicht die Hälfte der erhaltenen 80.000 Dollar am Stück ausbezahlt hatte, »sondern nach und nach, in Beträgen von 7.000 Dollar«. Das gefiel Chepe Furia gar nicht. El Niño war dabei, als El Viejo Oso in das Ladenlokal von San Antonio kam, wo Chepe Furia den ganzen Tag über Besucher empfing, und zu ihm sagte: »Hör mal, Chepito, man hat mir meinen Toyota abgefackelt.« Chepe Furia tröstete ihn mit den Worten, sobald er ihm seinen gesamten Anteil ausbezahlt habe, werde er ihm persönlich das Geld für einen neuen Wagen leihen. Don Chepito konnte eben mehr als eine Pistole ziehen und abdrücken.

Auch wenn das Müllgeschäft für Chepe Furia nicht die Haupteinnahmequelle darstellte, war der Mafioso der Meinung, dass gute Beziehungen zur Gemeindeverwaltung ihm nur von Nutzen sein konnten, was sich schließlich ja auch als richtig herausstellen sollte.

Anfang 2012 machte mich ein Polizist aus dem Ermittlerteam des Chefinspektors mit einem Angestellten der Gemeindeverwaltung bekannt. War die Begegnung mit dem Abgeordneten voller Überraschungen gewesen, so war das Gespräch mit dem Angestellten, der ja sehr viel gefährdeter war als ein Parlamentsmitglied, eine eher zähe Angelegenheit. Beim ersten Kontakt wartete der Mann an einer Straßenecke auf uns, fünf Häuserblocks vom zentralen Park Atiquizayas entfernt. Er sah mich an, reichte mir die Hand, gab mir eine Telefonnummer und verschwand wieder. Zwei Tage später rief ich ihn an, und wir verabredeten uns. Wir trafen uns außerhalb von Atiquizaya, auf freiem Gelände, neben einem riesigen laufenden Motor, der solch einen Lärm machte, dass niemand außer uns ein Wort verstehen konnte. Anscheinend hatte der Mann schon viele solcher konspirativen Treffen gehabt. Er sprach gepresst, und es hörte sich an, als käme seine Stimme aus einem Grab. Ich fragte ihn, was er habe, und er antwortete, er versuche, mit verstellter Stimme zu sprechen. Ich versicherte ihm, dass außer mir niemand die Aufzeichnung hören werde, und bat ihn, normal zu sprechen. Dass ich unser Gespräch aufzeichnen wollte, machte ihn noch nervöser, und erst nachdem ich ihn beruhigt hatte, sprach er weiter.

»Er hat enge Beziehungen zum Gemeinderat«, sagte er hastig, wie ein aufgeregter kleiner Junge. »Er hat Privilegien, trifft sich mit den Abteilungsleitern und hohen Beamten im Gemeinderatsaal, übernimmt Transporte, die nur als Alibi für seine illegalen Geschäfte dienen.« Der Mann schaute sich nach allen Seiten um, dann flüsterte er mir ins Ohr: »Sie stehen alle auf seiner Gehaltsliste, aber sie arbeiten nur auf dem Terrain der MS, und immer sind sie mit offiziellem Ausweis unterwegs ... El Maniático? Der ist Referent für soziale Projekte und rekrutiert Jugendliche für die Gang.«

Eine Stunde dauerte das aufgeregte, nervöse Gespräch. Doch vor dem Hintergrund der Indizien, die das Ermittlerteam des Chefinspektors zusammengestellt hatte, ergab das, was dieser Mann sagte, durchaus Sinn. Zum Beispiel erzählte er, dass Chepe Furias Freundschaft mit José Mario Mirasol, dem Justitiar der Gemeinde, durch einen ehemaligen Staatsanwalt zustande gekommen sei, der heute ein Autogeschäft betreibe und mit dem sie beide in Verbindung stünden. Laut Polizeiakten wurde Chepe Furia mehrmals am Steuer eines Pick-up mit doppelter Fahrerkabine angehalten. Es gibt sogar Fotos, auf denen er neben dem grauen Fahrzeug mit abgetönten Scheiben posiert. Zugelassen ist der Wagen auf den Namen Álex Iván Retana, Anwalt mit Wohnsitz in Chalchuapa, ehemaliges Mitglied der Untersuchungskommission für Autodiebstähle, besser bekannt als El Diablo (*Der Teufel*). Laut zweier Polizeiberichte, eines vom Ermittlerteam des Chefinspektors, eines vom Geheimdienst, gehört Retana die Reparaturwerkstatt »Auto Repuestos Iván« in Santa Ana, »an der auch Chepe Furia beteiligt ist und wo vermutlich Fahrzeuge mit guatemaltekischem Kennzeichen zweifelhafter Herkunft ausgeschlachtet und die Teile einzeln verkauft werden«. Chepe Furia hatte mehrere Freunde, die Autos ausschlachteten und stückweise verkauften. Einmal, im Juli 2010, fuhr er bei Anguiatú über die Grenze nach Guatemala, und das Auto, in dem er saß, war laut polizeilichem Anmelderegister auf Dilmark Giovanni Ascencio zugelassen, dem Sohn von Mauricio Ascencio, einem ehemaligen Abgeordneten des Partido de Conciliación Nacional (Partei der Nationalen Versöhnung). Gemeinsam gehört ihnen Carisma, ein Unternehmen für Autoersatzteile in Santa Ana.

Mein Informant berichtet, dass Chepe Furia sich mit der Bürgermeisterin treffe, sooft er wolle, ohne vorher einen Termin ausmachen zu müssen. Das wurde mir von einer anderen Angestellten des Gemeinderats bestätigt. Das Treffen mit ihr fand unter ähnlichen Bedingungen auf demselben Gelände statt. In den Polizeiakten steht außerdem, dass Chepe Furia auch mit der Partei der Bürgermeisterin Beziehungen unterhielt: »Bei den Präsidentschaftswahlen 2004 war es Chepe Furia, der für den Partido Arena die Transporte der Menschen zu den Wahllokalen koordinierte.«

Don Chepito hatte ein Netz von engen Kontakten geknüpft und ging in der Gemeindeverwaltung ein und aus. Es gab sogar einen Richter, mit dem Chepe Furia regelmäßig telefonierte, versichert mir El Niño. Einmal habe er ein solches Gespräch mitangehört. »Stellen Sie sich vor, da sind doch tatsächlich ein paar dumme Jungs wegen illegaler Bandenbildung festgenommen worden! Glauben Sie, dass Sie sie bis Montag freilassen können?«, habe Chepe gesagt. Danach habe er die Jungen angewiesen, sich eine Zeit lang nicht mehr zusammen in der Öffentlichkeit blicken zu lassen. Chepe Furia hielt Ordnung in seinen Reihen. Seine Killer übernahmen die Drecksarbeit und verlangten dafür nur wenig. »Einmal bezahlte er uns mit drei Pistolen für einen Mord, für den er 25.000 Dollar kassiert hatte«, weiß El Niño zu berichten. Sein Unternehmen, das nicht unter das Abrechnungssystem der landesweiten MS fiel, war eine Mischung aus illegalen, halb legalen und offen kriminellen Geschäften. Den Monatsbeitrag von sieben Dollar pro Mitglied führte Chepe Furia an den Fonds für Inhaftierte ab, ein Hilfsprogramm, das alle Gangs der landesweiten MS unterstützen. Den restlichen Gewinn behielt er für sich.

Bereits Ende 2011, noch bevor Chepe Furia verhaftet wurde, prophezeite El Niño in seiner Baracke: »Er macht Geld mit dem Namen der Gang, gibt aber keinen Cent ab, und das wird ihn in den Knast bringen.«

Chepe Furia war der unumstrittene Herrscher über San Antonio, was im weiteren Verlauf noch klarer werden sollte. Der Chefinspektor versichert, Beweise dafür gesammelt zu haben, dass auf dem von dem Mafioso kontrollierten Gebiet gestohlene Fahrzeuge ausgeschlachtet und kleinere Rauschgiftmengen gelagert wurden.

»Die Struktur ist beispielhaft für eine Gang, die dem organisierten Verbrechen zugeordnet werden kann«, sagte der stellvertretende Polizeidirektor Mauricio Ramírez Landaverde Anfang 2012 zu mir, wobei er sich auf die Hollywood Locos Salvatrucha von Chepe Furia bezog. »Sie ist auf Schmuggel, Drogenhandel, Mord und Menschenhandel ausgerichtet«, fügte er hinzu. Und die Schlüsselfigur dabei sei ein ehrgeiziger Leader, der weiß, wie man blutgierige Jugendliche einsetzt. Das und die Kontrolle über ein bestimmtes Gebiet zwinge andere Gangster in der Region, mit Chepe Furia zusammenzuarbeiten, so der Polizeichef weiter.

Chepe Furia knüpfte Verbindungen in alle Richtungen. Die Beschattung einiger als Mafiosi bekannter Salvadorianer führte auch zu Chepe Furia. Auf dem Stadtfest von Santa Ana im Juli 2011 beobachtete die Polizei einen Mann namens Roberto Herrera, genannt El Burro (*Der Esel*), der als Anführer des Texis-Kartells, einer von den Vereinten Nationen als kriminell eingestuften salvadorianischen Organisation, identifiziert wurde und inzwischen in einem Hochsicherheitsgefängnis sitzt. Die Beschattung führte die Ermittler in das Restaurant Drive Inn, wo Herrera sich mit El Maniático und Chepe Furia »in einen abgetrennten Raum zurückzog«, wie es im Polizeibericht heißt.

Noch wusste Chepe Furia nicht, dass der Chefinspektor inzwischen sein Puzzle vollständig zusammengesetzt hatte, dass El Niño seine Geheimnisse verraten hatte und dass es in allernächster Zeit zur Konfrontation mit dem Staat kommen würde. Besser gesagt, mit zwei Staaten: einem, der ihn verfolgte, und einem, der mit ihm befreundet war.

Der Staat gegen Chepe Furia

Im Oktober 2010 wurden mehr als 500 Polizisten in San Juan Opico zusammengezogen, über eine Stunde von Atiquizaya entfernt. Die Polizisten hatten Befehl, in siebzig Häusern von Mitgliedern der Gang von Chepe Furia Razzien durchzuführen. Sie wurden in Bussen zum zentralen Park von Atiquizaya gebracht, wo sie sich in Gruppen aufteilten. Der Chefinspektor führte eine Einsatzgruppe von fünfzig Polizisten an, die nach San Antonio vorrückte. Fünf Häuser sollten dort durchsucht werden, doch der Inspektor war hauptsächlich daran interessiert, Chepe Furia dingfest zu machen.

Atiquizaya hat etwas mehr als 30.000 Einwohner. Viele Straßen sind nicht gepflastert oder haben Kopfsteinpflaster. Chepe Furias Netz reichte von Polizisten bis hin zu Müllmännern und erstreckte sich über die Grenzen der Gemeinde hinaus. Unter den Einsatzkräften der Operation befand sich auch ein Sargento namens Tejada, der Monate später angeklagt wurde, Chepe Furia beauftragt zu haben, einen Zeugen zu ermorden. Merkwürdig nur, dass die Polizisten darauf hofften, den Mafioso ahnungslos schlafend in seinem Haus anzutreffen.

Als die Einsatzgruppe des Chefinspektors nach San Antonio kam, fiel im gesamten Vorort der Strom aus. Die Gegend war wie ausgestorben. Nur einen einzigen Mann hatten sie – vielleicht aus Spaß – zurückgelassen, El Cuto, das rangniedrigste Mitglied, Sohn der Tortilla-Bäckerin, der die Straße kontrollierte, in der sein Boss wohnte. Der Leiter der Staatsanwaltschaft für den Westen El Salvadors, Mario Martínez Jacobo, war ebenfalls nach San Antonio gekommen, und er erinnert sich daran, dass einer der wenigen Einwohner, die im Ort geblieben waren, ihm erzählte, dass zehn Minuten vor Eintreffen der Polizisten ein Auto gekommen sei und Chepe Furia in Sicherheit gebracht habe.

In den darauffolgenden Tagen wurde ein Großteil der Gang festgenommen. Gegen mehr als fünfundzwanzig Mitglieder wurde ein Prozess begonnen wegen insgesamt elf Morden, die die Behörden ihnen nachweisen konnten, und rund dreißig weitere, darunter Chepe Furia, wurden in Abwesenheit wegen illegaler Bandenbildung angeklagt.

Der Bandenchef verschwand zwei Monate aus Atiquizaya, doch offenbar vertraute er seinem Netz von Verbindungen so sehr, dass ein Trupp Soldaten ihn am 24. Dezember 2010 in dem Ladenlokal in San Antonio entdeckte, wo er zusammen mit seinem Vater und entspannt wie immer Besucher empfing. Daraufhin konnte der Chefinspektor den diensthabenden Richter, eine Urlaubsvertretung, dazu bewegen, einen Haftbefehl gegen ihn auszustellen, den er persönlich den Soldaten in San Antonio präsentierte. Der hauptamtliche Richter, Tomás Salinas, der gerade Urlaub machte, hatte die Beweise der Staatsanwaltschaft nach der gescheiterten Operation im Oktober verworfen und sich geweigert, erneut einen Haftbefehl gegen Chepe Furia auszustellen, obwohl seine vorgesetzte Behörde, die Kammer zur Bekämpfung des organisierten Verbrechens, ihn am 24. November anwies, genau das zu tun, da die Beweise ausreichend seien und der Gesuchte als Chef einer kriminellen Organisation betrachtet werden könne.

Der Chefinspektor erzählt, als Chepe Furia schließlich festgenommen wurde, habe sich seine Verteidigerin »vor Wut die Haare gerauft« und ihn gefragt, warum der Haftbefehl von einem Vertreter des hauptamtlichen Richters unterzeichnet worden sei und nicht von Richter Tomás Salinas persönlich. Chepe Furia habe dagesessen und sich die Szene gelassen angeschaut.

Der Mafioso bestritt, Mitglied irgendeiner Gang zu sein, und wurde ins Gefängnis Apanteos nach Santa Ana gebracht. Dass ihn seine Gang »in den Knast bringen« würde, wie El Niño ihm prophezeit hatte, schien Chepe Furia ebenfalls zu wissen. Der Gefängnisdirektor erzählt, nur einen Tag nachdem der Bandenchef in den Trakt für gewöhnliche Verbrecher eingeliefert worden sei, hätten ihn drei Gefangene um eine Unterredung gebeten. Alle drei hätten ihm dieselbe Frage gestellt: Wissen Sie, wen Sie in den gewöhnlichen Trakt gesteckt haben? Der Direktor gab die Frage an die Häftlinge zurück und hörte sich ihre Antwort an. Einer von ihnen nannte ihn »Don Chepe, den größten Mafioso im Westen El Salvadors«. Der Gefängnisdirektor beschloss, den Neuzugang in einen abgesonderten Trakt, »Insel« genannt, zu verlegen, eine Gemeinschaftszelle, in denen spezielle Gefangene oder solche, die Probleme gemacht hatten, besser überwacht werden konnten. Anscheinend fand Chepe Furia dort keine Freunde. Nach ein paar gemeinsamen Nächten mit zwei Anführern der Gang La Raza (*Die Rasse*) – der Mafia innerhalb der Gefängnismauern – und einem Mitglied der Mirada Loca (*Verrückter Blick*) – einer weiteren Gang, die im Süden Kaliforniens entstanden war – gab Chepe Furia zu, Mitglied der MS zu sein, unterschrieb ein Protokoll, in dem er seinen Decknamen und den Namen der Gang bestätigte, und wurde in den Trakt für Mitglieder der MS verlegt, wo er nicht weiter auffiel.

Doch Chepe Furia sollte nicht lange im Gefängnis bleiben. Als der hauptamtliche Richter Tomás Salinas aus dem Urlaub zurückkam, gab er der Haftbeschwerde von Chepe Furias Anwältin unverzüglich statt und setzte den Haftprüfungstermin auf den 2. Februar 2011 fest, nur 38 Tage nach der Verhaftung des Bandenchefs. Der Richter entschied, dass man, »nur weil die Polizei und ein Belastungszeuge« es behaupteten, nicht zwingend davon ausgehen dürfe, dass der Verhaftete der Chef einer kriminellen Organisation sei. Er weise ausdrücklich darauf hin, dass Chepe Furia nicht des Mordes beschuldigt werde, doch »um die Kriterien eines Anführers zu erfüllen ... muss eine Person mehrere Tötungsdelikte begangen haben«. Er stellte klar, dass er nicht bereit sei, »aufgrund dessen, was die Medien verbreiten und die Staatsanwaltschaft fordert, Anklage zu erheben«. Außerdem »hat die fragliche Person einen Arbeitsvertrag mit der Gemeindeverwaltung von Atiquizaya«, und deswegen könne nicht davon ausgegangen werden, dass der Mann untertauchen werde. Chepe Furia musste eine Kaution von 25.000 Dollar hinterlegen, die er durch die Überschreibung zweier Häuser leistete. Ihm wurde der Pass abgenommen, und dann konnte er, unter der Auflage, sich jeden Freitag bei der Polizeidienststelle von Atiquizaya zu melden, das Gefängnis von Santa Ana verlassen. Zum zweiten Mal hatte ihn derselbe Richter auf freien Fuß gesetzt.

Am darauffolgenden Freitag, dem 4. Februar 2011, erschien Chepe Furia nicht auf der Polizeidienststelle. Auch nicht am nächsten und an allen weiteren Freitagen. Dank Richter Salinas konnte Chepe Furia untertauchen.

Die mit dem Fall betraute Staatsanwaltschaft beantragte bei der Kammer für organisiertes Verbrechen unverzüglich eine Überprüfung der »unglücklichen Entscheidung« des Richters, die auf denselben Argumenten beruhte, mit denen er bereits beim letzten Mal den Haftbefehl gegen Chepe Furia außer Kraft gesetzt hatte; dieselbe Entscheidung, die zu korrigieren die Kammer ihn schon einmal aufgefordert hatte. Die Entscheidung des Richters sei wieder »fehlerhaft und wenig überzeugend ... vollkommen falsch«, beschied die Kammer. Und sie ließ durchblicken, dass die gegebenen Sicherheiten – ein

Brief der Bürgermeisterin von Atiquizaya, in dem sie bestätigte, dass Chepe Furia den Müll der Stadt beseitige; eine Geburtsurkunde seines Sohnes; die Aussage eines Arztes, der behauptete, den Beschuldigten zu kennen; die Überschreibung zweier Häuser, die auf seinen Namen eingetragen waren, sowie vier Quittungen über bezahlte Wasser- und Stromrechnungen auf den Namen einer Person mit anderen Familiennamen als denen von Chepe Furia – keine ausreichende Gewähr dafür böten, dass der Bandenchef keinen Fluchtversuch unternehmen werde. Das Einzige, was diese Überschreibungen bewiesen, so die Kammer, sei, dass der Zeuge die Wahrheit gesagt habe, dass nämlich der Beschuldigte »mehrere Häuser« besitze, darunter das größte in San Antonio, eine zweistöckige Villa. Außerdem, so argumentierte die Kammer, sei die Einbehaltung des Reisepasses von Chepe Furia eine sinnlose Maßnahme, wenn man zu verhindern beabsichtige, dass er sich ins Ausland absetze. »Eine Fluchtgefahr ist eindeutig gegeben, denn der Beschuldigte kann mit seinem Personalausweis oder auch über die grüne Grenze das Land verlassen.«

Im Dezember 2009 war Chepe Furia nachweislich je ein Mal nach Guatemala und nach Nicaragua gefahren, im Januar 2010 zwei Mal nach Honduras und im Juli ein weiteres Mal nach Guatemala.

Die Kammer attestierte Salinas »schweres Fehlverhalten« und »Willkür«. Der Richter habe in diesem Fall nicht den sogenannten »Suspensiveffekt« angewendet, während er das in anderen Fällen getan habe. Der Begriff bedeutet, dass, will man einen Beschuldigten aus der Untersuchungshaft entlassen, eine festgesetzte Frist einzuhalten ist, während der die Staatsanwaltschaft Gelegenheit hat, Beschwerde bei der Kammer einzulegen und diese dann eine Entscheidung trifft. Dadurch soll genau das verhindert werden, was in diesem Fall passiert ist: dass der Beschuldigte untertaucht.

»Der Richter hat sich also über sämtliche Vorschriften hinweggesetzt, um Chepe Furia aus der Haft zu entlassen?«, habe ich den Leiter der Staatsanwaltschaft für den gesamten Westen El Salvadors gefragt.

»So ist es«, antwortete er.

Zwei Monate lang hinterließ ich Nachrichten auf dem Anrufbeantworter des privaten Telefons von Richter Salinas. Er rief nicht ein Mal zurück. Anfang 2012 kam es doch noch zu einem persönlichen Treffen. Es sollte ein Interview werden, das zur Veröffentlichung vorgesehen war, aber der Richter reagierte verärgert, als ich ihn nach dem Fall Chepe Furia fragte und ihn auf seine ungewöhnliche Entscheidung ansprach, einen Mann, der sich schon einmal seiner Verhaftung entzogen hatte, aus der Untersuchungshaft zu entlassen. Er antwortete, jeder habe seine eigenen Kriterien, und forderte mich auf, das Thema zu wechseln und über etwas zu reden, das ihm wichtiger sei. Am Ende wurde das Interview nicht veröffentlicht.

Die Kammer ordnete die Verhaftung Chepe Furias an, und alles begann wieder von vorn.

Anfang März 2011 erhielt der Chefinspektor der Polizeidienststelle von El Refugio den richterlichen Befehl, José Antonio Terán, besser bekannt unter dem Namen Chepe Furia, zu verhaften. Der Chefinspektor wurde wütend. »Die können mich mal am Arsch lecken«, brummte er.

Den »König von Atiquizaya« ausfindig zu machen war eine enorme Fleißarbeit von mehr als einem Jahr gewesen, die ein Richter in nur sieben Tagen zunichtegemacht hatte. Es war offensichtlich, dass Chepe Furia noch andere Kontakte hatte, die ihm halfen, sich eine Zeit lang versteckt zu halten. Das ging ein Jahr lang gut. Mehrere Male waren die Männer des Chefinspektors nahe daran, ihn zu fassen. Sie arbeiteten mit Informanten aus dem kriminellen Milieu zusammen, die behaupteten, dass Chepe Furia sich noch an der Grenze zu Guatemala aufhalte, dass er zwischen den beiden Ländern hin- und herpendele und im Drogenhandel aktiv sei. Einer der Informanten bot an, für 300 Dollar zu verraten, wann genau Chepe Furia nach Santa Ana kommen und welches Kennzeichen sein Auto haben würde. Der betreffende Ermittler zog es vor, das Angebot nicht anzunehmen und weiterhin zu versuchen, die Informationen gratis zu bekommen.

Am 10. März 2012 fiel einer Polizeistreife in Bella Santa Ana, einer Wohnsiedlung der gehobenen Mittelklasse, ein Mann auf, der vor ihnen in ein Haus flüchtete. Die Polizisten folgten ihm, nahmen ihn fest und überprüften seine Identität. Zu ihrer Überraschung stellten sie fest, dass sie Chepe Furia im Hause eines Unternehmers verhaftet hatten, dem ein gut gehendes Restaurant am Lago de Coatepeque gehörte. Bei der Durchsuchung des Hauses fanden sie einen Karabiner .30-30 mit siebzehn Schuss, zwei Gewehre Kaliber 12 und Munition für eine .25er Pistole.

Als der Polizeichef des gesamten Westens von El Salvador, Kommissar Douglas Omar García Funes, besser bekannt unter dem Namen El Carabinero, von der Festnahme erfuhr, besuchte er Chepe Furia in seiner Zelle in Santa Ana.

»Unglaublich, wie clever er ist«, sagte er später zu mir. »Wenn du ihn reden hörst, glaubst du fast, dass er nur ein einfacher Unternehmer ist. Wenn er dich um etwas bittet, sagt er höflich ›bitte‹, er macht Konversation. Zu mir hat er gesagt, wir seien Kollegen, er sei nämlich mal bei der Nationalgarde gewesen.«

Alles schien seinen gewohnten Gang zu gehen. Wieder würde Chepe Furia vor demselben Richter stehen, angeklagt desselben Delikts, illegaler Bandenbildung, was ihm, da er als Bandenchef angesehen wurde, eine Gefängnisstrafe zwischen sechs und neun Jahren einbringen konnte. Doch der Chefinspektor hatte noch ein Ass im Ärmel. Er hatte inzwischen das Vertrauen El Niños gewonnen und ihn nicht nur verhört, sondern auch private Gespräche mit ihm geführt. Auf diese Weise hatte er mehr als nur formelle Geständnisse erhalten. So hatte der ehemalige Killer der Hollywood-Gang ihm erzählt, dass im November 2009 eine ungewöhnliche Gruppe von Atiquizaya nach Usulután gefahren sei, um an der Beerdigung eines ermordeten Bandenmitglieds teilzunehmen. Chepe Furia habe am Steuer seines Pick-ups mit der doppelten Fahrerkabine gesessen, erinnerte sich El Niño, und dahinter El Extrañero und Liro Joker. Plötzlich sei ein Mann von 23 Jahren aufgetaucht, mit zwei Stricken, einem blauen und einem grünen, die er für Chepe Furia besorgt hatte. Chepe Furia habe ihm einen Dollar dafür gezahlt. Der Mann sei in den Pick-up gestiegen. Am selben Tag wurde in der Gemeinde Berlín, Verwaltungsbezirk Usulután, am Straßenrand die Leiche von Samuel Menjívar Trejo gefunden, 23 Jahre, Gemüseverkäufer auf dem Markt von Ahuachapán, Eintreiber von Schutzgeldern für Chepe Furia im Zentrum der Provinz, bekannt unter dem Decknamen Rambito (*Rambolein*). Doch seit einigen Monaten arbeitete Rambito auch als Informant für die Polizei von Atiquizaya, und er hatte vor, seinen Boss wegen der Schutzgelderpressungen hochgehen zu lassen. Die Leiche war mit denselben Stricken gefesselt, die El Niño zuvor gesehen hatte, sie wies Folterspuren auf, und das Gesicht war von mehreren Schüssen aus einer 9mm durchsiebt.

Kurz bevor der Informant zu Tode kam, wurden die beiden Cabos José Wilfredo Tejada und Walter Misael Hernández von der Polizeidienststelle in Atiquizaya zusammen mit Rambito in ihrem Dienstwagen gesehen. Am selben Morgen hatte Tejada über Funk eine Streife der Abteilung 911 angefordert und darum gebeten, den Mann zu verhaften und aufs Revier zu bringen. Als man El Niño die Fotos der beiden Cabos während des Prozesses zeigte, bestätigte er, sie mehrmals im Gespräch mit Chepe Furia gesehen zu haben. Dennoch blieben die beiden Polizisten auf freiem Fuß.

Als ich El Niño im Januar letzten Jahres in seiner Baracke besuchte, erzählte er mir nebenbei, so als würde er dem keine größere Bedeutung beimessen, dass Cabo Tejada ihn einmal angesprochen und ihm vorgeschlagen habe, andere Bandenmitglieder zu beschuldigen, Rambito ermordet zu haben. Er werde ihm sagen, wen genau. Der Name Chepe Furia sei dabei nicht gefallen.

Der Fall liegt nun bei der Staatsanwaltschaft, die landesweit gegen das organisierte Verbrechen ermittelt. Wegen der Komplexität des Falles und der Verwicklung mehrerer Polizeibeamter der westlichen Provinzen habe man beschlossen, den Fall einer landesweiten Behörde zu übergeben, um die Staatsanwälte nicht zu gefährden, erklärte mir der Leiter dieser Behörde, Rodolfo Delgado. Aufseiten der Polizei wurde der Fall von der Abteilung für innere Sicherheit verfolgt. Das Vorgehen sei sehr außergewöhnlich, erklärte mir Delgado, denn es seien Angehörige der Abteilung 911 und keine einfachen Ermittler gewesen, die den Informanten verhaftet und aufs Polizeirevier gebracht hätten. Von da sei er mit den beiden Cabos Tejada und Hernández weggefahren. Zuletzt sei Rambito gesehen worden, wie er in einen Wagen gestiegen sei, in dem Chepe Furia und seine Komplizen gesessen hätten.

Einige Polizisten und Staatsanwälte erzählten mir, dass sie den Mord an Rambito hintangestellt hätten, um ihn aus dem von Tomás Salinas geleiteten Verfahren herauszuhalten. Sie wollten den Mord nicht vor denselben Richter bringen, der Chepe Furia zwei Mal freigelassen hatte. Die Anklage sollte dort erhoben werden, wo der Mord begangen worden war. Deswegen leitete ein für derartige Fälle in der Provinz Usulután zuständiger Richter aus San Miguel den Prozess.

Im Dezember 2012, als der Prozess wegen des Mordes an Rambito begann, hatte Richter Salinas bereits zum dritten Mal versucht, Chepe Furia von der Anklage wegen illegaler Bandenbildung freizusprechen. Derselbe Richter, der ihn schon 2010 freigelassen hatte, derselbe, den die Kammer gezwungen hatte, einen weiteren Haftbefehl gegen den Gangsterboss auszustellen, entschied am 20. August 2012, rund vier Monate nach Chepe Furias Verhaftung, es gebe keine Beweise dafür, dass der Beschuldigte ein Mafiaboss sei, und aus diesem Grund werde das Verfahren vorläufig eingestellt. Doch diesmal erwartete Chepe Furia ein Prozess wegen Mordes, und darum kam er nicht auf freien Fuß. Erneut musste die Kammer für die Bekämpfung des organisierten Verbrechens Richter Salinas daran erinnern, dass der Hauptbelastungszeuge ausgesagt habe, Chepe Furia besorge die Waffen, mit denen die Morde begangen werden. »Er ist das Hirn der Bande, mit Verbindungen zur Polizei ... und reist regelmäßig nach Guatemala, um Drogen und Waffen zu schmuggeln.« Die Kammer erinnerte den Richter auch daran, dass der Zeuge »besagter Bande angehört und daher über Chepe Furias Funktion Bescheid weiß«.

Diesmal begnügte sich die Kammer nicht damit, die Entscheidung des Richters aufzuheben, sondern wies ihn an, die Eröffnung des Prozesses anzuordnen. Dann entzog sie ihm den Fall und übergab ihn dem dafür zuständigen Richter in Usulután.

Wegen des Mordes an Rambito wurde Chepe Furia im Dezember

letzten Jahres zu zwanzig Jahren Gefängnis verurteilt, die er zurzeit in der Strafvollzugsanstalt von Gotera verbüßt, weit weg von seinen Freunden der Mara Salvatrucha.

El Niño wohnt immer noch in seiner Baracke und wartet darauf, gegen seine ehemaligen Freunde der Hollywood Locos Salvatrucha auszusagen. Über Chepe Furia hat er alles gesagt, was er zu sagen hatte, doch er ist davon überzeugt, dass damit noch nicht alles zu Ende ist.

El Niño erinnert sich an die Worte Chepe Furias: »Ein Verräter ist der letzte Dreck.« Vor einigen Monaten, als Chepe Furia noch nicht wegen Mordes verurteilt war, bot ein Polizist, den El Niño nicht kannte, ihm an, ihn aus der Baracke herauszuholen, wenn er bereit sei, für tausend Dollar einen Mord außerhalb von Atiquizaya zu begehen. »Ich bring dich hin«, sagte er zu ihm. El Niño fragte nach der Waffe. »Die geben wir dir, wenn wir da sind«, antwortete der Polizist.

»Aber ich bin kein Blödmann mehr«, sagt El Niño.

Die Grenze der Señores

veröffentlicht am 14. August 2011

Die Verhaftung des einflussreichen Bürgermeisters einer kleinen Grenzstadt durch einen sturen Polizeichef, der sich damit brüstet, die Rauschgifthändler nicht zu fürchten, gibt Aufschluss darüber, wie die Fäden an der Grenze zwischen Honduras und Guatemala zusammenlaufen. Die Verbindungen der dortigen Drogenbosse reichen bis in die höchsten Kreise der nationalen Politik. Dies ist der Bericht einer Reise durch die Provinz Copán, das große Tor des sogenannten »Korridors des Todes« in Honduras.

Am Straßenrand der Zufahrtsstraße nach La Entrada uriniert ein betrunkener Mann hinter seinem Wagen. An der honduranischen Grenze zu Guatemala geht der Tag zu Ende. El Tigre (*Der Tiger*) Bonilla weist seinen Untergebenen an, den Betrunkenen zu kontrollieren. Sie sind mit einer Patrouille von 25 Mann unterwegs. Der pinkelnde Mann, ein dicker Cowboy, wird von seinem Leibwächter begleitet, im Wagen wartet eine Frau. In dem Wagen liegen natürlich zwei Schusswaffen. Der Leibwächter zeigt der Polizeistreife die Ausweise. Der Betrunkene schreit Rivera Tomas etwas zu. Rivera Tomas, Bonillas Untergebener, ist der Polizeichef der Gemeinde Florida.

In diesem Moment kommt ein Pick-up in der entgegengesetzten Richtung die Straße heraufgefahren, die mexikanische Musik voll aufgedreht. Als der Fahrer die Patrouille sieht, bringt er den Wagen abrupt zum Stehen, und sechs bewaffnete Männer springen von der Ladefläche. Sofort werden sie von zwanzig Polizisten umringt, die ihre Waffen auf sie richten.

»Ich bin der Bürgermeister von La Jigua, ihr Vollidioten!«, schreit der Dickste von ihnen, und dann stößt er den Polizisten, der ihn durchsuchen will, vor die Brust.

El Tigre, der die Szene aus der Entfernung beobachtet, fühlt sich zum Eingreifen verpflichtet.

»Was ist hier los, verdammt noch mal?«, schreit er. Erst jetzt sieht ihn Germán Guerra, der Bürgermeister von La Jigua. Er sieht El Tigre und liefert daraufhin nicht nur eine, sondern alle drei Pistolen ab, die er bei sich trägt. Für zwei davon hat er keinen Waffenschein, es sind illegale Waffen.

Die für diesen Grenzabschnitt typische Szene spielte sich ein paar Kilometer von El Paraíso entfernt ab.

* * *

El Paraíso ist eine Enttäuschung. Ein verlassener, trostloser Ort, staubig oder matschig, je nach Jahreszeit. Im Moment ist er matschig. Es hat nichts mit dem zu tun, was mir erzählt wurde. Ein merkwürdiger Ort, sagte man mir, ein Ort, den noch nicht viele gesehen haben. Ein Ort, aus dem du nicht lebend rauskommst, wenn du ihn ohne Genehmigung betrittst.

Nichts davon ist passiert. Hier passiert überhaupt nichts, zumindest wenn man auf die Weise hierherkommt, auf die ich gekommen bin. So gesehen ist El Paraíso eine Enttäuschung. Das Rathaus allerdings ist beeindruckend: ein zweistöckiger Palast mit fünf hohen Säulen entlang der Fassade, mitten im Zentrum von El Paraíso. Neben einer der Säulen, winzig klein angesichts des heraufziehenden Gewitters, der Wachposten, kaum so groß wie der Sockel, neben dem er steht. Das Rathaus ist so, wie man sich ein Rathaus vorstellt: majestätisch, blendend weiß. Und oben auf dem Gebäude mit seinen Säulen, auf dem Dach, ein Heliport. Als gäbe es in El Paraíso viele Menschen, die einen Hubschrauber brauchen, um den Ort auf dem Luftweg verlassen zu können.

Der Grund dafür sei, dass es keine andere Möglichkeit gebe, den Ort zu betreten, berichteten mir Leute, die schon einmal in El Paraíso waren. Man könne nicht einfach wie irgendein ahnungsloser Tourist hierherkommen. Wenn man Glück habe, werde man lediglich rausgeschmissen. Also musste ich so hierherkommen, wie ich hergekommen bin: in einem Konvoi.

Wie gesagt, El Paraíso ist eine Enttäuschung. Zweifellos haben uns diejenigen, die den Ort kontrollieren, von dem Moment an beobachtet, als wir uns zwischen steilen Abhängen auf der matschigen, abenteuerlichen Zufahrtsstraße näherten. El Paraíso, die kleine honduranische Gemeinde, die mit der guatemaltekischen Stadt Izabal die Grenze bildet, wird als das »Goldene Tor« bezeichnet, durch das das Kokain seinen Weg nach Norden in die Vereinigten Staaten fortsetzt.

* * *

In Honduras beginnt das Übel ganz oben. Wenn man eine Region betreten will, die vom organisierten Verbrechen kontrolliert wird, lassen die fatalistischen Warnungen nicht lange auf sich warten.

Da darf man nicht rein.

Sie sehen alles.

Wenn Sie – wie auch immer – da reinfahren, kommen Sie nicht wieder raus.

Das beginnt schon in der Hauptstadt Tegucigalpa, acht Autostunden von El Paraíso entfernt.

Es war an einem Samstagnachmittag, ich saß mit zwei einheimischen Journalisten auf einer Terrasse. Beide hatten reichlich Erfahrung mit Recherchen zum organisierten Verbrechen. Es dauerte nicht lange, da setzte sich eine ihrer Quellen zu uns, ein Staatsanwalt, der bereits mehrere Prozesse gegen Familien geführt hatte, die ins organisierte Verbrechen verwickelt waren. In Honduras widmet sich das organisierte Verbrechen hauptsächlich dem Transport von Drogen, Menschen und Holz sowie dem Menschenhandel.

Um über das brisante Thema zu sprechen, verließen wir auf Bitten eines der beiden Kollegen die kühle Terrasse und zogen uns in die Wohnung zurück. Und auch dort sprachen wir nur im Flüsterton.

»Auf der Straße keinen Mucks«, warnte der Kollege. Der Staatsanwalt konnte dem nur zustimmen.
»In Copán können wir dir Kontakte verschaffen. Ich kenne einen in Santa Rosa, dem ich vertraue. Aber von da an ist Schluss. Das gesamte Gebiet bis zur Grenze nach Guatemala gehört den Drogenbossen, den *señores*. Da gibt es keinen funktionierenden Staat mehr.«

Bei dieser Gelegenheit hörte ich den Namen El Paraíso zum ersten Mal. Der Ort schien weit weg, anonym, legendär nur wegen seines Rathauses.

»Es gibt da ein Dorf mitten im Grenzgebiet, El Paraíso, das ist wirklich am Arsch. Aber angeblich sollen sie auf dem Dach des Rathauses einen Landeplatz für Hubschrauber haben, und der Bürgermeister brüstet sich damit, dass es ihnen an nichts fehlt und dass sie keine Hilfe brauchen, weil sie im Geld schwimmen«, erzählte einer der Journalisten.

»In der ganzen Gegend rund um El Paraíso gibt es keinen Staatsanwalt, der ausschließlich für diese Region zuständig wäre«, ergänzte der Staatsanwalt. »Es gibt nur wenige Polizisten, keine Kripobeamten, keine Sondereinheiten. Die Regierung hat beschlossen, das Gebiet den Señores zu überlassen.«

* * *

Ich bin sicher, dass El Tigre Bonilla noch nicht zufrieden ist. Es ist schon nach zehn Uhr abends, als wir El Paraíso verlassen. Die 25 Polizisten des spektakulären Konvois sind müde. Verschwunden der Elan, den sie zu Beginn der Operation an den Tag gelegt haben, als sie jeden Wagen, der ihnen auf der staubigen Straßen entgegenkam, entschlossen kontrollierten. Sie zittern vor Kälte. Ihre Uniformen sind durchgeschwitzt, und der Wind, der über die Ladeflächen der Pick-ups fegt, lässt es sie spüren. Doch El Tigre Bonilla will mehr.

Kommissar Juan Carlos Bonilla, genannt El Tigre, ist 45 Jahre alt, davon fast 25 bei der Polizei. Zurzeit ist er für drei honduranische Provinzen im Grenzgebiet zu Guatemala und El Salvador zuständig. Auch für Copán, das mit Izabal und Zacapa die Grenze bildet. Izabal und Zacapa werden von den Familien Mendoza und Lorenzana kontrolliert, die von der Polizei Guatemalas als zwei der mächtigsten Familien im guatemaltekischen Drogenhandel betrachtet werden. El Tigre befehligt auch die Polizei der Provinz Nueva Ocotepeque im Grenzgebiet zu Chiquimula, Guatemala, und Chalatenango, El Salvador. Auf der anderen Seite der Grenze liegt San Fernando, ein kleines Dorf der Provinz Chalatenango, wo das Herrschaftsgebiet des Texis-Kartells beginnt. Dieses Kartell, das aus Abgeordneten, Bürgermeistern, Polizisten, Drogenbossen und Unternehmern besteht, wird sogar von den Vereinten Nationen als kriminelle Vereinigung bezeichnet. El Tigre ist auch Polizeichef von Lempira an der Grenze zu Chalatenango und Cabañas, El Salvador. Da er für Copán zuständig ist, fällt auch das, was in Honduras als »Korridor des Todes« bekannt ist, in seinen Zuständigkeitsbereich. Die Route des Rauschgiftschmuggels in Honduras beginnt in der Provinz Gracias a Dios an der Karibikküste und führt durch vier weitere Küstenprovinzen zur Grenze nach Guatemala. Eine davon ist Atlántida, die gewalttätigste Provinz Zentralamerikas.

El Tigre ist ein ungeheuer kräftiger Mann von 1,90 m, mit einem harten Gesicht, wie aus dem Felsen gehauen, das an die Kolossalköpfe der Olmeken erinnert. Unter seinen Kollegen gilt er als aufbrausend, und das gefällt ihm.

»Mir kann man nicht mit irgendwelchem Scheiß kommen, das wissen alle«, sagt er gern.

Im Jahre 2002 beschuldigte ihn die Kommission für interne Ermittlungen, an der Ermordung einer Gruppe mutmaßlicher Verbrecher in San Pedro Sula beteiligt gewesen zu sein, einer der gewalttätigsten Städte Mittelamerikas, mit jährlich 119 Tötungsdelikten pro 100.000 Einwohner. Es gab sogar einen Zeugen, der behauptete, einer Exekution beigewohnt zu haben, die von Los Magníficos (*Die Fantastischen*), einem vermutlich aus Polizisten bestehenden Mordkommando, durchgeführt worden war. Gegen eine Kaution von 100.000 Lempiras (mehr als 5.000 Dollar) wurde El Tigre aus der Untersuchungshaft entlassen. Am Ende des Prozesses, den viele als manipuliert bezeichneten, wurde Bonilla schließlich freigesprochen, nachdem die Vertreterin der Anklage, die ehemalige Leiterin der Staatsanwaltschaft, mitten im Prozess abgelöst wurde.

»Haben Sie außerhalb der Normen des Gesetzes getötet?«, frage ich ihn, während wir El Paraíso hinter uns lassen.

»Manche Dinge nimmt man mit ins Grab«, antwortet er. »Ich kann Ihnen nur sagen, dass ich mein Land liebe und bereit bin, es um jeden Preis zu verteidigen. Und dass ich alle möglichen Dinge getan habe, um es zu verteidigen. Mehr werde ich dazu nicht sagen.«

María Luisa Borja, damals Mitglied der internen Ermittlungskommission, vertraute den honduranischen Medien an, dass El Tigre während der Vernehmung nur einen einzigen Satz gesagt habe.

»Wenn Sie mich als Sündenbock vor Gericht bringen, wird es in der Polizei krachen, denn ich kann dem Minister für innere Sicherheit offen ins Gesicht sagen, dass ich nichts anderes getan habe, als seine Befehle auszuführen«, war der Satz, den El Tigre, laut Borja, gesagt hatte, bevor er den damaligen Vizeminister für innere Sicherheit, Óscar Álvarez, heute die Nummer eins des Ministeriums, anrief.

Wir sind hier, weil El Tigre beweisen will, dass ich unrecht habe. Ich habe zu ihm gesagt, dass – laut Beamten, Bürgermeistern, Journalisten, Menschenrechtsorganisationen, Priestern, Männern und Frauen, die mich darum gebeten hatten, ihre Namen nicht zu nennen – bestimmte Gebiete an der Grenze von Copán, »seiner« Grenze also, von Rauschgifthändlern kontrolliert werden. Von den *señores*, sagen sie.

Eines Nachmittags stellte El Tigre ein Einsatzkommando zusammen. Es sei reine Routine, versicherte er mir, und ich könne bestimmen, wohin es gehen solle. So könne ich mich davon überzeugen, dass er jederzeit gehen könne, wohin er wolle.

»Nach El Paraíso«, sagte ich, »ich möchte nach El Paraíso.«

»Okay ... wohin Sie wollen ... Kleine«, sagte er zu seiner Sekretärin, »leg die Berichte zur Seite und stell eine gute Truppe zusammen, ruf die Jungs an, die das Gebiet kennen, aber sag ihnen nicht, wohin wir fahren, es soll eine Überraschung sein.«

El Tigre vertraut seinen Polizisten nicht. Er sagt, er vertraue nur einem Menschen in seinem Einsatzgebiet: sich selbst.

* * *

Der Agent des honduranischen Geheimdienstes war misstrauischer als jeder andere in Zentralamerika, mit dem ich gesprochen habe. Der aus Nicaragua zum Beispiel hat mit mir sogar Bier am karibischen Strand getrunken. Dagegen wollte dieser Agent noch nicht einmal aus dem Wagen steigen. Er fuhr eine Stunde lang durch Tegucigalpa, während wir uns unterhielten. Sein einziges Ziel war es offenbar, nicht zwei Mal durch dieselbe Straße zu fahren.

Ich versuchte, ihn ein wenig über Copán auszufragen, wollte etwas über den Ort wissen, in den ich fahren würde. Aber die Hälfte der Zeit ging mit Fragen drauf, die er mir stellte. Als er endlich auf meine Fragen antwortete, zeichnete er das Bild einer Gegend von Cowboys und Farmern.

»Nach Santa Rosa de Copán ziehen sich die Señores zurück, um sich zu entspannen oder Geschäfte abzuwickeln. Da treffen sie sich, da wohnen ihre Familien. Sie treffen sich mit den Polizisten, Bürgermeistern und Beamten, die alle auf ihrer Gehaltsliste stehen.«

Der Geheimdienstler unterscheidet Copán von den anderen honduranischen Provinzen, vor allem von solchen wie Olancho oder Gracias a Dios, Durchgangstore für das Kokain auf seinem Weg von Kolumbien in die Vereinigten Staaten. Dort bilden Schießereien die Hintergrundmusik. Tags zuvor hatte es eine zweistündige Schießerei in Catacamás gegeben. Catacamás ist die zweitwichtigste Stadt von Olancho. Die dortigen Drogenhändler streiten sich mit den Familien der Provinzhauptstadt Juticalpa um die Kontrolle der Routen. Im Moment herrscht in Copán vorübergehend Ruhe. Wenn sich nach ihren Auseinandersetzungen einer von ihnen zum König ausruft, lassen sie ihn eine Zeit lang regieren. Aber nur eine Zeit lang.

»In Copán weiß jeder, wer gerade das Sagen hat. Die Leute in dieser Region arbeiten für das Sinaloa-Kartell, aber nicht ausschließlich. Sie arbeiten für die, die sie bezahlen, aber zum Sinaloa-Kartell haben sie die engsten Beziehungen. Wir sind ständig in Alarmbereitschaft, weil wir wissen, dass Joaquín ›El Chapo‹ Guzmán, der Chef des Sinaloa-Kartells, häufig an die Grenze zu Guatemala kommt. In diesem Jahr haben wir Informationen erhalten, dass sich auch Los Zetas dort aufhalten. Falls es sich bestätigen sollte, dass sie sich für diese Region interessieren, würde das die Landschaft verändern.«

Wir kurvten weiter durch Tegucigalpa, gelangten in ein Wohngebiet und fuhren kurz darauf über eine der Hauptstraßen, die wir bald wieder verließen. Der Agent des staatlichen Geheimdienstes beschrieb Copán als die Provinz mit den am besten organisierten und erfahrensten Rauschgifthändlern. Die Kontrolle der Grenze übe hauptsächlich die Familie Valle aus, sagte er, mit Wohnsitz in El Espíritu, einer Gemeinde mit etwas weniger als 4.000 Einwohnern, eine Autostunde von der Grenze zu Guatemala entfernt. Einer Grenze ohne Zollbeamte, mitten im Dschungel.

Der Agent vertrat die Theorie, dass Guatemala der Hauptumschlagplatz für den Kokainschmuggel in die Vereinigten Staaten sei. Die Leute hier arbeiteten mit den Mexikanern und Kolumbianern zusammen, sagte er. Doch die honduranischen Organisationen im Westen des Landes, wie zum Beispiel in Copán, seien aufgrund ihrer Erfahrung ebenfalls sehr mächtig. Das beweise die Tatsache, dass ständig mexikanische Unterhändler in Städte wie Santa Rosa de Copán kämen, ohne dass guatemaltekische Mittelsmänner anwesend seien.

»Das reicht«, sagte er, »das heutige Treffen sollte nur dazu dienen, uns ein wenig kennenzulernen, und etwas habe ich Ihnen ja schon erzählt.«

Er parkte den Wagen auf einem Bürgersteig in einem wenig belebten Viertel von Tegucigalpa. Wenn der Wagen anhielt, lag seine Hand immer auf dem Knauf seiner Beretta. Mit einer freundlichen Geste forderte er mich auf, auszusteigen. Ich kam seiner Aufforderung nach, und er fuhr weiter.

* * *

Hier ist ein Mann ohne Pistole offenbar kein Mann. Ich übertreibe nicht. Seit Beginn unserer Tour am Mittag bis jetzt, da wir El Paraíso verlassen haben und El Tigre weiterhin jeden Wagen kontrollieren lässt, der uns entgegenkommt, habe ich nur zwei Männer gesehen, die nicht mindestens eine Pistole im Gürtel hatten. Wir haben vierzehn Männer angehalten. Nur einer, ein armer Bauer in einem klapprigen alten Auto, hatte keinen Waffenschein für seinen Revolver. Jetzt sitzt er in Handschellen auf der Ladefläche des Pick-up, der unseren begleitet.

Pistolen und Gewehre sind normal auf diesen matschigen Pisten, aber auch dann noch, wenn der Matsch von Kopfsteinpflaster abgelöst wird.

Wir fahren über die gepflasterte Straße, die von der Zufahrtsstraße nach El Paraíso bis nach La Entrada führt. La Entrada gehört zur Gemeinde Florida und liegt etwa eine Autostunde von der Grenze entfernt. Um nach El Paraíso zu gelangen oder nach El Espíritu, an die Grenze also, wo die Señores sich ungehindert bewegen, kommt man unweigerlich durch La Entrada, eine schnell wachsende Siedlung, Durchgangstor für den Kokainschmuggel und den Transport gestohlener Waren. Man kann sagen, La Entrada ist die Trennlinie zwischen dem zivilisierten Copán und dem Copán der Pistoleros.

Am Straßenrand der Zufahrtsstraße nach La Entrada uriniert ein Mann hinter seinem Wagen. Der Tag geht zu Ende. El Tigre gibt den Befehl, den Mann zu kontrollieren. Der Mann schreit Rivera Tomas etwas zu. Rivera Tomas, El Tigres Untergebener, ist der Polizeichef der Gemeinde Florida. In diesem Moment taucht der Pick-up des Bürgermeisters von La Jigua auf. Auf der Ladefläche sitzen bewaffnete Männer. Zwanzig Polizisten umringen den Pick-up und richten ihre Waffen auf die Männer. Der Bürgermeister fängt an, herumzuschreien und die Polizisten zu beleidigen.

»Was ist hier los, verdammt noch mal?«, mischt sich El Tigre ein.

Erst jetzt sieht ihn Germán Guerra, der Bürgermeister von La Jigua. Er sieht El Tigre und liefert daraufhin nicht nur eine, sondern alle drei

Pistolen ab, die er bei sich trägt. Für zwei davon hat er keinen Waffenschein, es sind illegale Waffen.

»Hallo, Tigre! Schön, Sie mal wieder zu sehen«, sagt er. »Alles klar, Sie können die Pistolen mitnehmen ... Aber mich nicht, ich muss zu einer Beerdigung«, bittet er beinahe unterwürfig.

»Besprich das mit Rivera Tomas«, erwidert El Tigre abweisend.

Er geht zu seinem Untergebenen, nimmt ihn am Arm und raunt ihm zu:

»Tun Sie Ihre Pflicht ... Sie zittern ja! Scheißen Sie sich nicht in die Hose, Mann! Sie haben den armen Indio mitgenommen, also nehmen Sie auch diese Herrschaften mit!«

La Jigua gehört zu den fünf Gemeinden der an Guatemala grenzenden Provinz Copán, die von den Drogenbossen kontrolliert werden.

Rivera Tomas gibt Befehl, die Männer, auch den Bürgermeister, in Handschellen auf die Ladefläche des Pick-ups zu verfrachten und aufs Polizeirevier nach La Entrada zu bringen. Es ist offensichtlich, dass Rivera Tomas sehr nervös ist. Es ist offensichtlich, dass der Bürgermeister von La Jigua sein Verhalten erst geändert hat, als er El Tigre erkannte. Es ist offensichtlich, dass er ihn nur selten sieht. Und genauso offensichtlich ist es, dass er es gewohnt ist, Polizisten wie Untergebene zu behandeln.

»Sehen Sie? Mir kann man nicht mit irgendwelchem Scheiß kommen«, sagt El Tigre stolz zu mir.

* * *

Der ehemalige Bürgermeister einer Gemeinde im Grenzgebiet der Provinz Copán erklärte mir, warum er anonym bleiben wollte:

»Wenn ich der Meinung wäre, es würde etwas ändern, wenn ich dir meinen Namen sage, dann würde ich ihn dir sagen. Aber es nützt nichts, denn die Señores, die diese Grenze kontrollieren, sind nicht allein. Hinter ihnen stehen die Männer mit Krawatte, die das Land regieren.«

Wir hatten uns zum Frühstück in einem Restaurant außerhalb von Santa Rosa de Copán verabredet. Bevor der ehemalige Bürgermeister dem Treffen zustimmte, musste ich das übliche Prozedere über mich ergehen lassen. Ein Mann seines Vertrauens sagte ihm schließlich, dass er mir trauen könne, dass ich in meiner Reportage weder seinen Namen noch den genauen Ort des Treffens oder die Gemeinde, der er vorgestanden hatte, nennen würde. Und er sagte ihm auch, dass ich keine Fotos machen würde. Dann erst willigte der ehemalige Bürgermeister ein, mit mir zu reden. Das Bild, das er zeichnete, war höchst anschaulich.

»Was ich Ihnen erzählen werde, hört sich an wie gelogen, erfunden, übertrieben, aber das ist es nicht. Sie machen, was sie wollen, weil sie jede politische Unterstützung bekommen. El Chapo war hier, und alle wissen es. Er war in El Espíritu, auf der Hacienda der Familie Valle, den einflussreichsten Geldwäschern der Region. Sie haben Hotels in Santa Rosa de Copán und noch jede Menge andere Geschäfte. Und er war auch in El Paraíso.«

Zum ersten Mal erkundigte ich mich direkt nach El Paraíso, nach dem Wohlstand, dem Heliport, dem Rathaus im Stil des Kapitols.

»Schauen Sie, alle Bürgermeister der Region wissen, wie der Bürgermeister von El Paraíso agiert. Nicht immer bietet er dir Geld an. Wenn du ein Stadtfest veranstalten willst, erklärt er sich bereit, dir zu schicken, was immer du brauchst, Rodeos, bekannte mexikanische Bands, die viel Publikum anziehen und dir noch mehr einbringen. Später dann bittet er dich um kleine Gefälligkeiten. Das ist vielen Bürgermeistern so ergangen. Und du fragst dich, wenn meine ländliche Gemeinde so arm ist wie seine, warum hat er dann so viel Geld, um Bands aus Mexiko zu holen, die mehrere Tausend Dollar für einen Auftritt verlangen?«

Was der ehemalige Bürgermeister mir während des Frühstücks erzählte, wurde mir durch einen anderen, noch amtierenden Bürgermeister bestätigt. Auch ihm hatte der Chef von El Paraíso seine Unterstützung angeboten. Alexander Ardón heißt dieser angesehene Bürgermeister von El Paraíso. Er fährt in einem gepanzerten Lieferwagen herum, eskortiert von zwei weiteren, in denen zwanzig bewaffnete Männer sitzen, die ihn Tag und Nacht beschützen.

Das mediale Interesse für El Paraíso nahm 2008 zu, als der ehemalige honduranische Minister für innere Sicherheit, Jorge Gamero, diese Gemeinde als »den schwarzen Fleck von Copán« bezeichnete, wobei die Provinz an sich schon als Schlüsselregion für den Kokainschmuggel aus Südamerika bekannt war.

In einem im August 2008 von der honduranischen Tageszeitung La Prensa veröffentlichen Interview brüstet sich Ardón damit, nur bis zur fünften Klasse die Schule besucht zu haben, arm geboren zu sein und jetzt mehrere Millionen Lempiras auf dem Bankkonto zu haben. Er versichert, dass seine Gemeinde und er durch Milch- und Viehwirtschaft reich geworden seien. Das sei ein Millionengeschäft, sagt er.

Ardón bezeichnet sich als einen bescheidenen Menschen, behauptet aber gleichzeitig, der »König von El Paraíso« zu sein. Er weicht den Fragen nach seinen Verbindungen zum Drogenhandel aus, räumt aber ein, dass viele Viehzüchter wie er dank der Nähe zur Grenze vom illegalen Viehhandel profitiert hätten. Ardón gibt weder weitere Interviews, noch empfängt er Medienvertreter.

Ganz anders der Bischof von Copán, Luis Santos. Seit 2008 hat er verschiedenen Medien gegenüber Sätze geäußert, die hervorragende Schlagzeilen abgegeben hätten, wäre in Copán nicht jede Äußerung über den Rauschgifthandel, so absurd sie auch klingen mag, etwas ganz Normales. »In El Paraíso bleibt nur noch die Kirche, alles andere haben die Drogenbosse gekauft«, sagte er zum Beispiel. Und: »In El Paraíso gibt es Wohnsiedlungen, in denen man riesige Villen sehen kann.« Oder: »Die Mädchen in El Paraíso akzeptieren keinen Mann als Freund, der nicht, wie alle Drogenhändler, ein brandneues Auto fährt.« Wir erinnern uns: El Paraíso ist ein verlassenes Nest an der Grenze, ein verlassenes Nest in Honduras, mit nichts als Staub und Matsch.

»Es passieren Dinge, von denen wir alle wissen. Zum Beispiel wurden in El Paraíso bei den Wahlen der Ratsmitglieder und der Abgeordneten des Provinzparlaments 2009 die Wahlurnen um elf Uhr morgens unter der Aufsicht bewaffneter Männer geschlossen, die an jeden Beobachter des Partido Liberal 3.000 Lempiras verteilten und sie dann nach Hause schickten. Danach nahmen sie die Urnen mit und füllten sie mit weiteren Stimmzetteln auf«, erzählte mir der ehemalige Bürgermeister während des Frühstücks.

Das wurde mir von zwei weiteren Informanten in Santa Rosa de Copán bestätigt. Einer von ihnen ist Mitglied des Partido Nacional, der Partei, der auch Bürgermeister Ardón angehört. Die Wahlergebnisse in El Paraíso sind sehr ungewöhnlich im Vergleich zu denen in den übrigen Gemeinden. Von den 12.536 Wahlberechtigten gingen 9.583 zur Wahl. Das ist die niedrigste Wahlenthaltung in der gesamten Provinz Copán. Von den abgegebenen Stimmen entfielen nur 670 auf den Partido Liberal, 8.151 auf den Partido Nacional. Der Partei fehlten nur 1.000 Stimmen für einen zusätzlichen Abgeordnetensitz im Parlament der Provinz Copán. In den anderen 22 Gemeinden betrug der Unterschied zwischen den beiden Parteien nie mehr als 600 Stimmen. In Ardóns Gemeinde fegte seine Partei die Opposition mit einer Mehrheit von 7.481 Stimmen hinweg.

Wenn man sich in Copán nach dem Rauschgifthandel erkundigt, fällt am Ende unweigerlich der Name von El Paraíso und der seines Bürgermeisters. Das ist eine Tatsache. So geschah es zum Beispiel dem nordamerikanischen Journalisten Steven Dudley, dem bei seinen Recherchen für das Woodrow Wilson Center und die Universität San Diego im Jahre 2010 vom Geheimdienst versichert wurde, dass Ardón direkt mit dem Sinaloa-Kartell zusammenarbeite und dass die zentralamerikanischen und mexikanischen Drogenbosse ihre Feste in El Paraíso zu feiern pflegen. Deshalb verwundert es nicht, dass der jetzige honduranische Minister für innere Sicherheit, Óscar Álvarez, dem mexikanischen Radiosender Radio Fórmula gegenüber erklärte, El Chapo, der mächtigste Drogenboss Mexikos, verbringe in El Paraíso seinen Urlaub.

Álvarez sagte außerdem, dass die Band Los Tigres del Norte nach El Paraíso gekommen sei, um auf den vom Bürgermeister für die Drogenbosse organisierten Partys zu spielen. Dennoch, und obwohl das Folkloristische immer die Aufmerksamkeit auf sich zieht, interessieren sich nur wenige für das, was mein Informant vom Geheimdienst mir erzählte:

»Trotz seines schlechten Rufs schafft es Ardón, der Bürgermeister eines verlassenen Nestes, die wichtigsten Politiker und Unternehmer dieses Landes dorthin zu locken, wie zum Beispiel anlässlich der Einweihung seines Rathauses mit Heliport. Das ist eine Tatsache, und deswegen war das Fotografieren bei diesem Ereignis nicht erlaubt. Wie ist das möglich? Nun, das effizienteste Mittel, um als ›Señor der Grenze‹ in Ruhe und Wohlstand leben zu können, ist es, politische Kampagnen in der Provinz und auf staatlicher Ebene zu finanzieren. Auf diese Weise löst sich jedes zukünftige Problem durch einen kurzen Anruf bei deinem Freund, dem wichtigen Politiker.«

Nach Aussage des ehemaligen und des noch amtierenden Bürgermeisters, mit denen ich gesprochen habe, wurde bei besagter Einweihung des protzigen Rathauses in El Paraíso für Abgeordnete, hohe Beamte und Unternehmer der rote Teppich ausgerollt.

* * *

El Tigre ist nicht glücklich über die Anweisungen, die er Rivera Tomas gegeben hat. Er ist gestresst. Büroarbeit ist nicht seine Stärke. Er hat das Büro verlassen und ist mit einem Affentempo davongefahren, um nach einem Lastwagen zu fahnden, der samt Ladung, einem Traktor, geklaut wurde. Und tatsächlich, der Lastwagen ist auf der Straße abgestellt worden, die von La Entrada nach Santa Rosa de Copán führt. Wie zu erwarten, ist der Traktor verschwunden. Das heißt, zwischen fünf Uhr nachmittags, als der Lastwagen geklaut wurde, und elf Uhr nachts, als wir eintrafen, haben die Diebe einen Traktor von einer Ladefläche auf eine andere gehievt und sind mit ihm verschwunden.

»Hier sind keine Taschendiebe unterwegs«, sagt El Tigre zu mir. »Wir befinden uns an der Grenze, hier sind erfahrene Profis am Werk. Der Traktor ist bestimmt schon bei irgendeinem Dorf von Ocotepeque über die Grenze nach San Salvador gebracht worden. Es hat keinen Zweck, los, Abfahrt!«, befiehlt er den beiden Polizisten, die in die Nacht hinausspähen, die rund um den Lastwagen herrscht, während sie ihre M-16 auf den Dschungel richten.

Seit einer halben Stunde sind wir auf dem Kommissariat von La Entrada, wo El Tigre sich vergewissert, dass Rivera Tomas den Bürgermeister von La Jigua nicht freilassen wird.

Wütend unterschreibt der Bürgermeister das Vernehmungsprotokoll. Vor dem Kommissariat sind zehn Männer postiert, die, wenn sie keine Leibwächter sind, zumindest so tun, als wären sie welche. Sie haben sich die Polizisten und mich genau angeschaut, haben uns mit ihren Handys gefilmt und ununterbrochen in ihr Telefon gesprochen, so laut, dass wir es hören konnten: »Wir holen ihn da raus ... Diese Idioten wissen nicht, mit wem sie sich anlegen ... Wir werden den Minister anrufen ... Gleich holen wir ihn raus.«

El Tigre ist nicht mehr ganz wohl bei der Sache. Er nimmt Rivera Tomas beiseite, macht ihm Angst, sagt zu ihm, sei vorsichtig, lass den Bürgermeister von La Jigua besser nicht die Nacht zu Hause verbringen.

Die Patrouille macht sich wieder auf den Weg. Ich steige zu El Tigre in die Fahrerkabine. Auf der Ladefläche des Pick-ups sitzen drei Polizisten. Wir schweigen, bis El Tigres Mobiltelefon klingelt.

»Was?! Er hat Barralaga angerufen? Ist mir scheißegal! Lass ihn auf keinen Fall frei!«

Jorge Barralaga ist der Polizeichef von Copán. El Tigre ist der Chef der gesamten Region und somit sein Vorgesetzter. Sie verstehen sich ganz und gar nicht. Einmal hat El Tigre gegen Barralaga ermitteln lassen, weil dieser gegen seinen ausdrücklichen Befehl am 28. Februar, dem Tag der Einweihung des Rathauses von El Paraíso, sechzig Polizisten abgestellt hatte. »Wo hat man so was schon mal gesehen, dass ein Großteil der Sicherheitskräfte aus einer ganzen Provinz abgezogen wird, nur um ein Rathaus in irgendeinem verlassenen Nest zu bewachen?«, fragte sich El Tigre. Es wurden nicht nur die sechzig Polizisten von Barralaga abgestellt, sondern – laut interner Polizeiberichte, die ich in Tegucigalpa einsehen konnte – außerdem noch zwanzig weitere Polizeibeamte und dazu einige Soldaten. Ein ganzes Heer also, um für die Sicherheit bei der Einweihung eines Rathauses zu sorgen, das knapp über 18.000 Menschen zu verwalten hat. Auf einigen Wachen blieb nur der motorisierte Polizist zurück. Nach der Einweihung stellten sich die insgesamt mehr als achtzig Polizisten und Soldaten in Reih und Glied auf und erhielten je 1.000 Lempiras. So steht es in dem Bericht, der der Obersten Polizeidirektion des Landes vorliegt. Der Bürgermeister von El Paraíso vergalt den zahlreichen Sicherheitskräften an dieser Grenze ihren Einsatz mit mehr als 80.000 Lempiras (fast 5.000 Dollar).

In seinem Protestschreiben, das dem Bericht beigefügt ist, beklagt El Tigre, dass das »dem Ansehen der Polizei schadet und sie in Verruf bringt«, weil es zeige, dass »unsere Polizei für die Sicherheit von Leuten abgestellt wird, die im Drogenhandel aktiv sind«. Dieser Protestbrief brachte El Tigre eine Rüge wegen seines schlechten Verhältnisses zu den Bürgermeistern im Grenzgebiet ein.

Schweigend fahren wir weiter. Nach etwa fünf Minuten klingelt sein Telefon erneut.

»Ja? ... Was?! Der Minister für innere Sicherheit hat angerufen und gefragt, warum wir den Bürgermeister verhaftet haben? Also, der bleibt so lange drin, bis ich sage, dass er freigelassen wird!«

Er legt auf.

»Diese Arschlöcher! Die hören nicht auf, ihre Beziehungen spielen zu lassen«, sagt er lachend.

Wieder schweigen wir. Aber nur drei Minuten, dann kommt ein weiterer Anruf.

»Ja? ... Jawohl, ich hab ihn verhaftet, schreiben Sie das ... Ach so, es ging Ihnen gar nicht um die Information, Sie wollen, dass ich den Bürgermeister freilasse ...?«

Er legt die Hand auf sein Handy, flüstert mir zu, dass eine einflussreiche Journalistin der Region am Apparat sei, und schaltet auf Lautsprecher.

»Stellen Sie sich vor, der Abgeordnete Marcio Vega Pinto (*Abgeordneter der Provinz Copán*) hat mich angerufen, ich soll mit Ihnen reden, schließlich würde ich Sie ja kennen, hat er gesagt«, höre ich eine Frauenstimme sagen.

»Aber Sie wissen doch, dass ich Ihnen da nicht helfen kann«, erwidert El Tigre.

»Sie bringen die anderen Bürgermeister gegen sich auf, die sind alle miteinander befreundet.«

»Ja, ich weiß, diese Scheißkerle werden mir das nie vergessen.«

»Seien Sie bloß vorsichtig, angeblich ist der Bürgermeister mit der Familie Valle aus El Espíritu eng befreundet.«

»Und sind diese Valles vielleicht immun gegen Blei?«

Er schaltet die Lautsprechanlage aus und verabschiedet sich von der Journalistin.

»Das geht jetzt die ganze Zeit so weiter, bis der Bürgermeister freigelassen wird«, sagt er zu mir.

Hier, an den Grenzen zu Guatemala und zu El Salvador, gründet sich die Macht der honduranischen Drogenbosse auf Telefonanrufe, die von einem verschlammten Nest aus mit Leuten geführt werden, die sich weit weg von der Grenze befinden.

Schweigend fahren wir weiter. Doch diesmal fühlt sich El Tigre offenbar unbehaglich.

»Ist ja gut!«, ruft er schließlich. »Wenn Sie sagen, dass die Drogenbosse die Grenze kontrollieren können, weil sie im Voraus wissen, wann ich nach El Paraíso oder El Espíritu komme, dann kann ich nur sagen: Ja, es stimmt. Ich frag mich ja selbst, wie sie das wissen können, und die Antwort lautet, weil sie meine Leute infiltriert haben.«

Wieder schweigt er, doch er fühlt sich immer noch sichtlich unwohl. Er schaut zu mir herüber, als erwarte er eine Reaktion.

»Sie sind nervös«, stelle ich fest.

»Ja, ja, ist ja gut! Wenn Sie sagen, dass die Señores ihre Drogen ungehindert hier über die Grenze schmuggeln können, sage ich, ja, das stimmt, ich habe noch nie auch nur ein Körnchen Kokain beschlagnahmt ...«

Der Minister für innere Sicherheit schätzt, dass jedes Jahr 300 Tonnen Kokain durch das Land transportiert werden. Copán gilt als das wichtigste Durchgangstor auf dem Landweg nach Guatemala.

»Sie haben also in den drei Provinzen an der Grenze zu Guatemala und El Salvador im ganzen letzten Jahr nicht ein Körnchen Kokain beschlagnahmt?«

»Kein Gramm! Und ich frage mich, warum. Dabei scheiß ich mir vor niemandem in die Hose! Haben Sie das gesehen, oder haben Sie das nicht gesehen?«

»Stimmt, Tigre, vor dem Bürgermeister von La Jigua haben Sie sich jedenfalls nicht in die Hose geschissen, das hab ich gesehen. Aber was nützt das?«

Wir schweigen, bis wir nach Santa Rosa de Copán kommen.

Guatemala schreibt sich mit Z

veröffentlicht am 27. Juni 2011

Es gab eine Zeit, in der das Verhältnis der guatemaltekischen Rauschgifthändler von gegenseitigem Respekt geprägt war.
Eine Zeit, in der nur wenige schwarze Schafe diesen Pakt brachen. Eins dieser verirrten Schafe war der Grund dafür, dass die Drogenfamilien mexikanische Killer anheuerten, die inzwischen das ganze Land kontrollieren. Angehörige der Geheimdienste und des Militärs sowie Stimmen aus dem Drogenmilieu benennen die Schuldigen für die Zerstörung des Gleichgewichts zwischen den kriminellen Organisationen in Guatemala: Los Zetas.
Und auch die Verhängung des umstrittenen Ausnahmezustands deutet darauf hin.

Zum letzten Mal hat er vor etwa drei Jahren die Ware gemischt. Da hatte er bereits sieben Jahre einer mehrjährigen Gefängnisstrafe abgesessen. Einige Häftlinge kamen in seine Zelle und fragten nach dem »Ausländer, der sich mit Chemikalien auskennt«. Er antwortete mit einer Gegenfrage: Was kann ich tun? Sie wickelten Kokainpaste aus einer Plastikfolie, legten sie auf seine Pritsche und fragten ihn, ob er etwas damit anfangen könne und was er dazu brauche. Unbedingt Bikarbonat, antwortete er. Sie besorgten es ihm, und am nächsten Tag konnten die Männer ihr Crack rauchen. Das war das letzte Mal, dass der Kolumbianer gemischt hat. Früher tat er das jede Woche. Davon lebte er.

Die Hitze in dem guatemaltekischen Gefängnis ist unerträglich, doch dem Kolumbianer scheint sie nichts auszumachen. Vielleicht weil er daran gewöhnt ist: Als er im Juni 1997 nach Guatemala kam, landete er in Mazatenango, der Hauptstadt der Provinz Suchitepéquez. Mazatenango, 200 Kilometer von der salvadorianischen und 150 Kilometer von der mexikanischen Grenze entfernt, leidet unter der feuchten Hitze einer Küste, an der es weder wichtige Handelshäfen noch Touristenzentren gibt, nur unbedeutende kleine Fischerdörfer wie El Chupadero oder Bisabaj.

Die Häftlinge spielen Fußball, lungern in den Ecken des Gefängnishofes herum, unterhalten sich, essen eine Kleinigkeit in der Kantine oder warten in Handschellen darauf, dass sie zu einer Vernehmung gebracht werden. Hier sitzen gewöhnliche Verbrecher – *paisas* (Zivilisten) genannt – und Bandenmitglieder, fast alle von der Mara Salvatrucha und dem Barrio 18. Der Kolumbianer und ich gehen zu einem etwas abseits gelegenen Kiosk, an dem Süßigkeiten verkauft werden. Wir möchten ungestört miteinander reden, ohne flüstern zu müssen. Der Kolumbianer ist ein stämmiger Mann von etwa 35 Jahren. Er ist glatt rasiert und trägt saubere weiße Nikes. Ich möchte mit ihm reden, weil er persönlich erlebt hat, wie sich die Beziehungen der guatemaltekischen Rauschgifthändler untereinander in den letzten zehn Jahren verändert haben. Er weiß, dass seine Zeit draußen abgelaufen ist und jetzt andere Gesetze gelten, gemacht von Männern, die aus Mexiko hierhergekommen sind und gar nicht daran denken, in ihr Land zurückzukehren.

Bis zu seiner Verhaftung war der Kolumbianer das, was man im Drogenmilieu einen »freien Mitarbeiter« nennt. Er arbeitete nicht ausschließlich für ein Kartell, war nie fest angestellter Chemiker des Cali-Kartells oder des Norte-del-Valle-Kartells in Kolumbien, wurde weder von einer der guatemaltekischen Familien, die den Drogenhandel kontrollieren, noch von einem der mexikanischen Kartelle nach Guatemala geholt, um die Ware zu mischen, bevor sie auf ihrem Weg in die Vereinigten Staaten über die Grenze geschmuggelt wurde. Er war ein freier Mitarbeiter, der, wie sein Vater und sein Bruder, mit Aceton, Bikarbonat, Amphetaminen und Ammoniak umzugehen wusste.

Er wurde in einem Haus in Mazatenango festgenommen, zusammen mit seinem Vater und einem guatemaltekischen Soldaten, die ihm assistierten. Er ist sich sicher, dass er verpfiffen wurde. Die Polizisten stürmten genau in dem Moment das Haus, als der Kolumbianer seine Hände in 22 Kilo Kokainpaste versenkte.

»Also, schau, das war so: Sobald ich die Kohle hatte, hab ich in zwanzig Minuten ein Kilo zusammengemischt und fürs Aufkochen fertig gemacht.«

Der Kolumbianer versorgte vor allem solche Kunden, die verzweifelt waren, weil sie eine schlechte Mischung bekommen hatten oder weil die Ware ihnen auf dem Transport feucht geworden war. Auch solche, die nur die Kokainpaste und die nötigen Chemikalien hatten, aber nicht imstande waren, das Ganze zu weißem Pulver zu verarbeiten.

Kaum in Guatemala angekommen, bot der Kolumbianer seine Dienste jedem an, der ihm *platica*, Geld, versprach. Er arbeitete für die traditionellen Drogenfamilien, für Familien mit Kontakten in ganz Zentralamerika und Mexiko, wie zum Beispiel die Mendozas oder die Lorenzanas. Er arbeitete auch für weniger bekannte Clans, die Waren und Menschen über die Westgrenze schmuggelten, dort, wo die guatemaltekische Gemeinde Tecún Umán an den mexikanischen Staat Chiapas grenzt. Er arbeitete für jeden, der ihn bezahlte, was ihm, auch wenn das in der Welt des Drogenhandels seltsam erscheinen mag, nie das Misstrauen seiner verschiedenen Kunden einbrachte.

»Also, schau, damals hatte hier kein Kartell ausschließlich das Sagen, und keiner mischte sich in die Geschäfte des anderen ein. Hier haben sie dich nicht umgebracht, nur weil du noch für andere gearbeitet hast. Du hast das geliefert, was du gemischt hast, und Schluss. Sie haben dann damit gemacht, was sie wollten, ich hatte mein Geld und war zufrieden.«

Es war eine gute Zeit, sagt der Kolumbianer, und Guatemala war ein gutes Land für freie Mitarbeiter. Zehn Jahre sind seit seiner Verhaftung vergangen, und seitdem hat sich viel verändert. Doch eine Frage drängt sich auf:

»Wenn du hier rauskommst, wirst du dann wieder einsteigen?«

»Glaub ich nicht, Alter. Seit die Zetas hier sind, gibt es da draußen ein Problem. Alles ist jetzt anders. Diese Vollidioten haben keine Ahnung davon, was ein Pakt ist. Mit denen kann man nicht reden. Sie sind an allen möglichen kriminellen Geschäften beteiligt, machen ein wenig Druck und viel Stress.«

»Und woher weißt du das?«

»Ach, Alter, schau dich doch mal um! Hier kommen alle möglichen Leute rein, hier kriegst du mehr mit als da draußen.«

Die ersten Phasen: Die Kubaner und die Militärs

Stimmt man dem berühmten Satz zu, dass Mexiko der Hinterhof der Vereinigten Staaten ist, so könnte man ebenso gut sagen, dass Zentralamerika der Hinterhof Mexikos ist. Ein schmutziger, ungepflegter Hinterhof, in den man nur durch eine Hintertür gelangt. Die mexikanische Grenze zu Guatemala hat große Ähnlichkeit mit einer solchen Hintertür.

Zwischen dem Atlantischen und dem Pazifischen Ozean gelegen, ist Guatemala mit seiner mehr als 950 Kilometer langen Grenze zu Mexiko für den Drogenhandel jedoch eher ein riesiges Tor als eine Hintertür. Das wissen die Rauschgifthändler seit Jahrzehnten. Im Gegensatz zu El Salvador zum Beispiel, wo erst im letzten Jahrzehnt mächtige regionale Kartelle entstanden sind, haben sich in Guatemala bereits in den 1970er-Jahren, als die Trommeln des Bürgerkriegs durch ganz Mittelamerika dröhnten, bestimmte Drogenfamilien etabliert.

Um zu verstehen, was die Zetas so grundlegend verändert haben, muss man in jenes Jahrzehnt zurückgehen. Und dafür ist Edgar Gutiérrez der ideale Führer. Der fünfzigjährige Ökonom und Mathematiker gründete nach dem Bürgerkrieg Initiativen, die sich um die Rückkehr der guatemaltekischen Flüchtlinge kümmerten, gegen die Amnestie für Kriegsverbrecher kämpften oder das historische Gedächtnis wiederbelebten. Auch auf staatlicher Seite war Gutiérrez tätig: Von 2000 bis 2002 war er »Sekretär für Strategische Analyse«, mit anderen Worten, Chef des guatemaltekischen Geheimdienstes, und von 2002 bis 2004 war er Außenminister. Zurzeit berät er verschiedene Organisationen und Regierungen Lateinamerikas und Europas in Fragen der inneren Sicherheit.

Redegewandt und wohlstrukturiert in seinen Gedanken präsentiert mir Gutiérrez die Chronologie der Entwicklung des Drogenhandels zu einer wichtigen Säule im Spiel der Mächte in Guatemala. Und diese Chronologie wird mir im Laufe meiner Recherche sowohl durch Quellen aus dem kriminellen Milieu als auch durch solche aus dem militärischen Nachrichtendienst bestätigt werden.

»Gemessen am Umfang des Kokainschmuggels und an der Größe des Marktes war der Rauschgifthandel damals nicht das, was er heute ist. Ich spreche von den 1960er- und der ersten Hälfte der 1970er-Jahre. Zu der Zeit emigrierten viele Kubaner nach Miami und von Miami nach Guatemala, angelockt von der Steuerpolitik des Landes. Diese Kubaner dienten den Kolumbianern als Verbindung in die Vereinigten Staaten. Sie führten die illegalen Operationen im Schatten ihrer legalen wirtschaftlichen Aktivitäten (in der Hauptsache des Exports von Garnelen) durch. Auf ihren Fahrten nach Miami versteckten sie das Rauschgift in den Garnelenkisten. In den 70ern passierte jedoch irgendetwas, das sie veranlasste, sich aus dem Drogenhandel zurückzuziehen und sich von nun an ausschließlich ihren legalen Geschäften zu widmen.«

Diese erste Phase zu dokumentieren ist äußerst kompliziert. Gutiérrez stützt sich auf Zeugenaussagen von Leuten, die direkt damit zu tun hatten und die er persönlich kannte.

Die zweite Phase dagegen erregte international viel Aufsehen, als Dokumente der Geheimdienste der Vereinigten Staaten an die Öffentlichkeit gelangten.

»Hintergrund sind die Bemühungen der Reagan-Administration, die Sandinisten in Nicaragua zu vernichten«, sagt Gutiérrez. »Bestimmt erinnern Sie sich an die Iran-Contra-Affäre. Den Vereinigten Staaten war es offiziell untersagt, die Contras in Nicaragua zu finanzieren. Zu der Zeit, Anfang der 1980er-Jahre, unternahmen die Vereinigten Staaten erste ernsthafte Anstrengungen, den kolumbianischen

Drogenhandel zu bekämpfen. Doch gleichzeitig beschließt die CIA, den Kokain- und Heroinschmuggel in Zentralamerika durch die Armee zu kontrollieren. Sie holen das salvadorianische, das guatemaltekische und das honduranische Militär mit ins Boot, um einen Teil der Gewinne für die Finanzierung der Contras zu verwenden. Es gibt Zeugenaussagen von Mitgliedern des Senats und des Repräsentantenhauses der Vereinigten Staaten, nach denen argentinische Militärberater, die an dem Komplott beteiligt waren, riesige Geldsummen nannten. Die Rede war von zwei Millionen Dollar wöchentlich.«

Zwischen 1985 und 1986 kam es zur Iran-Contra-Affäre. Alles begann mit der Enthüllung, dass die Vereinigten Staaten dem Iran während des Kriegs gegen den Irak illegal Waffen im Wert von mehr als 40 Millionen Dollar verkauft hatten, was später von der Reagan-Administration zugegeben wurde. Doch damit nicht genug: Auf einer Pressekonferenz räumte Präsident Reagan ein, dass rund 12 Millionen Dollar aus dem Waffenverkauf an die Contras in Nicaragua geflossen waren.

Nach diesem Skandal versiegte der Geldfluss. Und da begann der zweite Teil des Komplotts, das trotz der inzwischen vergangenen Zeit bis heute weitgehend unaufgeklärt blieb: 1996 veröffentlichten die San José Mercury News eine Reportage, in der die Verknüpfung des Crack- und Kokainhandels in den späten 80ern in Los Angeles mit der Finanzierung der Contras – mit Einverständnis der CIA – aufgedeckt wurde. Das Material verursachte einen solchen Skandal, dass sogar der Senat sich veranlasst sah, eine Untersuchung einzuleiten. Nach diesen Informationen beteiligten sich zentralamerikanische Militärs an der Lagerung des Rauschgifts und dessen Transport durch Mittelamerika. Und so kamen einige findige Drogenbosse auf die Idee, dieses hervorragend geeignete Tor, das der allmächtige CIA geöffnet hatte, für ihre Zwecke zu nutzen.

»Die permissive Haltung der Vereinigten Staaten ermöglichte es den Kolumbianer in den 90ern, sich in Zentralamerika, vor allem in Guatemala, niederzulassen. Die ersten Drogenbosse in Guatemala waren Kolumbianer, die mit ihrem gesamten Verwaltungsapparat, ihren

Finanzleuten und Buchhaltern hierherkamen. Sie machten Guatemala zu einem wichtigen Standort zur Kontaktaufnahme mit den Mexikanern und knüpften Beziehungen zu ehemaligen Beamten des guatemaltekischen Staatsapparates und Angehörigen der Armee, vor allem zu Zollbeamten, Militärbeauftragten und Beratern.«

»Warum ausgerechnet zu denen?«

»Weil sie in der Region lebten und die Grenze kannten. Sie hatten ihre aktive Laufbahn in den Sicherheitskräften des Staates beendet, verfügten aber immer noch über wichtige Kontakte. Mit den Gewinnen aus dem Drogenhandel kauften sie Land, gründeten Transportunternehmen, erwarben Tankstellen, Geschäfte, die zunächst dazu dienten, Geld zu waschen, sich später jedoch rentierten. Und da kommen die Mendozas aus Izabal und auch die Lorenzanas aus Zacapa ins Spiel. Waldemar Lorenzana war früher Zollbeamter und danach Viehdieb und Viehhändler. Ein sehr erfolgreicher Geschäftsmann.«

Das sind also die Zeiten, denen der Kolumbianer nachtrauert, die Zeiten, als zwischen den Drogenfamilien Frieden herrschte und Guatemala seinen Ruf als verschwiegenes Durchgangstor nach Mexiko festigte. Doch als Nächstes sollten die ungebetenen Gäste die Bühne betreten.

Spitzel für die einen, Falken für die anderen

Der wütende kleine Mann, ein Quekchi, stellt mir eine rhetorische Frage:

»Würden Sie Ihre Kinder zum Spielen in einen Park schicken, in denen Betrunkene mit ihren Waffen herumlungern?«

Er schaut mich in Erwartung der obligatorischen Antwort ungeduldig an.

»Nein«, sage ich.

Er ist zufrieden, fühlt sich bestätigt, wiegt den Kopf hin und her und wiederholt mehrmals:

»Das ist der Unterschied ... das ist der Unterschied.«

Der Quekchi ist ein Informant des guatemaltekischen Militärs. Er wurde mir von einem Kontaktmann in Cobán vorgestellt, der kühlen Hauptstadt der nördlichen Provinz Alta Verapaz. Mit seiner Hilfe spürte der Staat ein Haus auf, das den Zetas als Waffenlager diente. Er gehörte zu denen, die ungeachtet ihrer Angst den Soldaten alles sagten, was sie wussten, nachdem in Cobán der Ausnahmezustand ausgerufen worden war. Wut befreit natürlich nicht von Angst. So mutig der Mann auch ist, er hat mich an einen Ort in der Nähe des Marktes und des Busbahnhofs bestellt. Die Menge schützt.

Gleich wird er mir eine weitere rhetorische Frage stellen. Ich sehe sie kommen. Es sei nicht so sehr der Drogenhandel, der ihn wütend mache, hat er mir erklärt, sondern die Art und Weise, wie die Drogenhändler sein Leben beeinträchtigten. Früher sei er mit seinen Kindern in den Park San Marcos gegangen, der an einer der Straßen liegt, die ins Zentrum führen. Doch seit Ende letzten Jahres bis zu dem Tag, als das Militär gekommen sei, hätten »diese Männer« den Park kontrolliert, Gewehr in der einen Hand, Bierdose in der anderen, hätten herumgegrölt und die Mädchen belästigt. »Diese Männer« seien die Zetas gewesen. Und nun kommt die Frage, auf die ich schon die ganze Zeit warte: Wem würden Sie helfen, denen, die ihren Geschäften nachgehen, aber niemanden belästigen, oder denen, die Ihnen das Leben schwer machen?

Anscheinend hat er sich irgendwann diese Frage gestellt. Bevor die Zetas den Park besetzten, hatten Angestellte der lokalen Drogenfamilie Overdick die Rolle der Falken übernommen und das Vorgehen des Militärs beobachtet. Sie hätten immer korrekt gegrüßt, sagt der schwarze Quekchi, hätten, wenn überhaupt, eine Pistole im Gürtel versteckt. Nie seien sie betrunken gewesen, sie hätten gewirkt wie Gläubige auf dem Weg in die Kirche. Einmal, sagt der Quekchi, habe er selbst sie gewarnt, als er mit dem Bus aus der Hauptstadt gekommen sei und eine Militärpatrouille gesehen habe. Für die anderen, die Betrunkenen, habe er nur das verkniffene Gesicht übrig, das er bekomme, wenn er die Augen zu Schlitzen verenge und die Lippen zusammenpresse.

Am 19. Dezember 2010 verhängte die Regierung von Präsident Álvaro Cólom den Ausnahmezustand über Alta Verapaz. Ein Ausnahmezustand ist, laut Gesetz zur Aufrechterhaltung der öffentlichen Ordnung, die Vorstufe zum Kriegszustand. Er schränkt die Bewegungsfreiheit der Bürger ein und erlaubt Durchsuchungen ohne richterlichen Befehl. Einige meiner Quellen, darunter ein ehemaliger Verteidigungsminister, ein ehemaliger Chef des militärischen Nachrichtendienstes, ein Coronel, ein General und der ehemalige Kanzler, sind der Meinung, die Verhängung des Ausnahmezustands habe vor allem der Beruhigung der Öffentlichkeit dienen sollen. In Cobán, darin sind sich alle einig, habe kein Ausnahmezustand geherrscht, sondern ein Vorbeugezustand, die unterste Stufe auf der Skala, die mit dem Kriegszustand endet, was lediglich mehr Polizei, mehr Militär, mehr Kontrollen, mehr Staatsanwälte und demzufolge mehr richterliche Befehle und mehr Beschlagnahmungen bedeute. In Cobán, sagen sie übereinstimmend, hätten die Militärs nie die Kontrolle gehabt, sondern lediglich die Befehle der Staatsanwaltschaft ausgeführt. Zwei von ihnen benutzten gar das Wort »Show«. Um jedoch Missverständnisse zu vermeiden, werden wir es im Folgenden so bezeichnen, wie es der Präsident genannt hat.

Ende 2008 machten die Zetas Alta Verapaz zu ihrer Operationsbasis für Guatemala und, wie einige sagen, für ganz Mittelamerika. Man musste kein Genie sein, um diese Provinz auszuwählen. Alta Verapaz ist der Flaschenhals von Petén, einer Provinz, die, fast doppelt so groß wie El Salvador, die längste Grenze zu Mexiko hat und seit jeher als Umschlagplatz für den Waffen- und Drogenschmuggel gilt. Um nach Petén zu gelangen, kommt man fast zwangsläufig durch die Provinz Alta Verapaz, die außerdem den Vorteil hat, nur drei Autostunden von Guatemala-Stadt entfernt zu sein.

Als die Situation demütigend wurde, ließ der Präsident Armee, Staatsanwaltschaft und Polizei hier stationieren. Die Nachrichten aus dem nebligen Cobán schienen aus irgendeinem Drogennest an der Grenze zwischen Mexiko und den Vereinigten Staaten zu kommen: Drogenhändler, die indigene Frauen in einst friedlichen Dörfern vergewaltigten; Drogenbosse, die ein McDonald's absperren ließen, um in Ruhe einen Burger zu essen; Betrunkene, die mit ihren gut sichtbaren Kalaschnikows auf den Plätzen patrouillierten.

»Nein! Don Overdick war nicht so wie die! Ich weiß nicht, in was für Geschäfte sie verwickelt waren, aber es waren höfliche Männer, die die Leute hier respektierten und ihnen halfen.«

Das antwortet der wütende Quekchi, als ich ihm nun meinerseits eine rhetorische Frage stelle: Waren die Overdicks genauso wie die Zetas? Dennoch, irgendeine Schuld muss derjenige haben, der dem Fuchs die Tür zum Hühnerstall öffnet.

Von Auftragskillern zu Mafiabossen

»Nein, natürlich nicht. Bestimmt raufen sie sich die Haare, aber jetzt bleibt ihnen nichts anderes übrig, als irgendetwas dagegen zu unternehmen.«

Mir gegenüber sitzt ein Angehöriger des militärischen Nachrichtendienstes, der in Cobán war, als im Dezember der fragwürdige Ausnahmezustand verhängt wurde. Er beschreibt die Situation, in der die Patriarchen der Drogenfamilien zusehen mussten, wie der Gast ihr Haus verwüstete: Juan Chamalé an der Grenze zu Mexiko, über die Waren und Menschen geschmuggelt werden; Waldemar Lorenzana an den Grenzen zu El Salvador und Honduras; Walter Overdick in Alta Verapaz; Mendoza in Petén, an der Grenze zu Mexiko und in den Küstenregionen am Golf von Honduras. Alle von den Vereinigten Staaten gesucht. Alle voller Sorge, als sie sahen, wie der schreckliche Gast durch ihr Haus stürmte.

Wir sitzen im Restaurant des kleinen Hotels in Guatemala-Stadt, in dem ich wohne. Das Gespräch mit diesem redseligen, offenen Militär hat zwei Ziele: Ich möchte wissen, ob der militärische Nachrichtendienst der Überzeugung ist, dass die Ermordung des Drogenhändlers Juancho León für die Zetas die Eintrittskarte ins Land war. Und ob der Einsatz in Alta Verapaz vor allem »Show« war.

Der erste Punkt ist schnell abgehandelt. Die Antwort ist ein klares Ja. Im März 2008 lagen nach einer halbstündigen Schießerei zwischen zwei Banden von je mindestens fünfzehn Mann mehrere Leichen in La Laguna, Provinz Zacapa, an der Grenze zu Honduras. Eine der Leichen war die von Juan José »Juancho« León, einem zweiundvierzigjährigen Drogenboss aus Guatemala, Chef der Familia León, der in Izabal operierte, jener Provinz, die zwischen Petén, Belice, der Karibik, Honduras und Zacapa eingezwängt ist. Der Mord an Juancho León wird vermutlich als Bruch des Paktes zwischen den guatemaltekischen Drogenfamilien in Erinnerung bleiben.

Der ehemalige Geheimdienstchef Edgar Gutiérrez erzählte mir, dass Juancho León, Stellvertreter und Schwiegersohn des Patriarchen der Lorenzanas, zu mächtig geworden war und seine Aktivitäten immer mehr ausgeweitet hatte. Und vor allem war er arrogant geworden.

»Mit seiner großen Klappe stellte er eine Bedrohung dar«, sagte Gutiérrez bei einem unserer ersten Gespräche. »›Ich hab den Präsidenten ins Amt gebracht, ich hab den und den ins Amt gebracht ...‹ Und da haben sich die anderen Clans gesagt: Der hat monopolistische Ambitionen, der zerstört das Gleichgewicht. Er knüpft Kontakte in alle Richtungen.«

Jetzt sitze ich mit dem Angehörigen des militärischen Nachrichtendienstes in dem angenehm kühlen Innenhof des kleinen, sehr gut erhaltenen Hotels im Kolonialstil im Zentrum der Hauptstadt. Als ich ihm meine Theorie erläutere, nickt er mit geschlossenen Augen und erhobenem Zeigefinger und lächelt.

»Das stimmt«, sagt er, »aber ein Teilchen fehlt noch in dem Puzzle: Durch Juancho sind die *tumbes* in Mode gekommen. Ein Großteil seines Vermögens und damit seiner wirtschaftlichen Macht stammte aus dem Drogendiebstahl.«

Die berühmten *tumbes* sind praktisch nichts anderes als das Stehlen von Lieferungen anderer Rauschgifthändler. Im Grunde ist das ein Beweis dafür, dass der Pakt zwischen den Drogenfamilien mit Spucke zusammengehalten wurde, auch schon vor dem Auftauchen der Zetas.

Wie andere Drogenbosse und selbst die Polizeichefs ließ auch Juancho León auskundschaften, wann und in welchen Mengen Rauschgift von, beispielsweise, der Familie Lorenzana transportiert werden sollte. Das Rauschgift gelangte über irgendeine grüne Grenze ins Land, wo Leóns Männer darauf warteten, dass es auf ihrem Weg nach Mexiko durch Alta Verapaz kam. Sie stahlen die Ware und verkauften sie dann an eine andere Familie, die sie über eine andere Grenze nach Mexiko schmuggelte. Es wäre naiv gewesen zu glauben, die Geschädigten würden nicht herausfinden, wer das Rauschgift gestohlen hatte.

Nach Aussage des Militärangehörigen, der in dem Innenhof des Hotels inzwischen seinen Kaffee trinkt, war der Tropfen, der das Fass zum Überlaufen brachte, ein Drogendiebstahl, den Juancho León Anfang 2008 beging, als die Lorenzanas für das Sinaloa-Kartell, das mächtigste des Kontinents, Kokain transportierten. Das, zusammen mit seiner Großspurigkeit, seinen besorgniserregenden Gebietsansprüchen und seiner langen Liste bisheriger *tumbes*, führte zu einem Pakt zwischen den Mendozas und den Lorenzanas: Juancho León musste beseitigt werden. Doch er verfügte über eine ganze Armee von Männern, die ihn bewachten, und seit sein Bruder, Mario León, 2003 ermordet worden war, hatte er seine Vorsichtsmaßnahmen noch verstärkt. Man musste also auf Profis zurückgreifen, die zuvor bereits nach Guatemala geholt worden waren, um spezielle Lieferungen zu begleiten, Killer der Mendozas auszubilden oder *kaibiles* zu rekrutieren, jene Elitesoldaten der guatemaltekischen Armee, die unter dem Motto »vorstoßen, töten und vernichten« im Dschungel trainiert werden. Und genau dadurch öffneten die beiden großen Drogenfamilien dem schrecklichen Gast aus Mexiko Tür und Tor.

An jenem Tag im März 2008 bestellte man also Juancho León nach La Laguna. Man gab vor, mit ihm über den Transport einer Kokainlieferung durch sein Gebiet verhandeln zu wollen. Dort beschoss man ihn dann mit Kalaschnikows und sogar mit einer RPG-7, einem Granatwerfer zur Panzerabwehr aus russischer Produktion. Nach der Schießerei wurden drei Mexikaner verhaftet. Sie stammten alle aus dem Bundesstaat Tamaulipas im Norden Mexikos, von wo aus die Zetas ihre Operationen koordinieren.

Die Familien luden die Zetas nach Guatemala ein, ohne etwas anderes im Auge zu haben als deren Fähigkeit, zu töten. Sie bedachten nicht, dass sich diese von ehemaligen Elitesoldaten angeführten Männer Ende 2007 vom Golf-Kartell getrennt hatten und nun sozusagen Waisen waren, die nach neuen Kontrollpunkten und neuen kriminellen Aktivitäten suchten, um das Fehlen von Kontakten in Südamerika auszugleichen. Die guatemaltekischen Familien sahen und sehen auch weiterhin nur die Fähigkeit der Zetas, einzuschüchtern und zu töten.

Die Verhängung des Ausnahmezustands in Cobán war der erste ernsthafte Versuch des guatemaltekischen Staates, dem unangenehmen Gast Regeln aufzuerlegen. Ein Hinweis darauf, dass er sich in einem fremden Haus befand, so etwas wie eine Rüge für seine Dreistigkeit. Mehr nicht. Die Zetas spekulierten darauf, dass die Show des Staates bald beendet sein würde, und beschlossen, sich nicht zu widersetzen.

Eine »Überraschungsoffensive«

Vielleicht habe ihr Mann sie angelogen, scherzt sie, und sei nicht fortgefahren, um für die Zetas Drogen auf Lastwagen zu laden, sondern um eine andere Frau in Cobán zu besuchen. Wir befinden uns in El Gallito, einem Vorort von Guatemala-Stadt, der als Operationsbasis der Drogenhändler in der Hauptstadt gilt. Die meisten Straßen sind gesperrt, und so müssen die Militärpatrouillen die von den Zetas vorgeschriebenen Wege nehmen, um ins Viertel zu gelangen. Wir sitzen im Haus meines Kontaktmanns und trinken Bier, während wir auf den Mann der Frau warten. Vor einer Woche hat er gesagt, er fahre nach Cobán, und nun ist er immer noch nicht zurück. Deswegen ist sie sauer.

Nach Einbruch der Nacht kommt er endlich, ein kleiner, dunkelhäutiger Mann mit glattem Haar und Schnurrbart. Ein typischer Guatemalteke. Er sieht aus wie eine übergroße Lumpenpuppe und ist wie zerschlagen, sodass seine Frau ihren Ärger vergisst und ihn mit einem Vorwurf empfängt, der weniger an ihn als an andere gerichtet ist:

»Jetzt schau dir mal an, was diese Barbaren mit dir gemacht haben!«

Ein paar Biere später antwortet ihr wenig gesprächiger Mann wortkarg:

»Nein, besser, ich hau ab, hab ich mir gesagt. Die Arbeit war eine Schinderei. Lastwagen um Lastwagen haben wir beladen, von sechs Uhr morgens bis Mitternacht. Das hat nie aufgehört. Zahlt mich aus, hab ich zu ihnen gesagt, ich geh.«

»Was wurde denn geladen?«, frage ich.

»Kisten und Säcke ... voll mit irgendwelchen Sachen.«

Ich lasse ihn reden. Unter Nachbarn und in der Familie wird viel erzählt. Und auf diese Weise erfahre ich Details: Der Mann ist vor einer Woche weggefahren, als der Ausnahmezustand noch keinen Monat andauerte. Er und fünfzehn weitere Männer aus der Hauptstadt erhielten das Angebot von einem alten Bekannten, von dem viele hier wissen, dass er zu den Zetas gehört. Sie be- und entluden Lastwagen in der Gegend um Cobán. Sie entluden die Lastwagen, die ankamen, und beluden die, die nach Izabal und in die Umgebung der Hauptstadt fuhren. Mithilfe dieser fleißigen Ameisen gelang es den Zetas, den größten Teil ihrer Waren aus der Gefahrenzone zu bringen. Und eine der Ameisen war dieser übermüdete Mann.

* * *

Zwei Tage sind seit dem Gespräch in El Gallito vergangen. Jetzt bin ich in Cobán beim 6. Infanterieregiment, bestehend aus 300 Soldaten, die nach der Verhängung des Ausnahmezustands hier stationiert wurden. Ich werde vom stellvertretenden Kommandanten, Coronel Díaz Santos, empfangen. Gerade rückt ein Trupp zur ersten Abendpatrouille aus. Seit eineinhalb Monaten tun sie das, doch inzwischen schnappen sie nur Männer, die betrunken Auto fahren oder sich auf der Straße prügeln, und hin und wieder mal einen kleinen Dieb mit einem Messer.

»Anscheinend haben sie (*die Zetas*) die Botschaft verstanden«, sagt der Coronel, »sie zeigen mehr Respekt, rennen nicht mehr wie die Verrückten mit ihren Gewehren durch die Straßen.«

Sie haben die Botschaft verstanden und beschlossen, Zusammenstöße zu vermeiden. Es ist besser, Verlader anzuheuern, als Killer loszuschicken, haben sie sich gesagt. Seltsam, die als Hitzköpfe bekannten Zetas halten sich diesmal zurück, etwas, das sie in Mexiko nie tun.

Ich frage den Coronel, ob es stimme, dass die Zetas fast rund um die Uhr gearbeitet haben, um möglichst alle Waren aus Cobán und den umliegenden Dörfern fortzuschaffen. Ich hoffe, dass er mir widerspricht, doch er bestätigt meine Informationen:

»Klar, sie wurden vor den Razzien gewarnt und konnten den größten Teil ihrer Waffen und Drogen in Sicherheit bringen. Wir finden nur das, was sie zurücklassen mussten.«

Die Version zweier Informanten aus Cobán wird immer wahrscheinlicher. Am 18. Dezember, erzählten sie mir, dem Tag vor Verhängung des Ausnahmezustands, habe abends ein Fußballspiel stattgefunden, bei dem einige Zetas mit Polizisten, Staatsanwälten und Beamten aus den umliegenden Gemeinden in einer Mannschaft gespielt hätten. Nach dem Spiel sei ein Rind geschlachtet und am Spieß gebraten worden, und danach hätten sich die Zetas verabschiedet, weil sie noch in derselben Nacht ihre Waren verladen mussten.

Einige Tage zuvor traf ich mich in Guatemala-Stadt mit General Vásquez Sánchez, dem Vorgesetzten von Coronel Díaz Santos. Er sprach über die Erfolge, die es auch gegeben habe: 45 beschlagnahmte Fahrzeuge, in der Mehrzahl Lieferwagen der Luxusklasse und Pickups neuesten Modells; 39 Sturmgewehre, 23 Maschinengewehre MG 34 Kaliber 7.62 (»dieselben, die unsere Soldaten benutzen«, fügte der General vielsagend hinzu) und 35 Pistolen, darunter eine FN Five-Seven, in Mexiko »Cop-Killer« genannt, weil ihnen die kugelsicheren Westen der Polizei nicht standhalten.

Der General und der Coronel erzählten mir unabhängig voneinander, dass diese Erfolge nur mithilfe von Informanten möglich gewesen seien. Die Militärs hätten gar nicht ihren Geheimdienst einsetzen müssen, sie verdankten diese relativen Erfolge dem Hass: dem Hass der Menschen auf die Zetas. Die Informanten verrieten ihnen die geheimen Autowerkstätten: *Dort werden die Wagen für den Warentransport präpariert.* Sie sagten ihnen, wo sich die Waffenlager befanden: *Sie verstecken ihre Waffen auf der Farm, die früher dem Drogenboss Otoniel Turcios gehört hat.* Sie enthüllten ihnen die Logistik der Zetas: *Ihr braucht nur dahin zu fahren, zwei Kilometer vom Zentrum von Cobán, da seht ihr die Landepiste, wo die Piloten warten, alle ohne Fluglizenz, sie bringen für ihre Kunden Kisten und Säcke mit irgendwas irgendwohin.*

Alta Verapaz war so vernachlässigt worden, dass sogar diese Piste, die im Besitz des Staates ist, von den Zetas ungestraft genutzt werden konnte. Kein Fluglotse, kein Flugplan und keine Bücher, die Auskunft darüber gaben, wer welches Flugzeug wann gesteuert hatte. Manchmal benutzten sie die Piste sogar für Auto-Shows oder Pferderennen oder für ihre Riesenpartys. Mit anderen Worten, die Piste gehörte ihnen.

»Seltsam«, sagte der General, »niemand hat die fünf von uns beschlagnahmten Sportflugzeuge jemals zurückgefordert. Würden Sie Ihr Flugzeug einfach so aufgeben?«

Die Ausführungen des Coronel, mit dem ich in Cobán spreche, geben eine Antwort auf diese Frage. Auch er ist davon überzeugt, dass die Zetas die Lektion gelernt hatten. Sie kassierten die Rüge und protestierten nicht gegen die Beschlagnahmungen. Bleibt abzuwarten, meint der Coronel, ob die Rüge ihnen Manieren beibringt.

»So wie die ›guten‹ Drogenhändler, die dafür sorgen, dass in ihrem Gebiet Frieden herrscht, sich an den Pakt mit den anderen Familien halten und nicht, wie die Zetas, Frauen vergewaltigen und Schießereien veranstalten.«

Feingefühl war nie Sache der Zetas. Bemerkenswert in diesem Fall ist jedoch ihre Entscheidung, nicht zum Gegenangriff überzugehen. Davon abgesehen, verhielten sie sich so wie in Mexiko, ganz so, als wären sie bei sich zu Hause. Nach demselben Lehrbuch.

Auf jede meiner Fragen, die ich ihm in seinem Büro stellte, antwortete der General mit Ja, und er fügte noch das eine oder andere interessante Detail hinzu. Haben sie Frauen und Kinder, Taxifahrer und

Ladenbesitzer gegen Bezahlung als Falken eingesetzt? Ja, sagte der General, nur dass sie die Späher hier nicht Falken nennen, sondern *banderas*, »Flaggen«. Gab es neben dem Drogenschmuggel noch andere Aktivitäten? Der General nickte und zählte auf: Entführungen, Geldwäsche, Anbau von Kaffee und Kardamom, Schutzgelderpressungen. Hatten sie Polizisten, Bürgermeister und Staatsanwälte auf ihrer Seite? Der General antwortete mit Fakten: Die Regierung habe 350 Polizisten wegen »Unzuverlässigkeit« aus der gesamten Provinz, nicht nur aus Cobán, in andere Regionen versetzt.

»Sie haben ihre gesamte Struktur implementiert. Wir, die Militärs, misstrauten sogar der Policía Nacional Civil.«

Auch meine Frage, ob sie die lokalen Banden zu Killerkommandos ausgebildet hätten, beantwortete er mit Ja, doch die Zetas hätten nicht nur die Straßengangs professionalisiert, fügte er hinzu.

»Sie haben versucht, die Aktivitäten der Banden zu unterbinden. Den lokalen Drogenhändlern gaben sie Spitznamen, nannten sie ›Kuriere‹. Sie wollten, dass sie sich ihnen anschlossen und nicht mehr auf eigene Rechnung operierten. Nach und nach übernahmen sie die Kontrolle, wenn nicht über ganz Guatemala, so doch über einen großen Teil des Landes. Und die traditionellen lokalen Rauschgifthändler mussten ihre Aktivitäten zurückfahren. Sie operieren jetzt im Schatten der Zetas, und wer sich diesem System nicht unterwirft, wird mit dem Tod bedroht.«

Sie folgten einfach ihrem Lehrbuch. Mir kommt das Verhalten eines Polizisten in den Sinn, mit dem ich einige Tage zuvor in Guatemala-Stadt gesprochen habe. Und ich erinnere mich an die vielen, die ich in Mexiko getroffen habe, als ich ein Jahr lang die Aktivitäten der Zetas recherchierte. Auch an den Offizier aus Cobán, der erst nach der üblichen Prozedur bereit war, über diese Verbrecher zu reden. Er ging mit mir in einen verschwiegenen Winkel des Quartiers, schaute sich nach allen Seiten um und sprach nur im Flüsterton, aus Angst, ein Kollege könnte hören, was er sagte. Kaum bist du in Cobán angekommen, erzählte er mir, treten die Zetas an dich heran, geben dir deine ersten 500 Dollar, sagen, dass sie dich anrufen, wenn sie etwas von dir wollen, geben dir ein Handy und fordern dich auf, dich ordentlich zu kämmen, um dich zu fotografieren. Der Polizist zeigte mir in seinem Computer einen Bericht der internen Ermittlungskommission, in der es hieß, dass die Kommissariate in Huehuetenango, Petén, Quiché und Alta Verapaz »der Korruption verdächtig« seien, ohne dass verwertbare Beweise vorlägen.

Der Coronel, mit dem ich in Cobán spreche, hält mich zurück, bevor ich sein Büro verlasse. Er weiß, dass alles, was wir gesagt haben und was ich ihm von meinem Gespräch mit dem General berichtet habe, Anlass zu der Vermutung gibt, dass das Militär nach der »Show« des Ausnahmezustands abziehen wird und die Zetas, die ihre Lektion gelernt haben, zurückkommen und die traditionellen Familien, die »guten« Drogenhändler, endgültig verdrängen oder sie ihrem System unterwerfen werden.

»Ich weiß, sie warten nur darauf, dass das hier zu Ende ist und sie zurückkehren können. Aber wir sind gekommen, um zu bleiben«, sagt der Oberst zum Abschied zu mir.

Ich gehe.

Zurück zum Normalzustand

Es ist der 1. März, und ich esse mit Polizeichefs, Militärs und Sicherheitsberatern in einem Hotelrestaurant zu Abend. Wir stellen Prognosen darüber an, wie es in Guatemala weitergehen wird, wie die Zetas reagieren werden. Unter den Anwesenden entdecke ich einen meiner Informanten aus Cobán. Ich grüße ihn und fordere ihn mit einem Handzeichen auf, mir nach draußen zu folgen. Er bedeutet mir, gleich, im Innenhof. Nach einer Weile kommt er heraus und begrüßt mich mit einer Frage:

»Und, hast du den Artikel schon veröffentlicht?«

»Nein, noch nicht, aber er ist so gut wie fertig.«

»Hast du gehört, dass der sogenannte Ausnahmezustand beendet wurde?«

»Ja, am 18. Februar. Und was ist in Alta Verapaz seitdem passiert?«

»Nun, die Zetas sind zurück, sie fahren durch die Straßen, immer bewaffnet. Diskreter zwar, aber immer gut sichtbar in ihren protzigen Pick-ups.«

Am 25. Februar, vor Tagesanbruch, eine Woche nachdem Präsident Álvaro Colom nach Cobán gereist war, um das Ende des Ausnahmezustands zu verkünden, drangen bewaffnete Männer in ein Autohaus ein, steckten drei Autos in Brand und feuerten ihre Kalaschnikows auf die anderen ab. Mein Informant behauptet, das seien die Zetas gewesen, die jetzt mit ihrem Rachefeldzug begännen. Diesmal waren es Autos, doch bald werden es Menschen sein, prophezeit er. Jetzt, da der Ausnahmezustand beendet ist und Cobán zur Normalität zurückkehrt, ist es mein Informant, der mir eine rhetorische Frage stellt:

»Was wird noch alles passieren?«

Ein Niemand im Land der Drogenbosse

veröffentlicht am 3. November 2011

Petén, das große Tor, das die Droge auf ihrem Weg durch Zentralamerika in Richtung Mexiko durchquert, ist eine ausgedehnte, dicht bewaldete Provinz, in der alle wichtigen Familien des organisierten Verbrechens Guatemalas präsent sind. Petén ist auch ein Musterbeispiel dafür, wie im Drogenhandel alles mit allem verflochten ist und die Wörter »Politiker« und »Drogenhändler« manchmal zu Synonymen werden.
  Der Staat hat beschlossen, nicht gegen seine mächtigen Gegner in den Ring zu steigen und stattdessen auf die Schwächsten in diesem Dschungel einzuprügeln.

Hier lebt ihr Drogenhändler also?«
»Jawohl, hier leben wir«, antwortet Venustiano. »Kommen Sie, ich stell Ihnen die anderen vor.«

Er streift den Draht von dem Torpfosten und lässt das Tor zu Boden fallen. Ein kleines, runzliges altes Männchen und ein kräftiger Mann, der sich gerade mitten auf dem Platz Wasser aus einem Eimer über den nackten Oberkörper geschüttet hat, sehen uns entgegen. Beide sind dunkelhäutig, sonnenverbrannt. Der Alte ruft etwas auf Quekchi, und aus den Hütten kommen Frauen, darunter viele alte Frauen, und Kinder, etwa zwanzig an der Zahl.

Wir befinden uns in der Provinz Petén im Norden Guatemalas, außerhalb einer Gemeinde namens La Libertad. Um hierher zu gelangen, haben wir den Lärm des Marktplatzes hinter uns gelassen, haben uns von den Mopedtaxis, den *tuc-tucs*, entfernt und sind über einen staubigen, ausgetrockneten Pfad in den Dschungel eingedrungen. Auf dem Gelände, das die Größe eines halben Fußballfeldes hat, stehen weit verstreut sieben Hütten, alle aus Plastik, Karton und Holzteilen erbaut. In einer gräulichen, zähflüssigen Pfütze in der Mitte schwimmen Essensreste. Es stinkt nach toten Tieren. In einer der Hütten wird in einer riesigen flachen Tonschale, dem *comal*, das Mittagessen zubereitet: Tortillas, nichts als Tortillas.

Alle scharen sich um Venustiano. Sie sind schmutzig, die Kinder rachitisch und dickbäuchig. Sie sagen nichts, denn nur wenige von ihnen sprechen Spanisch. Sie sehen mich an und warten.

»Ihr seid also die Drogenhändler vom Centro Uno?«, frage ich.

»Sind wir«, antwortet Venustiano, der Chef dieser Elendsgestalten. »Was sagen Sie dazu?«

»Ich weiß nicht, was ich dazu sagen soll, Venustiano.«

Das Goldene Tor

Die mexikanischen Behörden nennen Sonora, ihren nördlichsten Staat, »das Goldene Tor in die Vereinigten Staaten«. Dort befinden sich die alten Schmuggelpfade, und dort leben und bereichern sich in aller Offenheit all jene, die diese Geschäfte kontrollieren. Aus demselben Grund könnte man Petén als das Goldene Tor Zentralamerikas nach Mexiko bezeichnen.

DER BERICHT lässt keinen Zweifel daran, wie Sie sehen werden.

Petén ist die größte Provinz Guatemalas: mehr als 35.000 km^2, deutlich größer als El Salvador, mit zahlreichen Flüssen und Waldgebieten und einer 600 km langen Grenze zu Mexiko. Die guatemaltekische Militärbehörde betrachtet diesen Grenzabschnitt als den problematischsten des Landes. Je näher die Grenze zum Pazifischen Ozean, so lautet ihre Formel, umso größer die Probleme durch Migranten, Warenschmuggel, lokale Kriminalität, Prostitution, Menschenhandel, Macheten und Pistolen. In Petén dagegen geht es um internationale Banden, bewaffnete Raubüberfälle und politische Verflechtungen.

Die Ähnlichkeiten zwischen Petén und Sonora enden nicht damit, dass sie die Kommandozentralen der obersten Liga des organisierten Verbrechens ihres jeweiligen Landes sind; sie ähneln sich auch in ihrer Bevölkerungsdichte. Einige Regionen sind nur aus der Luft oder mit leistungsstarken Fahrzeugen zu erreichen und deswegen so gut wie unbewohnt. Während ganz Guatemala eine Bevölkerungsdichte von 132 Einwohnern pro km² hat, beträgt diese Zahl in Petén gerade mal 16 pro km².

Das Land hier wird in *caballerías* gemessen, was 64 *manzanas* oder 45 Hektar entspricht.

Der Süden Peténs befindet sich in zunehmendem Maße im Privatbesitz internationaler Konzerne, die ihre *caballerías* mit Plantagen afrikanischer Palmen überziehen. Es handelt sich dabei um eine kleine Palmenart, aus der Palmöl gewonnen wird, das in Zentralamerika nur selten, in der übrigen Welt jedoch häufig zum Kochen verwendet wird. Der im Vergleich zur übrigen Provinz schmale Mittelstreifen ist verhältnismäßig dicht besiedelt, an den äußeren Rändern aber so gut wie unbewohnt, was dem grünen Wildwuchs, aber auch den *caballerías* jener Familien Raum gibt, die sogar von Álvaro Colom, dem Präsidenten der Republik, beschuldigt werden, in das organisierte Verbrechen verwickelt zu sein. Und hoch im Norden gibt es eine bewaldete Region – kleiner als das Anbaugebiet der afrikanischen Palme, aber größer als das dicht besiedelte Gebiet –, die weitgehend unter Naturschutz steht und in der das Abholzen nur mit einer besonderen Genehmigung erlaubt ist. So sagt es jedenfalls das Gesetz. Mit anderen Worten: Petén ist entvölkert, weil es sich größtenteils entweder in Privatbesitz befindet oder nur eingeschränkt für Landwirtschaft und Bebauung nutzbar ist.

Der Großgrundbesitz und die dünne Besiedlung Peténs resultieren nicht nur daraus, dass große Teile als Naturschutzgebiete ausgewiesen sind, sondern auch daraus, dass sich die Palmölkonzerne immer mehr Land angeeignet haben und kriminelle Banden ganze Regionen kontrollieren. So steht es in dem BERICHT.

Diese komplizierte Sachlage hat dazu geführt, dass Venustiano und seine Leute in Hütten rund um eine Pfütze wohnen, die nach toten Tieren stinkt. Und dennoch werden sie als Drogenhändler eingestuft.

Du oder deine Witwe

Alle, die wissen, wie es in dieser Region zugeht, scheinen davon überzeugt zu sein, dass überall Augen und Ohren auf der Lauer liegen. Bevor ich nach Petén fuhr, habe ich eine Woche lang versucht, vertrauliche Quellen ausfindig zu machen, die bereit sind, mit mir zu sprechen. Von Guatemala-Stadt aus habe ich mit fünf Personen telefoniert, die in Petén leben oder gelebt haben. Schließlich gelang es mir, einen Kontakt zu Ordensgeistlichen herzustellen, die mich baten, sie auf gar keinen Fall in Petén aufzusuchen. Dagegen willigte ihr Mittelsmann ein, mit mir zu sprechen, unter der Bedingung, dass sein Name nicht genannt würde.

Heute treffen wir uns in einem Büro in Santa Elena, der Gemeinde mit den meisten Einwohnern im besiedelten Mittelstreifen. Der Ventilator vertreibt die schwüle Hitze und die Moskitos. Mein Informant ist ein bekannter Aktivist, der mit Dutzenden von Bürgerinitiativen zusammenarbeitet.

In diesen Tagen berichtet die guatemaltekische Presse auf ihren Titelseiten aus einem besonderen Grund über Petén: Im Nationalpark Sierra del Lacandón an der Grenze zu Mexiko wurde soeben eine Bauerngemeinde aus einem angeblichen Naturschutzgebiet vertrieben. Laut Carlos Menocal, dem zuständigen Minister, handelt es sich dabei um Drogenhändler, und in den Medien wird die Vertreibung als ein harter Schlag gegen den Rauschgifthandel gefeiert. 300 Familien, die für bekannte Namen gearbeitet hätten, seien gezwungen worden, sich aus dieser Gegend zurückzuziehen.

»Und wieder haben sie Drogenhändler vertrieben«, sagt der Mittelsmann und lacht.

Ich frage ihn, warum er lache.

»Bei all den Mauscheleien hier haben sie die Frechheit, zu sagen, das seien Drogenhändler ... Na gut. Jetzt glauben alle Journalisten, dass es um Drogenhandel gegangen ist, aber von den armen Bauern spricht keiner. Leute, die von ihrem Land vertrieben wurden, die ihr Land verloren haben und nun zusehen müssen, wo zum Teufel sie ihren Mais, ihre Bohnen, ihr Obst anbauen können. Und wenn sie irgendwo was finden, werden sie beschuldigt, mit Drogen zu handeln, man vertreibt sie wieder und macht sie zu Bettlern.«

Ich spiele den Advocatus Diaboli. »Aber sie lassen sich in Naturschutzgebieten nieder«, wende ich ein.

»Das würden Sie und ich genauso machen. Habe ich Ihnen nicht gesagt, dass sie nicht wissen, wo sie etwas anbauen sollen? Und wenn sie nun nichts anderes können? Es ist doch klar: Wenn Sie alles verloren haben, wenn Sie wissen, dass Ihnen bald wieder Ihre Saat und Ihr Land abgenommen wird, und wenn dann jemand kommt und Ihnen sagt, sie sollen für 1.500 Quetzales (etwa 190 Dollar) ein Transportflugzeug be- oder entladen, was würden Sie dann tun?«

Die Antwort erübrigt sich.

»Und diese Bauern haben nicht gerade wenige Kinder«, sagt der Aktivist und lacht wieder.

Ich würde gerne mit ihnen sprechen, sage ich, mit den Bauern, den angeblichen Drogenhändlern. Wieder lacht er. Diesmal verächtlich, so als würde ihm meine Naivität auf die Nerven gehen. Um mit den Landbesetzern zu sprechen, sagt er, müsse man sich in Gebiete begeben, die vom organisierten Verbrechen streng kontrolliert würden. Außerdem weiß ich nicht, sagt er weiter, ob sie überhaupt mit Ihnen reden wollen. Sie sind es nämlich leid, dass Journalisten mit der immer gleichen Frage zu ihnen kommen: Arbeiten Sie für die Drogenbosse? Das Beste ist es, sagt er, mit Bauern zu sprechen, die bereits vertrieben wurden.

1959 wurde ein Plan ausgearbeitet mit dem Ziel, Petén zu besiedeln und seine landwirtschaftlichen Möglichkeiten zu nutzen. Man vergab Land an große Unternehmen, aber auch an Kleinbauern, die in der Lage waren, das Land zu bebauen.

»Ja«, sagt der Aktivist, »und eine Zeit lang bestellten die Bauern ihr Land, aßen das, was sie ernteten, und verkauften den Rest. Davon lebten sie. Sie kamen aus allen Teilen des Landes, aber das war Mitte des letzten Jahrhunderts. Es gab keine ausgebauten Straßen, und der Erwerb von Land war nicht interessant. Viele Unternehmer besaßen große Ländereien, nutzten sie aber nicht.«

»Und was hat sich seitdem verändert?«

»Heute verbinden zwei Straßen Petén mit dem übrigen Land, und seit 2000 ist die afrikanische Palme auf dem Vormarsch, genauso wie Edelhölzer, Teakholz und Melina-Holz. Dadurch wurden die Parzellen der Kleinbauern für viele interessant. Und natürlich erwarben die Drogenbosse und Schmugglerbanden und andere *señores* immer mehr Land an der Grenze zu Mexiko.«

»Sie wollen also sagen, dass die Bauern ihr Land verkauft haben ...«

»Es gibt viele Arten, Land zu verkaufen. Ich will es Ihnen erklären: Wenn der Anwalt eines Unternehmens Sie immer wieder aufsucht und Ihnen etwas von fünfstelligen Summen erzählt, und wenn Sie ein Quekchi-Bauer sind, dann glänzen Ihre Augen und Sie verkaufen, ohne weiter darüber nachzudenken. Wenn Sie ein Bauer sind, indigen oder nicht, und wenn die Drogenbosse Ihr Land wollen, dann haben Sie noch schlechtere Karten. Die teilen Ihnen einfach mit, dass Sie die und die Menge Land verkaufen werden, und das war's.«

»Und wenn man sich weigert?«

»Anfang dieses Jahrzehnts machte bei uns ein berühmter Satz die Runde: Wenn du nicht verkaufen willst, wird deine Witwe verkaufen, und zwar billig.«

Der Aktivist weiß, wovon er redet. Monat für Monat spricht er mit Dutzenden von Bauern, die zum Verkauf gezwungen wurden. Er berät diejenigen, denen die vereinbarte Summe nicht gezahlt wurde oder die den Kaufvertrag nicht verstehen, weil sie das Kleingedruckte nicht gelesen haben oder schlicht und einfach nicht lesen können.

Der Inhalt seiner Ausführungen lässt sich folgendermaßen zusammenfassen: Der Staat misst mit zweierlei Maß. Den Schwachen gegenüber zeigt er sich unerbittlich und demonstriert Stärke, seine wirklich mächtigen Gegner lässt er jedoch in Ruhe.

»Guatemala erhält private Spenden und Zuwendungen internationaler Organisationen für den Schutz der Naturreserven und archäologisch bedeutsamen Gebiete. Wo zeigt der Staat Stärke, um die Geldgeber zu beeindrucken? Bei den Schwächsten, die er außerdem noch beschuldigt, mit Rauschgift zu handeln, was den Staat noch besser dastehen lässt.«

Wieder lacht der Aktivist, jetzt laut, sarkastisch.

»Schauen Sie, wir begeben uns in diese Gebiete, wir reden mit den Bauern und wissen ganz genau, welche bekannten Drogenfamilien, wie zum Beispiel die Mendozas, die Léons und die Lorenzanas, große Ländereien in Naturschutzgebieten wie den Nationalparks Sierra del Lacandón oder Laguna del Tigre besitzen.«

Und das weiß nicht nur mein Informant. Auch in Regierungsberichten wird bestätigt, dass, um Erzbischof Óscar Arnulfo Romero zu zitieren, die Gesetze in Petén wie Schlangen sind, die nur jene beißen, die barfuß laufen. So steht es auch ausdrücklich in dem BERICHT.

Die Militärs und der Bericht

Der Wind fegt über die Caféterrasse im 18. Bezirk von Guatemala-Stadt. Die Servietten werden von den leeren Tischen durch die Luft gewirbelt. Von der Terrasse aus hat man einen weiten Blick über die Dächer der Häuser mehrerer Siedlungen der unteren Mittelschicht. Trotz der Kälte setzen wir uns nach draußen, um uns ungestört unterhalten zu können.

Coronel Díaz Santos bestellt einen schwarzen Tee. Ich habe ihn Anfang des Jahres kennengelernt, als er stellvertretender Kommandant während des Ausnahmezustands in Alta Verapaz war, durch den der guatemaltekische Präsident verhindern wollte, dass sich die Zetas dort, in der Provinz südlich von Petén, niederließen. Jetzt ist der Coronel mit der Leitung der Task Force Nord in Petén betraut, was auch Sayaxché einschließt, eine von den *caballerías* der einflussreichsten Drogenfamilien Guatemalas umgebene Stadt, die für den Anbau der afrikanischen Palme sowie den Drogenschmuggel über den Fluss La Pasión bekannt ist. In seinen Zuständigkeitsbereich fällt auch der Südwesten von Petén, einschließlich eines Teils von La Libertad, die Region also, in der die Bevölkerungsdichte mit der Nähe zur mexikanischen Grenze immer mehr abnimmt und Raum für die Natur lässt. Dort liegt El Naranjo, ein Dorf an der Grenze, das – dem Klischee folgend – die Militärs das »Tijuana Guatemalas« nennen: Schmuggel von Drogen und anderen Waren, Menschenhandel, illegaler Grenzübertritt.

Bei unserem ersten Treffen unterhielten wir uns im Hauptquartier von Cobán, der Hauptstadt der Provinz Alta Verapaz. Er trug Uniform und sprach freimütig über die Zetas und die lokalen Familien, die in den Drogenhandel verwickelt sind. Heute, an seinem freien Tag, trägt er Zivil und äußert sich sehr zurückhaltend über die Situation in Petén. Hinter seinen Antworten muss man den Doppelsinn erahnen.

In dieser Region, in der die letzte Vertreibung von 300 Bauern erfolgte, kennt sich der Coronel gut aus. Er hat die Operation geleitet. Immer wieder betont er, dass sie auf Befehl des Innenministeriums dorthin gegangen seien, um Menschen aus einem Naturschutzgebiet zu vertreiben, und dass es einfache Leute gewesen seien: Frauen, darunter viele alte Frauen, und Kinder. Von Drogenhändlern sei ihm gegenüber nie die Rede gewesen, sagt er.

Ich erinnere ihn daran, dass sowohl der zuständige Minister als auch die Regierung in einer offiziellen Verlautbarung behaupten, es handle sich um Personen, die mit dem Rauschgifthandel zu tun hätten. Ohne Ausnahme. Sie bezeichnen diese Bauernsiedlungen als »vom Drogenhandel kontrollierte Gebiete«. Der Coronel hält mit seiner Meinung hinter dem Berg. Sinnlos, ihn weiter zu bedrängen. Es ist absurd, aber die Regierung widerspricht sich selbst. Drogenhändler aus einem Naturschutzgebiet zu vertreiben ist so, als würde man einen Mörder verhaften, weil er seinem Opfer das Telefon geklaut hat.

Der Coronel denkt einen Moment lang nach, schlürft seinen Tee und erklärt dann, er wolle die Stellungnahme des Ministers nicht beurteilen, er könne nur für sich selbst sprechen. Ich unterbreche ihn und frage, ob er während der Operation in La Libertad davon ausgegangen sei, dass es sich um Drogenhändler gehandelt habe.

»Nein. Man kann zwar nicht ausschließen, dass der eine oder andere Bauer damit zu tun hat, aber verallgemeinern kann man das nicht. Viele sehen sich gezwungen, sich in die Naturschutzgebiete zurückzuziehen. Sie verkaufen ihr Land an die Leute, die dort dann afrikanische Palmen anpflanzen ... Und wohin können sie gehen? Das Einzige, was ihnen bleibt, sind die Naturschutzgebiete.«

»Sie kennen die Region, Coronel. Angeblich gibt es dort riesige Ländereien, die de facto den Mendozas und den Lorenzanas gehören, manchmal über Strohmänner.«

»Die Leute sagen, dass bestimmte *caballerías* der einen oder anderen Familie gehören, aber genau weiß man das nicht, denn bisher hat das noch niemand mit einem Eintrag im Register belegt.«

»Glauben Sie, dass es mächtige Leute gibt, die Land in Naturschutzgebieten besitzen?«

»Ja, das glaube ich.«

»Clans, die ihren Besitz für den Schmuggel von Drogen und Holz benutzen?«

»Ja, das glaube ich.«

Es existiert ein Bericht mit regierungsamtlichen Daten, aus dem hervorgeht, dass einige jener Ländereien legal registriert sind. Einige hohe Militärs, wie zum Beispiel General Eduardo Morales, der die Einrichtung des Ausnahmezustands in Petén dieses Jahr koordiniert hat, sind sogar überzeugt, dass die Bosse im Norden der Provinz, in dem es zahlreiche Naturschutzgebiete wie Laguna del Tigre gibt, ihre ausgedehnten Ländereien regelmäßig zur Landung ihrer kleinen Transportflugzeuge nutzen, die sie danach verbrennen, um keine Spuren zu hinterlassen. Morales selbst hat mir vor ein paar Tagen erzählt, dass die Natur gnadenlos zerstört werde, um Landepisten zu bauen. Er sprach davon, dass in Sierra del Lacandón ein Hotel für hundert Personen gebaut worden sei, und davon, dass sich kürzlich bei einer Flugzeuglandung in Laguna del Tigre ein Offizier und zwei Soldaten rund vierzig bewaffneten Männern gegenübergesehen und die Flucht ergriffen hätten. »Es ist traurig, aber wahr«, sagte er.

Ich fände es ziemlich merkwürdig, sage ich zu Coronel Díaz Santos, dass der Consejo Nacional de Áreas Protegidas (CONAP), der »Nationale Rat für Naturschutzgebiete«, davon keine Kenntnis habe, dafür aber über die Bauernsiedlungen genauestens informiert sei; dass auch die Polizei, die den CONAP unterstütze, nichts davon wisse. Ich frage ihn, ob er diesen Behörden vertraue.

»Ufff! Darauf möchte ich lieber nicht antworten.«

»Coronel, wo wir schon von dem Bericht sprechen, der in ganz Petén die Runde macht: Halten Sie ihn für glaubwürdig?«

»Darauf möchte ich mit den Worten eines Freundes antworten: Wenn dieser Bericht zu etwas nütze ist, dann dazu, dass man in Zukunft darauf achtet, was man sagt und zu wem man es sagt.«

DER BERICHT mit dem Titel »Machtverteilung in Petén: Territorium, Politik und Geschäfte«, finanziert von der Soros Foundation, wurde im Juli dieses Jahres veröffentlicht. Eine Zusammenfassung brachte das Internetportal Insight Crime mit Unterstützung der politischen Elite in Washington. In Guatemala war er in der Presse nachzulesen, zum Beispiel in El Periódico und Plaza Pública. In Petén berichtete keine Zeitung darüber, doch es gab niemanden, sei es Aktivist, Beamter oder Militärangehöriger, mit dem ich während meiner Reise gesprochen habe, der den Bericht nicht gelesen hätte. Er ging von Hand zu Hand, von Mund zu Mund, von E-Mail zu E-Mail.

Besagter Bericht wurde von den Verfassern – Wissenschaftlern verschiedener Länder und Spezialgebiete – nicht unterzeichnet. Sie veröffentlichen ihn anonym und gaben keinerlei Erklärungen in den Medien ab. Sie fürchten um ihr Leben und wollen nicht, dass irgendjemand weiß, wer sie sind, nicht einmal, welcher Nationalität sie angehören oder in welchem Land sie leben. Mithilfe mehrerer Mittelsmänner gelang es mir, zwei von ihnen dazu zu bewegen, mit mir via *skype* zu sprechen. Der Bericht ist klar und deutlich und beruft sich auf zahlreiche offizielle Quellen. Jede Information über Landbesitz wird durch Daten aus den Grundbüchern gestützt, alles Übrige mit amtlichen Daten, internationalen Berichten, Erklärungen von Beamten in den Medien und Gesprächen mit wichtigen Informanten in Petén untermauert.

In den Gesprächen sagten sie mir, dass sie ihre Namen nicht veröffentlicht hätten, weil die Mächtigen, von denen in ihrem Bericht die Rede sei, auch international über Verbindungen verfügten. Sie versicherten mir, sie seien gewissenhaft vorgegangen. »Wir haben nur das veröffentlicht, was wir beweisen können, obwohl es viel privaten Landbesitz in Naturschutzgebieten gibt, der nicht registriert ist, de facto jedoch dem organisierten Verbrechen gehört«, erklärte einer von ihnen.

In ihrem Bericht kommt niemand ungeschoren davon. Petén erscheint darin als ein fruchtbarer Boden für Korruption, Drogenschmuggel und die Konzentration von Land und Macht in den Händen weniger. Für einfache Leute jedoch ist Petén kein guter Boden.

Die Beurteilung der politischen Parteien legt skandalöse Schlussfolgerungen nahe: Kandidaten fürs Bürgermeisteramt oder fürs Provinzparlament können nur erfolgreich sein, wenn sie Verbindungen zum organisierten Verbrechen haben oder direkt einer kriminellen Vereinigung angehören. Der Bericht nennt Personen mit Namen und Vornamen in allen Parteien, ohne Ausnahme, die solche Verbindungen herstellen.

Die Beschuldigungen reichen bis in die höchsten Kreise. Über Manuel Baldizón, den aus Petén stammenden Präsidentschaftskandidaten der Partido LÍDER (Libertad Democrática Renovada, »Erneuerte Demokratische Partei«), heißt es, seine Familie habe ihre wirtschaftliche Macht zum großen Teil dem Schmuggel archäologischer Kunstschätze zu verdanken. Der Bericht beruft sich auf anonyme Aussagen von Mitgliedern verschiedener Banden, die im Auftrag der Familie Baldizón Steine aus Maya-Tempeln brachen, um sie an ausländische Sammler zu verkaufen.

Der Bericht beschreibt auch, wie Familien, die sich seit Jahrzehnten dem organisierten Verbrechen widmen, wie etwa die Mendozas aus Izabal, einer strategisch wichtigen Provinz an der Grenze zu Honduras und Belice, riesige Grundstücke in Petén in ihren Besitz gebracht haben. Den Mendozas gehören dreiundzwanzig auf vier Gemeinden verstreute Fincas mit einer Gesamtgröße von 660 *caballerías*. Viele dieser Grundstücke befinden sich an den Ufern des Flusses La Pasión, und auf mindestens einem von ihnen steht eine Villa mit Swimmingpool und Landebahn.

Keine Behörde vertreibt diese Großgrundbesitzer oder nennt sie laut mit Namen. Aus dem Bericht geht hervor, dass sich das größte Grundstück, 250 *caballerías,* das die Mendozas direkt oder über Strohmänner besitzen, zum größten Teil innerhalb des Naturschutzgebietes Sierra del Lacandón befindet, desselben Nationalparks, den die 300 Bauern bei der letzten Vertreibung verlassen mussten. Viele von ihnen wussten nicht, wohin sie gehen sollten, und zogen sich in den Dschungel auf der mexikanischen Seite zurück. Der Coronel und der General sind sich darin einig, dass sich die Familien des organisierten Verbrechens nicht nur Grundstücke aneignen, die ihnen nicht gehören, sondern auch regelrechte Landbesitzgürtel errichten, die sie für ihre mafiösen Schmugglertätigkeiten nutzen. General Morales behauptet sogar, dass die Zetas Trainings- und Erholungscamps in Laguna del Tigre unterhalten.

All diese Aktivitäten gehen nicht diskret vonstatten. General Morales erinnert sich, wie sie vor etwa drei Jahren am Ufer des Flusses San Pedro, zwischen Laguna del Tigre und Sierra del Lacandón, auf riesige Lagerhallen und sogar auf ein in Bau befindliches Schiff gestoßen sind. »Ein großes Schiff, wie zum Transport von Autos. Einer der Staatsanwälte meinte, es sehe aus wie die Arche Noah«, erinnert sich der General.

Diese miteinander verbundenen Fincas reichen bis zum Fluss Usumacinta, der natürlichen Grenze zu Mexiko. »Jede dieser Fincas«, wird ein Informant in dem Bericht zitiert, »wird von bewaffneten Banden bewacht.«

Petén ist zu einer Art Privatbesitz der großen Familien des organisierten Verbrechens Guatemalas geworden. Von den Namen, die Präsident Colom mit dem Drogenhandel in Verbindung bringt, ist Mendoza nicht der Einzige, der in der Provinz stark vertreten ist. Die Leóns aus Zacapa – ebenfalls an der Grenze zu Honduras – besitzen in Petén 316 *caballerías*, »an strategisch wichtigen Punkten der Drogenrouten«, wie es in dem Bericht heißt. Die Lorenzanas, ebenfalls aus Zacapa stammend, besaßen sogar vier Fincas im Naturschutzgebiet Laguna del Tigre. Eine der Fincas war absurderweise im Grundbuch unter dem Namen des Patriarchen Waldemar Lorenzana eingetragen, des Mannes also, der in diesem Jahr wegen Verdachts auf Drogenhandel an die Vereinigten Staaten ausgeliefert wurde.

Der Bericht kommt zu dem Schluss, dass die Größe der Ländereien, die sich im Besitz krimineller Banden befinden, eine vierstellige Zahl erreicht: 1.179 *caballerías*. Das heißt, das Siebenfache der Größe von San Salvador. Die Palmölkonzerne besitzen offiziell 1.027 *caballerías*. Das bedeutet, dass wenigstens 10,5 % des Landes, das der Staat in Petén als anbaufähig bezeichnet, dem normalen Kleinbauern nicht zur Verfügung stehen, selbst wenn er das Geld hätte, es zu erwerben.

Dagegen wurden nach Angaben des CONAP im Jahre 2007 allein in der Gemeinde Sayaxché fast 8.000 Menschen von 902 *caballerías* vertrieben. Das heißt, siebenundzwanzig Bauerngemeinden mussten den Palmölkonzernen oder anderen Käufern weichen. Was niemand sagt, ist, dass die Bauern, die meistens keine Wahl haben, wenn die Drogenhändler ihr Land wollen, sich außerdem noch gegen die Kaufgelüste der internationalen Konzerne wehren müssen, die Druck ausüben, um das zu bekommen, was sie wollen: mehr Land.

Quekchi-Geflüster

Es ist sechs Uhr morgens, die Sonnenstrahlen sind noch schwach, angenehm. Ich fahre mit dem Bus von El Subín in der Nähe von Sayaxché nach Santa Elena im Norden Peténs. Der Bus ist so gut wie leer, im hinteren Teil sitzen außer mir nur noch zwei Männer. Der eine ist, wie ich zu verstehen glaube, ein Bauer, der dem anderen, einem Bauarbeiter, Fragen stellt. Sie sitzen direkt vor mir, und es ist ihnen offenbar egal, dass ich mithören kann.

Der Bauer fragt den Arbeiter, ob es genug Arbeit auf dem Bau gebe. Der andere sagt, ja, in Santa Elena werde sehr viel gebaut. Der Bauer erwidert, da könne er aber von Glück reden, in der Landwirtschaft seien die Zeiten schlecht. »Wenn du gutes Land hast, nehmen sie es dir weg«, sagt er, »und dir bleibt nur trockenes, totes Land.« Da unten, in der Gegend um Sayaxché, fügt er hinzu, bleibe einem nichts anderes übrig, als für die Palmölkonzerne zu arbeiten, denn »die Señores, die gutes Land besitzen, wollen keine Bauern, die Landwirtschaft betreiben«.

In Santa Elena nimmt mich Alfredo Che in Empfang, ein kräftiger, untersetzter Bauer, der Spanisch mit dem abgehackten, schleppenden Akzent der Quekchi spricht. Er sitzt im Vorstand der Asociación de Comunidades Campesinas Indígenas para el Desarollo Integral de Petén, der »Vereinigung indigener Bauerngemeinden für die Integrale Entwicklung Peténs«, die ihrerseits der Coordianadora Nacional de Organizaciones Campesinas, der »Nationalen Vereinigung der Bauernorganisationen«, angehört. Er verfügt über ein riesiges Netz von Kontakten, und eine seiner zentralen Forderungen lautet, dass man mit den Bauerngemeinden, die aus Naturschutzgebieten vertrieben wurden, direkt verhandeln müsse. Diese Bauerngemeinden verlangen, dass sie auf ihr Land zurückkehren dürfen, um unter Bewahrung des Ökosystems Landwirtschaft zu betreiben, wobei sie sich verpflichten, ihren Besitz nicht weiter auszuweiten.

Che ist wütend, man sieht es ihm an, doch seine Stimme bleibt ein Flüstern. Er beklagt, dass in Petén sogar die Morde an Bauern den Bauern selbst angelastet werden. Im Mai 2011 wurden auf einer Finca namens Los Cocos in La Libertad siebenundzwanzig Menschen massakriert. Den Behörden zufolge wurde das Verbrechen von den Zetas begangen. Es heißt weiter, dass sie eigentlich den Besitzer der Finca töten wollten, doch da sie ihn nicht finden konnten, hätten sie sich an den Bauern gerächt. Einige der Opfer wurden mit Motorsägen enthauptet. Auf Fotos, die mir ein Ermittlungsbeamter zeigte, sind Leichen zu sehen, die noch ihre Arbeitsstiefel tragen.

Das Innenministerium bestätigte, dass es sich bei den Leichen um

Bauern handelte, die auf der Finca gearbeitet hätten, doch Che sagt, dass die Behörden in Petén Fälle wie diesen benutzen, um bei den Verhandlungen mit seiner Organisation zu argumentieren, die Bauern arbeiteten für die »Drogenbarone« und seien deshalb getötet worden. Selbst wenn das stimmen sollte, steht für Che fest, dass die Vertreibungen immer nur dieselben treffen, solche wie Venustiano und seine Leute.

»Sie vertreiben nicht die Plantagenbesitzer, sondern die Bauern, die nicht auf den Fincas arbeiten und von dem leben, was sie anbauen. Man wird Ihnen erzählen, dass es dort überall grün ist, aber wenn man durch den Nationalpark Sierra del Lacandón geht, durch Maya-Gebiet, sieht man, dass es dort in Wirklichkeit keine unberührten Berge und Wälder mehr gibt. Der CONAP hat Wachen aufgestellt, aber die können nichts machen. Sie tragen kleinkalibrige Pistolen, und die Einheit der Naturschutzbehörde ... Zwei Polizisten plus drei Wachmänner kommen gegen schwer bewaffnete Gangster nicht an. Im besten Fall verschwinden die, wenn sie die Polizisten sehen. Sie attackieren die wehrlosen Bauerngemeinden, aber den Plantagenbesitzern tun sie nichts.«

Es sind nicht nur Stimmen aus der Zivilgesellschaft, die dieses Missverhältnis in der Behandlung von Mächtigen und einfachen Leuten anprangern. Francisco Dall'Anesse, der 2006 von den Vereinten Nationen eingesetzte leitende Staatsanwalt der Comisión International Contra la Impunidad en Guatemala (CICIG), der »Internationalen Kommission gegen die Straffreiheit in Guatemala«, sprach in einer Rede, die er am 4. September vor Journalisten in Argentinien hielt, auch dieses Ungleichgewicht an. In Petén, so sagte er, gebe es »bestimmte indigene Gruppen, die von ihrem Land vertrieben werden und auf der Straße landen«, während gegen die wirklichen Drogenhändler nichts unternommen werde. Und er erzählte die Geschichte von dem hohen Funktionär der Vereinten Nationen, der sich zu der Finca Los Cocos begeben wollte, um den Tatort des Massakers an den siebenundzwanzig Bauern zu besichtigen. Unterwegs wurde er von bis zu den Zähnen bewaffneten Drogenhändlern angehalten, die ihn fragten, wohin er wolle, und ihn zwangen, sich auszuweisen, bevor sie ihn durchließen.

Che berichtet, dass die Bauern, sei es von den Drogenbaronen, sei es unter dem Druck der Palmölkonzerne, für eine *caballería*, die 200.000 Quetzales (25.500 Dollar) wert sein könne, mit viel Glück 50.000 bekämen. Ich frage ihn, warum sie keine Anzeige erstatteten. Er antwortet, dass sie das schon häufig getan hätten, doch das Verfahren sei langwierig, und die meisten Fälle landeten schließlich in der Schublade irgendeiner Kommission des Innenministeriums.

Ich frage ihn, auf welche Weise die Bauern von ihrem Land vertrieben werden, das dann die Unternehmen in Besitz nehmen. Er sagt, es gebe »Kojoten«, so nenne man hier die Unterhändler der Konzerne – häufig aus den Gemeinden selbst –, die Druck auf die Bauern ausübten, bis diese nachgäben und Verträge unterschrieben, die sie nicht verstünden. Das Beste sei es, rät er mir, ich redete mit einem anderen Mitglied seiner Organisation, Domingo Choc, der sei für Sayaxché zuständig, die von den internationalen Konzernen begehrteste Stadt.

Am späten Nachmittag kommt Choc. Die Unternehmen seien schlau, sagt er, sie verstünden es, Angst unter den Bauern zu verbreiten.

»Die Drohungen beruhen darauf, Druck auszuüben und zu spalten«, erklärt er. »Wenn ein Kojote es nicht schafft, schicken sie einen anderen, noch dreisteren, bis sie ihr Ziel erreichen.«

Sie versuchen es immer wieder, bis die Bauerngemeinde gespalten ist, und denjenigen, die sich bis zum Schluss widersetzen, drohen sie damit, sie zwischen den Palmenplantagen buchstäblich einzusperren. Und wenn es tatsächlich dazu kommt, erlauben die privaten Wachmänner den »eingesperrten« Bauern nicht, die konzerneigenen Ländereien zu durchqueren, sie hindern sie daran, ihre Säcke mit Mais und Bohnen abzutransportieren, um sie auf der Straße zu verkaufen. Sie verurteilen sie dazu, zu ernten, was sie essen, und sonst nichts. So erreichen sie, dass auch die Widerspenstigsten verkaufen und sich als Arbeiter auf den Plantagen verdingen, ohne Arbeitsvertrag, als Tagelöhner, mit anderen Worten, sie zahlen ihnen weniger als die 63,70

Quetzales pro Tag (umgerechnet acht Dollar), die das Gesetz als Mindestlohn vorschreibt. Das geht so lange, bis die Bauern es leid sind, für einen Hungerlohn auf dem Land, das ihnen früher gehört hat, zu schwitzen, und sich, wie Venustiano, in ein Naturschutzgebiet zurückziehen, in der Hoffnung, nicht vertrieben zu werden, wobei sie Gefahr laufen, dass man sie als Drogenhändler beschuldigt.

José Cacxoj, einem Bauern aus Sayaxché, den ich auf dieser Reise kennengelernt habe, ist genau das passiert. Mit seinen 63 Jahren war er es leid, jeden Tag von einem »Ingenieur« namens Gustavo Besuch zu bekommen und zum Verkauf seiner Parzelle in Las Camelias gedrängt zu werden. Als er sich schließlich zwischen afrikanischen Palmen eingesperrt sah, verkaufte er sein Land für 100.000 Quetzales, eine Summe, die nicht einmal dem Wert einer halben *caballería* entspricht. Seit zwei Jahren sucht er nun eine Parzelle in einem anderen Gebiet der Provinz, das weder die Drogenhändler noch die Palmölkonzerne interessiert. Doch er findet nichts, denn die *manzana* kostet das Doppelte dessen, was man ihm für sein Land bezahlt hat. Also mietet Cacxoj mit dem verbliebenen Geld Parzellen, mit der Auflage, die Hälfte seiner Ernte an den Eigentümer abzuführen. Fällt eine der beiden Jahresernten aus, wie es wegen der Trockenheit im letzten Jahr passiert ist, steht Cacxoj vor dem Ruin. Jetzt denkt er daran, mit dem wenigen, das ihm bleibt, ins Naturschutzgebiet zu gehen und so zum »Landbesetzer« zu werden, wie der Staat und die Mächtigen des Landes diese Bauern nennen, oder zum Drogenhändler, wie Venustiano und seine Gemeinde bezeichnet werden.

Ich frage Choc, wie lang die Liste der vertriebenen Bauern ist. Die genaue Zahl der betroffenen Personen könne er mir nicht nennen, antwortet er, nur die Namen der Gemeinden und die Anzahl der Familien.

»Da sind die Gemeinden El Progreso in Sayaxché, 23 Familien, und die Gemeinde El Cubil, 32 Familien, beide gibt es nicht mehr; El Canaleño, 46 Familien; La Torre, meine eigene Gemeinde, 76 Familien; Santa Rosa, 86 Familien; Arroyo Santa María, 43 Familien ... Und dann die erste Gemeinde, an deren Vertreibung sich alle erinnern: Centro Uno, 164 Familien, ebenfalls aufgelöst, sie existiert nicht mehr.«

Venustiano und die Gemeinde Centro Uno

Ein Tag ist seit meinem Treffen mit Che und Choc vergangen. Sie waren es, die mir geholfen haben, einen Kontakt zu Bauern der Gemeinde Centro Uno herzustellen.

Es ist ein heißer, feuchter Mittag. Ein Bus bringt mich nach La Libertad, wo ich die Bauern treffen werde. Mit geöffneten Busfenstern fahren wir über zum Teil kaputte Straßen, der Staub vermischt sich auf unserer Haut mit dem Schweiß, der Schwärme winziger Moskitos anzulocken scheint, die unsere Gesichter umschwirren.

Das Stadtzentrum besteht aus einem Straßenmarkt. Die *tuc-tucs* rasen durch die Menschenmenge, fahren jedoch wunderbarerweise niemanden an. An den Ständen dröhnt aus Lautsprechern mexikanische Musik, oder ein Verkäufer brüllt durch ein Megafon seine Angebote in die Menge. Ich betrete einen Geflügelladen, gehe auf den Hinterhof, wo die Arbeitsutensilien in einem Trog gewaschen werden, und rufe von dort aus Venustiano an. Er sagt, ich solle warten, er werde gleich mit Santos herkommen, einem weiteren Angehörigen der Gemeinde Centro Uno.

Der sexchsundfünfzigjährige Venustiano ist ein typischer Bauer. Ausgezehrt, mit Schnurrbart, in einem abgetragenen, ehemals weißen T-Shirt, Jeans und schwarzen Arbeitsstiefeln. Sein Gesicht ist von Furchen durchzogen, wie Land, das nach dem Regen trocknet. Er wird von Santos begleitet, einem stämmigen, kahlköpfigen Quekchi.

Ihr Ton ist eine Mischung aus Verlegenheit und Dankbarkeit. Anscheinend sind sie es nicht gewohnt, ihre Geschichte zu erzählen. Als die Gemeinde Centro Uno 2009 von ihrem Land vertrieben wurde, verbreiteten die Medien lediglich die offizielle Version. Ihn habe nie jemand gefragt, sagt Venustiano. Er erzählt von dem unfruchtbaren Land, auf dem sie heute leben, von Elendshütten aus Plastik und Holz, von ärmlichen Verhältnissen, von Tagen, an denen er acht Stunden auf fremden Plantagen arbeitet, weit weg von seinem improvisierten Zuhause, von den 30 Quetzales, die er pro Tag verdient, davon, dass »der Lohn für die Arbeit auf fremdem Land nicht mal für die eigene Saat reicht«. Ich bitte ihn, ganz am Anfang zu beginnen, mir zu erzählen, wie es in der Gemeinde Centro Uno gewesen sei, dort in Sierra del Lacandón.

»Wie es da war?«, fragt er, legt den Hühnerschenkel, den er gerade isst, auf den Teller, wischt sich das Fett aus dem Schnurrbart und verscheucht mit einer trägen Handbewegung den Moskitoschwarm von seinem Gesicht. Sein Blick ist der eines Mannes, der sich erinnert, seine Augen gehen ins Leere.

»Wo wir früher gelebt haben, hatten wir Wasser«, fährt er schließlich fort, »einen Bach, Land. Der Bach war so sauber, dass man seine Füße darin sehen konnte. Und es gab einen Kuhstall, der war wunderschön, auch wenn man durch Matsch waten musste, um hineinzukommen. Wir hatten Mais, Bohnen, wir waren glücklich. Es gab Kokospalmen, Avocados, Mangos, alles in Hülle und Fülle, Orangen, Zitronen, jede Menge«, er bewegt die geöffnete Handfläche auf und nieder. »Unsereiner kennt sein Land ... Auch Zuckerrohr und Yuca und Bananen und *macal* oder Malanga, wie sie es nennen, wir waren zufrieden mit unserem Leben.«

Am 16. Juni 2009 um zehn Uhr morgens begannen rund 600 Soldaten, Polizisten, Forstaufseher, Beamte des Innenministeriums und Vertreter der Procuraduría para la Defensa de los Derechos Humanos (PDDH), des »Amtes zur Verteidigung der Menschenrechte«, in der Gemeinde Centro Uno mit der ersten gewaltsamen Vertreibung von Bauern in Petén. 164 Familien wurden von dem Gebiet der Gemeinde entfernt, die von einigen eenigen – noch vor der Unterzeichnung des Friedensvertrags im Jahre 1996 – ohne behördliche Erlaubnis gegründet worden war. Die Ersten waren schon früher gekommen, so um 1992. Der Rest, Angehörige der Pioniere, kam in den folgenden fünf Jahren nach, fast alles Bauern aus Ixcán, Izabal, Quiché und Corbán, die umhergezogen waren auf der Suche nach einem Ort, an dem sie sich niederlassen und Land bebauen konnten, weitab vom Bürgerkrieg, der in den indigenen Gebieten im Innern des Landes besonders grausam wütete. Was dort geschah, kann am treffendsten mit den Wörtern »Genozid« oder »Massaker« beschrieben werden. Man geht davon aus, dass in jenem Krieg 200.000 Guatemalteken starben.

Die Gemeinde Centro Uno war nie ein Geheimnis. Es gab zwei Schulen, die von den Bauern selbst errichtet worden waren und in der 180 Kinder von fünf staatlich anerkannten Lehrern der Gemeinde unterrichtet wurden. Es existieren Briefe, einige davon aus den Neunzigerjahren, in denen die Bauern die staatlichen Behörden auffordern, mit ihnen über die Legalisierung der Gemeinde Centro Uno zu sprechen, was einige wenige Gemeinden erreicht haben, die sich in dem Nationalpark niedergelassen hatten, bevor dieser 1990 zum Naturschutzgebiet erklärt wurde. Die Angehörigen der Gemeinde Centro Uno haben die amtlichen Schreiben von fünf Bürgermeistern angrenzender Gemeinden aufgehoben, die bestätigen, dass die Gründer vom Centro Uno dort seit 1988 gelebt haben, noch bevor die Gemeinde entstanden war.

»Na ja«, fährt Venustiano fort, »an jenem Tag 2009 gab man uns eine halbe Stunde, um zu verschwinden. Ich sammelte in aller Eile meine vier Kinder ein. Meine zwei Quadratmeter große Maispresse musste ich zurücklassen, die hatte ich bei mir zu Hause stehen, außerdem zehn *manzanas* mit erntereifem Obst. Wir haben alles verloren.«

Estuardo Puga, der Beauftragte der PDDH für Petén, der bei der Vertreibung anwesend war, bestätigte mir gegenüber, dass man den Bauern tatsächlich eine halbe Stunde Zeit gegeben habe, um zu verschwinden, und dass die Familien auf Lastwagen nach Retalteco gebracht worden seien, einem Außenbezirk von La Libertad. Sie selbst seien um ein Uhr dreißig weggefahren, als die Operation beendet gewesen sei, sagte er, aber die Soldaten und die Vertreter des CONAP seien dort geblieben. Später habe es auch Anzeigen wegen Plünderungen gegeben, fügte er noch hinzu. Venustiano sagt, sie hätten alles auf Lastwagen fortgeschafft, in Retalteco seien sie vor ihren Augen davongefahren mit den Jungstieren, den Erntesäcken, den Generatoren.

»Sie haben uns mit der Begründung, Drogenhändler zu sein, von unserem Land vertrieben. Für mich ist das nur ein Vorwand für die Behörden, um die Augen verschließen zu können«, sagt Venustiano.

Ich frage ihn, ob irgendjemand aus ihrer Gemeinde etwas mit Drogenhandel zu tun habe.

»Drogenhändler wohnen in einer Villa, sie sind nicht gezwungen, in palmgedeckten Hütten zu leben wie wir damals, und schon gar nicht in Hütten aus Plastik, in denen wir jetzt hausen ... Wollen Sie sehen, wo wir Drogenhändler vom Centro Uno jetzt leben?«

Wir nehmen ein *tuc-tuc*, das uns vom Lärm des Marktes fortbringt und uns auf einem staubigen Pfad absetzt, auf dem wir nach einer Viertelstunde zu einem Gelände von der Größe eines halben Fußballfeldes gelangen.

»Hier lebt ihr Drogenhändler also?«

»Jawohl, hier leben wir«, antwortet Venustiano. »Kommen Sie, ich stell Ihnen die andern vor.«

Er streift den Draht von dem Torpfosten und lässt das Tor zu Boden fallen.

Drogenhandel made in Zentralamerika

veröffentlicht am 27. Februar 2012

In einem morgendlichen Gespräch erklärt mir ein bekannter Drogenhändler aus Nicaragua, was man braucht, um als freier Unternehmer in der Region erfolgreich zu sein. Freunde bei der Polizei und ein gutes soziales Netz sind zwei der Voraussetzungen, die der Drogenhändler zu nutzen weiß.

Heute wird es kein Treffen mit dem Drogenhändler geben. Wir hatten uns für fünf Uhr nachmittags in San Jorge, Provinz Rivas, Nicaragua, verabredet. Dort, in unmittelbarer Nähe der Grenze zu Costa Rica, wollten wir uns treffen. Doch jetzt ist es fünf Uhr, und es wird kein Treffen mit dem Drogenhändler geben. Der Grund dafür ist nicht, dass ich mich im Tag oder in der Uhrzeit geirrt oder ihn falsch verstanden hätte. Auch hat der Drogenhändler, was häufig der Fall ist, keine frischen Informationen über den Transport einer Kokainlieferung erhalten, die er in seinen Besitz bringen möchte. Nein, der Grund für unser geplatztes Treffen ist sehr viel banaler: Der Drogenhändler hat eine Flasche Whisky intus und ist nicht in der Verfassung, auch nur ein vernünftiges Wort hervorzubringen.

Zur vereinbarten Uhrzeit bekomme ich nur ein unverständliches Stammeln durchs Telefon zu hören. Zehn Minuten später meldet sich seine Frau bei mir. Sie sagt, es tue ihr leid, aber ihr Mann könne heute nicht. Später, wenn er wieder könne, werde er mich anrufen.

Solche Verabredungen hängen stets an einem seidenen Faden. Warum sollte ein Drogenhändler mit einem Journalisten sprechen wollen? Die Antwort ist immer dieselbe: aus eigenem Interesse. Irgendetwas wollen sie verraten. Ja, Verbrecher haben viel zu verraten. Immer haben sie ein Interesse daran, jemand anderen zu beschuldigen.

Um elf Uhr abends ruft mich der Drogenhändler auf meinem Handy an. Ich sitze in einem Restaurant in San Jorge, am Landungssteg des Großen Sees von Nicaragua.

Der Drogenhändler aus der Provinz Rivas entschuldigt sich, sagt, so sei das eben, die Hitze an der Pazifischen Küste von Nicaragua verlange nach einem guten Schluck. Heute Morgen sei er fit gewesen, aber dann seien ein paar gute Freunde gekommen und hätten ein paar Flaschen Whisky mitgebracht. Heute sei es leider nicht möglich, aber morgen früh solle ich ihn um Punkt sieben anrufen, dann könnten wir um halb acht gemeinsam frühstücken.

Ich beschließe, es am nächsten Morgen um neun zu versuchen.

* * *

San Jorge ist eine Gemeinde in der Provinz Rivas, ein Dorf mit 8.000 Einwohnern. Die einzige Straße endet an einem Landungssteg für die Fähren, die zur Insel Ometepe übersetzen, dem Touristenziel mitten auf dem Großen See von Nicaragua. Der See ist riesig, fast ein Meer, und San Jorge atmet den maritimen Geist der gesamten Provinz: Es gibt ein Restaurant El Navegante (*Der Seefahrer*), eine Pension El Pelícano (*Der Pelikan*), ein Hotel Las Hamacas (*Die Hängematten*), ein Restaurant El Timón (*Das Steuerruder*) ... Es ist ein träges, heißes Dorf, nur Staub und Holz, Sandalen und kurze Hosen.

Rivas ist die einzige Provinz Nicaraguas mit einem offiziellen Grenzübergang zu Costa Rica, der Grenze von Peñas Blancas. Daneben gibt es achtzig grüne Grenzübergänge. Rivas ist das Einfallstor der kolumbianischen Drogen nach Nicaragua. Laut der Policía Nacional ist Rivas die Route der Mexikaner, auf der die Kartelle aus Sinaloa, Juárez und der Golfregion oder die Familie Michoacana ihr Kokain in die Vereinigten Staaten schmuggeln. An der Atlantischen Küste dagegen sind es die Kolumbianer, die den Transport nach Norden kontrollieren – nach Honduras oder Guatemala –, um die Ware dort an die Mexikaner zu liefern und für ihren Service hohe Summen zu kassieren.

Im Unterschied zum Pazifik ist der Atlantik eine maritime Autobahn, über die Boote mit Motoren von 800 PS rasen und höchstens zum Auftanken anhalten. Dagegen wird in Rivas ein Gutteil der Drogen auf dem Landweg transportiert. Man nutzt das muntere Treiben rund um den Großen See aus, um problemlos nach Granada oder in die Hauptstadt Managua zu gelangen.

* * *

Es ist neun Uhr morgens, und der Drogenhändler aus Rivas hat sich, wie mir seine Frau am Telefon sagt, in seinem Zimmer eingeschlossen, um in Ruhe seinen Rausch auszuschlafen. Doch sie verspricht mir, ihn so bald wie möglich zu wecken.

Um zehn ruft mich der Drogenhändler an.

»Du kannst jetzt kommen, wir trinken einen Kaffee, den kann ich dringend brauchen. Wo bist du? Ich schick dir jemanden vorbei, der holt dich ab.«

Er scheint aus demselben Holz geschnitzt wie die anderen Drogenhändler, mit denen ich gesprochen habe. Rundlich, dunkelhäutig, verschwitzt, mit riesigen Händen, liebenswürdig auf den ersten Blick, jovial, geschwätzig, in lockerem Ton plaudernd, mit einer vertraulichen Anrede: Bruder, mein Freund, Chef, Alter.

In Rivas gibt es mindestens vier Drogenbosse. Er ist einer von ihnen. Die zentralamerikanischen Bosse sind nicht so diskret wie die mexikanischen, aber auch weniger protzig, nicht so reich, leichter zu kontaktieren. Normalerweise beginnen sie ihre Karriere damit, dass sie das Netz von Kontakten nutzen, das sie aus irgendeinem Grund geknüpft haben – weil sie sich als illegale Geldwechsler an irgendeiner Grenze betätigten, weil sie einer Jugendbande angehörten, die Käse schmuggelte oder Lieferwagen klaute, weil sie ein öffentliches Amt in der Gemeinde bekleideten –, um als Ansprechpartner für einen internationalen Boss zu fungieren, der Drogen in den Norden schmuggeln will; oder sie benutzen ihre Kontakte, um das Rauschgift, das durch ihre Region transportiert wird, in ihren Besitz zu bringen. Letzteres war bei dem Drogenhändler aus Rivas der Fall: Er begann damit, anderen Händlern das Rauschgift zu entwenden und es weiterzuverkaufen.

Als wir uns schließlich begrüßen, macht er einen guten Eindruck auf mich: keine roten Augen, keine langsamen Bewegungen, keine schlechte Laune. Er schwitzt, das ja, aber er ist fröhlich. Und laut. Er empfängt mich in dem kleinen Wohnzimmer seines Hauses. Vor der Tür stehen zwei junge Männer Wache. Fröhlich und laut fordert er mich auf, mich auszuweisen. Er sieht sich meinen Presseausweis an, dreht und wendet ihn, liest, gibt ihn mir zurück. Er schreibt meinen Namen in ein Notizbuch.

Mit Ausnahme einiger ehemaliger Abgeordneter oder der berühmten alten Bosse in Guatemala und Honduras arbeiten die zentralamerikanischen Drogenhändler als freie Unternehmer. Sie gehören weder dem mexikanischen Sinaloa-Kartell an, noch haben sie einen Exklusivvertrag mit dem kolumbianischen Kartell Norte del Valle. Sie arbeiten für den, der sie bezahlt, für den, der sie anruft. Der Drogenhändler aus Rivas ist freier Unternehmer. Und wenn wir »Drogenhändler« sagen, meinen wir nicht den kleinen Dealer an der Ecke, sondern jemanden, der Hunderte von Kilos bewegt.

Der Drogenhändler aus Rivas spricht über dasselbe wie die drei anderen Drogenhändler, mit denen ich mich unterhalten habe. Alle sagen, dass sie das Geschäft aufgegeben hätten. Solche Behauptungen sind wie Rubbellose. Je mehr man rubbelt, desto klarer kommt die Wahrheit zum Vorschein. Und die Wahrheit ist immer die, dass sie weiterhin das sind, was sie angeblich nicht mehr sind. Der Drogenhändler aus Rivas sagt, er habe aufgehört, das Rauschgift anderer Händler zu stehlen.

»Angeblich bin ich ein Drogendieb. Einer, der die Ware der anderen klaut. Wenn eine Lieferung kommt, macht er seinen Job. Wer im Krieg war, kennt sich aus ...«

Wenn ein Bürgerkrieg eine gute Schule ist, dann ist Zentralamerika voll von Leuten, die sich auskennen. In den letzten vierzig Jahren hat es im Norden der Region drei Bürgerkriege gegeben.

Nicaragua ist das ideale Land für Drogendiebstahl. Die Schnellboote der lokalen Drogenhändler starten von gottverlassenen Gemeinden an der Atlantikküste aus, vor der honduranischen Grenze, um ganze Ladungen abzufangen und sie später weiterzuverkaufen. An der Pazifikküste klauen bewaffnete Banden ganze Lastwagenladungen, oder Polizisten zweigen etwas von der beschlagnahmten Ware ab. Für die Wissenschaftler, die sich mit den gesellschaftlichen Problemen beschäftigen, ist das kein Geheimnis.

Roberto Orozco vom angesehenen Instituto de Estudios Estratégicos y Políticas Públicas (IEEPP), dem »Institut für Strategische Studien und Gesellschaftspolitik«, dessen Mitglieder vor Ort recherchieren, versichert, dass Rivas zu den vier Provinzen Nicaraguas gehört, in denen die Korruption innerhalb der Polizei alarmierende Ausmaße angenommen hat. Dazu kommt, laut Roberto Orozco, dass sich die Banden in Rivas immer mehr zu regelrechten Kartellen entwickeln, die der Korruption sehr viel mehr Vorschub leisten als einzelne Verbrecher.

Auch für die Polizei ist das kein Geheimnis. Die leitende Kommissarin Aminta Granera bestätigt, dass Rivas für die Polizei eine große Herausforderung darstellt: »In Rivas ist die Zusammenarbeit auf nationaler Ebene nötiger als an der Atlantikküste, weil das Rauschgift dort nicht auf dem Landweg transportiert wird. Aber wir sind dran. Im Moment laufen interne Ermittlungen gegen fünf Polizisten. An der gesamten Pazifikküste haben wir große Probleme innerhalb der Polizei. Hier ist sie für die Korruption durch das organisierte Verbrechen besonders anfällig.«

Vielleicht stimmt es ja, dass man nach Whisky keinen Kater bekommt, denn mein Gespräch mit dem Drogenhändler geht weiter, ohne dass er einen einzigen Schluck Wasser getrunken hat. Ich frage ihn, über welche Kontakte ein Drogendieb verfügen muss.

»Wenn man ein alter Hase in diesem Geschäft ist, dann kennen einen die Leute. Sogar die, die für die Kartelle arbeiten. Ich hab fünf Jahre in Mexiko gelebt. Die rufen dich an! Der Kolumbianer ist für seine miserable Zahlungsmoral bekannt. Deswegen setzen sie dich auf den Kolumbianer an. Oder es rufen dich die lokalen Kontakte an, die man für ihre letzte Arbeit nicht bezahlt hat. Aus Rache! Die Kolumbianer sind unzuverlässig, deswegen haben sie in allen Ländern einen miserablen Ruf. Und auch, weil das nationale Netz immer funktioniert. Sie (die Polizisten) machen ihren Schnitt. Der Kolumbianer liefert dir nicht 472 Kilo. Der schickt dir 500, eine runde Zahl. Man weiß das. Die Polizisten beschlagnahmen aber offiziell 87, 83, 940 Kilo.«

Der Drogendieb profitiert vom Verrat innerhalb einer ehrenhaften Gesellschaft von Verrätern.

Als ich im April 2011 in Bilwi war, der Hauptstadt der Autonomen Region Nordatlantik, fragte ich mehrere Quellen, von Polizisten bis hin zu Angehörigen der Transportnetze von Kokain, warum die Drogendiebe immer noch am Leben seien, wo die Geschädigten am Ende doch unweigerlich herausfänden, wer sie bestohlen hat. Schließlich und endlich könnten nur wenige ein Schnellboot oder einen Lieferwagen samt Kokainladung wie durch Zauberei verschwinden lassen. Man antwortete mir, es gebe keine ausländischen Kontaktmänner, nur lokale, mit denen man sich besser nicht anlege, wenn man keine Probleme kriegen wolle. Deshalb sei es das Beste, das Rauschgift von den Dieben zu kaufen. Obwohl man in Regionen, wo der Transport auf dem Landweg vonstattengehe, wie zum Beispiel in Rivas, besonders vorsichtig sein müsse.

»Stell dir vor, hier wurden schon Leute ermordet, weil sie 10 oder 20 Kilo geklaut hatten. In so einem kleinen Dorf kennt jeder jeden. Wenn du einen komischen Typen siehst ... Der lokale Händler weiß ganz genau, dass sie ihn an den Arsch kriegen können. Deswegen ruft er dich an: Hör mal, Alter, da laufen so komische Typen rum, die suchen den und den.«

Sogar hier, auf festem Boden, versucht man, den anderen etwas vorzumachen.

»Wenn du was klaust, rufst du die Leute in Guatemala oder Honduras an. Du sagst ihnen: Stell dir vor, hier ist soundso viel von dem und dem geklaut worden ... Mach ihnen was vor! Frechheit siegt. Der Drogendieb weiß ganz genau, dass er den Stier an den Eiern packt. Du klaust also, sagen wir, 500 Kilo. Der Besitzer hat Konkurrenz. Die Konkurrenz kauft die geklaute Ware und verkauft sie teurer weiter. Du weißt, dass du irgendwann verlieren kannst.«

Im Gegensatz zu Mexiko, wo ein Drogenhändler zeigen muss, dass er mehr hat als der andere, ist man in Zentralamerika noch diskreter, so wie im Mexiko der Achtziger- und Neunzigerjahre. Man zieht es vor, Geschäfte zu machen, ohne Aufmerksamkeit zu erregen, es sei denn, die Situation erfordert es. Mit den Worten des Drogenhändlers aus Rivas: »Wer hier Scheiße baut, wandert entweder in den Knast, oder er wird abgemurkst. Die Gefängnisse sind voll von Leuten, die Scheiße gebaut haben.«

Doch für einen lokalen Drogenhändler bedeutet das Adjektiv »lokal« Sicherheit.

»Um einen Mann aus Rivas zu töten, braucht es einen anderen Mann aus Rivas.«

Der Drogenhändler lacht voller Stolz. Er fühlt sich wohl in seiner Festung, wo er alle Zeichen zu deuten weiß. Wenn ein Pick-up länger als eine Stunde an der Ecke seiner Straße steht, ist es die Polizei. Wenn ihm ein Auto folgt, ist es die Polizei. Wenn irgendwelche Männer in Zivil sich in einem Restaurant in seine Nähe setzen, weiß er, dass es Polizisten sind. Er kennt ihre Namen und Decknamen, weiß, wie sie leben. Er kennt auch die Namen des Taxifahrers, des Friseurs, des Bürgermeisters und des Bootsbesitzers. Viele von denen sind ebenfalls Drogenhändler, davon gibt es jede Menge in Zentralamerika. Sie besitzen ein Stück Land, über das sie die Kontrolle haben und auf dem sie jede Pflanze und jedes Geräusch kennen. Eine Parzelle, einen Hügel, einen Strandabschnitt, eine Gemeinde, eine Straße, einen Bezirk, ein Dorf. Und aus dieser kommoden Position heraus helfen sie jedem, der sich helfen lässt.

* * *

In ihrem Büro in einem der oberen Stockwerke der Kripozentrale versichert mir Aminta Granera, dass die mexikanischen Drogenkartelle über keine feste Basis in Nicaragua verfügen. Das dringendste Problem der Polizei sei die Verbesserung ihrer »nationalen Strukturen der Zusammenarbeit«.

Tatsächlich hat sich in den letzten vier Jahren die Strategie der Polizei verändert. Laut Kommissar Juan Ramón Gradiz, der rechten Hand von Aminta Granera, wurden früher die, »die das Rauschgift transportiert haben, festgenommen, einkassiert, aber das Netz bestand weiter fort«. Jetzt verfolgt man mit den Operationen zwei Ziele: Entweder man verhaftet die Angehörigen der Transportnetze, wenn man sie auf frischer Tat erwischt, oder man nimmt ihnen alles weg, was man kann: Häuser, Geschäfte, Waffen, Fahrzeuge. »Man zieht sie bis aufs Hemd aus«, sagt Gradiz.

Eine dieser Operationen hieß Dominó I, und sie erfolgte hier, in Rivas, in der Nacht des 4. Dezember 2011. Jetzt warten zwanzig Fischer, scheinbar ganz normale Leute, auf ihren Prozess wegen Rauschgifthandel und neunzehn weitere wegen Geldwäsche.

Die Polizei rechtfertigt ihre neue Strategie mit den Erfolgen, die sie auf einer Grafik mit der Überschrift »Beschlagnahmtes Kokain vs. Neutralisierte Zellen 2000–2011« darstellt. Darauf sind zwei Linien abgebildet, eine blaue und eine rote, sie nähern sich einander an, trennen sich, nähern sich wieder an. Die blaue Linie stellt die Beschlagnahmungen von Kokain dar, deren Menge im Jahre 2008 auf 15,1 Tonnen angestiegen war und sich dann, bis 2011, auf 4,05 Tonnen verringerte. Die rote Linie dagegen steht für die »Neutralisierung von Zellen«, die früher bei Null lag und von 2005 an in die Höhe schnellte, bis sie 2010 auf 16 anstieg, genau in dem Jahr, in dem die blaue Linie ihren tiefsten Punkt erreicht. Für die Polizei liegt die Schlussfolgerung auf der Hand: Es wird weniger Rauschgift beschlagnahmt, weil aufgrund der Zerschlagung von Strukturen weniger Rauschgift das Land durchquert.

Für den Wissenschaftler Roberto Orozco ist diese Sicht zu einfach und außerdem falsch. Erstens, weil diese Grenze mit ihren 82 grünen Übergängen weiterhin ein »offener Korridor« ist, wie er persönlich festgestellt hat. Zweitens, weil die internationalen Organisationen immer noch von einer Kokainproduktion in den Andenländern von 850 Tonnen jährlich seit spätestens 2009 sprechen. 90% davon werden auf ihrem Weg nach Norden durch Zentralamerika transportiert. Aufgrund dieser Fakten kommt Orozco zu dem Schluss, dass, wenn der Drogenkonsum in den Vereinigten Staaten seit Jahren stabil bleibt, wenn die Produktion in den Andenländern seit Jahren stabil bleibt und wenn der Drogenkonsum in Zentralamerika und Mexiko von Jahr zu Jahr steigt, die Polizei sich irren muss, wenn sie davon ausgeht, dass immer weniger Rauschgift ihr Land durchquert.

Der Drogenboss aus Rivas versucht alle freien Händler in der Region aufzuzählen. Er kommt auf rund fünfzehn Personen und ruft dann noch einen Freund in einem nicaraguanischen Gefängnis an, weil ihm ein Name entfallen ist.

Für den Drogenboss geht die Logik der Polizei nicht auf, auch wenn er einräumt, dass durch die Operation Dominó I »einige wirkliche Drogenhändler« geschnappt wurden. Im Laufe unseres Gesprächs fallen ihm immer weitere Argumente ein.

»Hier kriegst du es mit allen zu tun, mit der Familie Michoacana, dem Sinaloa-Kartell, dem Kartell von Zacapa, Guatemala ... Es kommen deine Landsleute, und es kommen Leute aus Costa Rica. Es sind nicht nur die Lokalen. Aber der Lokale wird immer von einem Ausländer kontaktiert.«

Anscheinend herrscht kein Mangel an Kunden, die immer einen lokalen Drogenhändler brauchen. Deswegen wird es immer lokale Drogenhändler geben. Es wird sie hier immer geben, glaubt der Drogenboss aus Rivas, weil das Angebot verlockender ist als anderswo.

»Es ist so etwas wie eine Art zu überleben. Hier gibt es doch nur dieses Grenzgebiet und das Meer und die Fische«, sagt er und breitet die Arme aus, die Handflächen nach oben, als hätte er ein unschlagbares Argument vorgebracht.

Dies könnte ein weiterer Vorteil des typischen Drogenhändlers in Zentralamerika sein: Für den freien Unternehmer, der große Mengen für den Meistbietenden transportiert, stellt es nie ein Problem dar, ein besseres Angebot zu machen als die anderen. Er hat immer die besseren Karten.

Die beiden salvadorianischen Drogenhändler zum Beispiel, mit denen ich gesprochen habe, haben beide von Kindesbeinen an auf Märkten geschuftet, haben Lasten getragen, Unmengen von Gemüse aufgehäuft, Lastwagen entladen. José Adán Salazar, besser bekannt als *Chepe Diablo*, der von der salvadorianischen Polizeibehörde als einer der Bosse des Texis-Kartells bezeichnet wird und sogar von Barack Obama auf die Liste der internationalen Drogenbosse gesetzt wurde, hat jahrelang an der Grenze zwischen El Salvador und Guatemala in brütender Hitze versucht, Quetzales gegen Colones einzutauschen (als El Salvador noch eine eigene Währung hatte), wobei er an jedem getauschten Schein ein paar Centavos verdiente. Heute ist *Chepe Diablo* ein millionenschwerer Unternehmer. In der nicaraguanischen Karibik, um in der Nähe zu bleiben, waren viele Anführer der Zellen, die mit den Kolumbianern zusammenarbeiten, und viele Anführer der maritimen Diebesbanden einfache Langustenfischer. Sie tauchten ohne Sauerstoffgerät länger als drei Minuten nach Langusten, für die man ihnen nicht mehr als drei Dollar zahlte, um sie dann für mehr als zehn Dollar an ein Restaurant zu verkaufen. Viele von ihnen erlitten wegen des Sauerstoffmangels eine Hirnatrophie und waren in ihren elenden Hütten ans Bett gefesselt, ohne Arme und Beine bewegen zu können.

Nachdem der Drogenhändler aus Rivas mir erzählt hat, dass es heutzutage jede Menge Kundschaft gibt, die die Dienste der freien Händler benötigt, denkt er laut darüber nach, was das für Leute sind, die zu ihnen kommen. In der Hauptsache seien es Guatemalteken und Honduraner, (*nervige Leute*), aber zweifellos seien die Salvadorianer die »Draufgängerischsten«, und häufig nähmen die Banden der Mara Salvatrucha (MS-13) die Dienste eines lokalen Drogenhändlers in Anspruch, um ihr Kokain in Lieferwagen zu transportieren. In Rivas, so könne man sagen, gebe es zwei Arten von Besuchern: die Rucksacktouristen, die zu den Stränden von San Juan del Sur wollten, und die Drogenhändler, die sich mit Ware versorgten. Die Polizei habe bereits Honduraner und Mexikaner mit ganzen Drogen- und Waffenladungen festgenommen. Drei der festgenommenen Mexikaner im Jahre 2007 zum Beispiel stammten aus dem berüchtigten Staat Sinaloa im Norden Mexikos, der Heimat der bekanntesten Drogenbosse jenes Landes.

Schließlich leuchtet dem Drogenboss aus Rivas auch die Schlussfolgerung nicht ein, die die Polizei aus dem Tanz der roten mit der blauen Linie auf der Grafik der Beschlagnahmungen und der neutralisierten Zellen zieht. Um zu beweisen, dass die Rechnung nicht aufgeht, denkt er eine Weile darüber nach, womit er die Grenze in Rivas vergleichen kann.

»Ich glaube, heute gibt es hier mehr Drogen als in Pereira in Kolumbien.«

* * *

»Sag mal, wie hieß der Kommissar, mit dem dein Freund Marcial befreundet war?«, fragt der Drogenboss einen seiner Kollegen durchs Telefon. Mit diesem Anruf will er meine Frage beantworten.

»…«

»Und ist er noch im Dienst?«

»…«

»Hör mal, ich sitze hier mit einem Freund zusammen, und der fragt mich gerade, ob wir der Polizei irgendwann mal Geld gegeben haben.«

Er aktiviert die Lautsprechanlage, damit ich die Antwort seines Freundes, der offenbar auf einer Party ist, hören kann.

»Ja, klar. Sollen wir den Kontakt zu einem von ihnen herstellen?«

»Hast du mal einem Geld gegeben?«

»Hahaha!«

Hierher können Leute aus Sinaloa kommen, Banden, die diese Provinz wie ihre Westentasche kennen, aber das Wichtigste ist es immer noch, *von hier zu sein*. Nicht nur sich hier auszukennen, sondern von hier zu sein. Das ist der wichtigste Marktvorteil für einen freien Drogenhändler.

Rivas ist ein Dorf. Das Innere aller zentralamerikanischen Länder ist ein Dorf. Die zentralamerikanischen Länder sind Großstädte, die aus als Städte bezeichneten Dörfern bestehen. Und in einem Dorf kennt jeder jeden. Wenn ich zum Beispiel einem Taxifahrer den Namen des Drogenbosses aus Rivas nenne, weiß er sofort, wohin er mich fahren muss.

Der Drogenboss kommt wieder auf einen Punkt zurück, den er schon mehrmals erwähnt hat: Wenn du keine Beziehungen zur Polizei hast, hast du als freier Drogenhändler keine Chance. Seltsamerweise stimmen Kommissarin Aminta Granera, der Wissenschaftler des IEEPP und der Drogenboss aus Rivas in diesem Punkt überein. Letzterer fasst es zusammen:

»Ich rede nicht von der leitenden Kommissarin, ich rede nicht von den Direktoren. Ich rede von den Chefs, den stellvertretenden Chefs, den Chefs der Provinzen.«

Orozco glaubt immer noch, dass die Polizei seines Landes zu den besten in ganz Zentralamerika gehört, viel besser als die von Honduras zum Beispiel. Dort gebe es Abteilungen, sagt er, in denen alle mit dem organisierten Verbrechen zusammenarbeiten. Er glaubt, dass die Polizei in Nicaragua vor allem »da unten« ein Problem mit der Korruption hat, in den einzelnen Abteilungen, aber er glaubt auch, dass sich das Problem ausbreiten wird, wenn nichts dagegen unternommen wird.

Information bedeutet Macht. Das wird in einer Region wie der Provinz Rivas ganz deutlich. Es gebe Familien wie die Ponces, sagt der Drogenboss, die früher Fischer gewesen seien und sich aus einem einzigen Grund zu wichtigen Drogenfamilien entwickelt hätten: Sie hätten Leute gekannt und seien an die nötigen Informationen herangekommen. Zuerst hätten sie auf den Anwesen der Reichen gearbeitet, hätten sich umgehört, rumgefragt, und jetzt seien sie die Statthalter des Cali-Kartells.

Doch um an Informationen heranzukommen, brauche man viele Augen und Ohren, sagt er. Ich frage ihn nach dem Rezept, um erfolgreich zu sein, und er fängt an, die wichtigsten Punkte aufzuzählen:

»Natürlich kann die Polizei einen Beamten in eine andere Abteilung versetzen und dir einen ihrer Zuverlässigen schicken. Oder aber sie sorgen dafür, dass du die Provinz verlassen musst. Man hat Leute, die für einen arbeiten, die diese Grenze wie ihre Westentasche kennen.

Sie fahren in Autos oder auf Motorrädern voraus, du hast Leute mit Handys in La Coyota, in La Virgen oder am Ortseingang von Cárdenas. Dann die Taxifahrer und die von der Tankstelle, die jeden sehen, der vorbeikommt. Bevor die Polizei eine Aktion startet, fahren sie zu den Tankstellen und verteilen Dollars.«

Viel sehen, viel wissen, das hat natürlich seinen Preis.

»Das Netz ist gnadenlos. Ein voll bepackter Lastwagen zahlt 10.000 Dollar, um über die Grenze zu kommen. Kontrollieren tut die Polizei. Aber nur die Größten benutzen die offiziellen Grenzübergänge. Wenn du drei Lastwagen rüberbringen willst, sind das 30.000 Dollar. Das kann sich kein Lokaler leisten, der seine Tütchen verkauft und sich seine paar Kilos aus Costa Rica kommen lässt, wo sie billiger sind.«

Für die Kleinen bleiben die 82 grünen Grenzübergänge, von den Orozco gesprochen hat. Aber dann muss man die Kundschafter bezahlen.

»Wenn man viel rüberbringen will, so 200, 300 Kilo, dann kriegt der Kundschafter so um die 5.000 Dollar. Davon kann er sich ordentlich besaufen!«

Das Geschäft eines freien Drogenhändlers in Zentralamerika besteht darin, das Rauschgift so weit wie möglich in den Norden zu transportieren. Denn jeder Kilometer mehr bedeutet mehr Dollars. Jeder Drogenhändler in Rivas weiß, dass für ein Kilo Kokain, das in seiner Provinz 6.000 Dollar kostet, in El Salvador 11.000 bezahlt wird, in Guatemala 12.000 und in Mexiko zwischen 15.000 und 20.000, je nachdem, ob man es in Chiapas oder in Matamoros verkauft.

* * *

Der Drogenhändler aus Rivas sagt, er habe keine Zeit mehr, er müsse nach Managua, etwas erledigen, aber er könne mich mitnehmen und an der Tankstelle absetzen. Unterwegs macht er mich auf ein Motel, einen Gemischtwarenladen, ein Restaurant aufmerksam. Und dabei nennt er den Namen des Drogenhändlers, der angeblich in das jeweilige Geschäft investiert hat. Zwischendurch erhält er einen Anruf.

»Ja, was gibt's? ... Ja ... Also Samstag? Vier? Aber ich muss wissen, dass das auch sicher ist, ich hatte nämlich vor, wegzufahren.«

Das Gespräch ist beendet. Er sieht mich an und grinst, stolz wie jemand, der etwas beweisen wollte und es an einem konkreten Fall auch beweisen konnte.

»Samstag kommt eine Lieferung. Das Rauschgift wird knapp? Es gibt keinen Nachschub mehr? Ha!«

*Diejenigen, die bleiben, versuchen in der Einsamkeit,
fern der staatlichen Autorität, die Gewalt zu überleben.
Den Wahnsinn, der hier entstanden ist, kann man
auch als großes Scheitern verstehen.*

Ein Brunnen ohne Boden

veröffentlicht am 1. April 2013

Da unten liegen Leichen. Das ist eine Tatsache. Weder der Staatsanwalt noch die Bandenchefs, Journalisten, Polizisten oder die Regierung von El Salvador zweifeln daran, dass da unten Leichen liegen, genau an dieser Stelle. Die Frage ist: Was passiert nun, da all diese Leute das wissen? Dies ist das Tagebuch eines Brunnens und des Landes, in dem sich dieser Brunnen befindet.

In dem Brunnen liegen Leichen. Vielleicht zehn, vielleicht zwölf, vielleicht sogar zwanzig. Bestimmt nicht weniger als vier. Wir befinden uns in der Gemeinde Turín im Westen El Salvadors. Man fährt über eine ungepflasterte Straße, an Bahngleisen entlang, an Lehmhütten vorbei, und dann, hinter einem Maisfeld, da gibt es einen Brunnen, und tief unten, auf dem Boden des Brunnens, liegen Leichen.

Dezember 2010

Ein Mann befestigt seinen Sicherheitsgurt und schlingt das andere Ende des Seils um einen Baum. Er schnallt sich das Sauerstoffgerät auf den Rücken, nimmt seine Taschenlampe und steigt hinab in den Brunnen. Absolute Dunkelheit. Er steigt weiter hinab, 20 Meter, 30 Meter. Der Brunnen ist tiefer, als der Mann gedacht hat. Er ist von etwa 30 Metern ausgegangen, wie bei dem Brunnen ganz in der Nähe, in den er vor einigen Monaten hinabgestiegen ist. 40 Meter, 50 Meter, 55 Meter, schätzt der Mann. Er ist unten angelangt. Er knipst die Taschenlampe an. Er sieht Strümpfe, er sieht Kleidung, er sieht alte Sachen, er sieht viele Knochen, den einen oder anderen Fuß, er sieht mehrere Fersen. Er steigt wieder hinauf.

Der Brunnen ist zu alt, zu morsch, als dass er gleich mit der Bergung beginnen könnte, mit Hacke und Schaufel. Doch es besteht kein Zweifel: Auf dem Boden des Brunnens liegen Leichen.

Der Mann ist Israel Ticas, der einzige Gerichtsmediziner der salvadorianischen Staatsanwaltschaft, der in Brunnen hinabsteigt. Der Einzige in diesem Land, der Leichen aus der Erde holt, die später den Gerichten als Beweismaterial dienen.

Vor einem Monat machten zwei Bandenmitglieder übereinstimmende Aussagen. Der eine gehörte der Hollywood Locos Salvatrucha an, der andere der Parvis Locos Salvatrucha. Beide waren Mitglieder der Mara Salvatrucha in der Provinz Ahuachapán. Beide sind zu Verrätern an ihrer Gang geworden. Keiner der beiden war jemals in den Vereinigten Staaten, deswegen weiß der Erste nicht, wo sich der Hollywood Boulevard befindet – er weiß nicht mal, wo Hollywood liegt –, und der Zweite weiß nicht, dass der Name seiner Gang auf die Park View Street zurückgeht. Beide sind von hier, aus der Umgebung von Turín, vom Land. Ihre Zeugenaussagen stimmen überein: Fährt man die ungepflasterte Straße weiter, kommt man zu den Bahngleisen, dann fährt man rechts ab, etwa 200 Meter die Bahngleise entlang, direkt an einfachen Lehmhütten vorbei, und dann den ersten Sandweg links, eine Abkürzung, gerade mal so breit, dass ein Wagen durchpasst, man fährt am ersten Haus vorbei, lässt das Maisfeld hinter sich, gelangt auf eine Ebene, und da sieht man dann einen *jocote*-Baum und unter dem Baum einen Wassertrog und einen zementierten Brunnenausgang. Und auf dem Boden des Brunnens liegen Leichen.

An diesem Tag Anfang Dezember 2010 machen sich die Behörden zum ersten Mal ein Bild von dieser Gegend. Israel Ticas hat sich davon überzeugt, dass die Zeugen der Staatsanwaltschaft nicht gelogen haben. Aber er ist sich auch sicher, dass dieser vertikale Tunnel für ihn die größte Herausforderung darstellt, seit er 2008 damit begonnen hat, geheime Gräber zu öffnen, Leichen zu exhumieren und in Brunnen hinabzusteigen.

Es wird nicht möglich sein, vertikal zu arbeiten und den Durchmesser des Brunnenlochs zu vergrößern, um die Knochen herausholen zu können. Das geht nur bei weniger tiefen Brunnen, wie dem in Santa Ana zum Beispiel, der 16 Meter tief war und aus dem Ticas mitten im Winter zwei Leichen geborgen hat. Nein, der Brunnen von Turín hat eine Tiefe von 55 Metern. Hier muss man anders vorgehen.

3. Januar 2011

Eine Grabung in einem Winkel von 45 Grad, das ist der Plan A, den Ticas sich ausgedacht hat. Anstatt vertikal vorzugehen, wird er einen 30 Meter breiten Weg anlegen, fast eine Straße, die 100 Meter vor dem Brunneneingang beginnt, in einem Winkel von 45 Grad schräg nach unten führt und am Brunnenboden endet, dort, wo die Leichenteile liegen. Dann werden sie den Brunnenrand aufstemmen und das, was sie finden, herausholen.

Das Bauministerium (*Ministerio de Obras Públicas*, MOP) hat die Ausrüstung zur Verfügung gestellt: einen Schaufelbagger, zwei Lastwagen und einen Kipplaster für den Abtransport der ausgehobenen Erde. Gleich heute werden sie mit der Grabung beginnen.

27. Januar 2011

Schlechte Nachrichten: Zwei Kaltfronten hintereinander haben große Schäden angerichtet, vor allem im Landesinnern. Das MOP benötigt seine Maschinen. Ticas steht mit nichts da. In nur 24 Tagen ist es ihm gelungen, zehn von den insgesamt 55 Tiefenmetern voranzukommen. Er war glücklich, denn wenn er dieses Tempo beibehalten kann, wird er ganz sicher vor Wintereinbruch fertig sein. In El Salvador ist der Winter die ungünstigste Jahreszeit für die Exhumierung von Leichen. Man gräbt, der Regen überflutet, man pumpt ab, der Regen überflutet, man pumpt, deckt die Wände des Stollens mit Plastikfolie ab, und bevor man damit fertig ist, hat der Regen wieder alles überflutet. Schließlich hat das MOP der Staatsanwaltschaft versichert, dass die Maschinen nur ein paar Tage benötigt werden, für Instandsetzungsarbeiten und Wiederaufbau, und dass Turín sie danach wiederbekommt.

Februar, März, April, Mai, Juni, Juli, August, September, Oktober, November 2011

Das MOP hat kein einziges Gerät zurückgebracht. Seit fast einem Jahr ist es bei den zehn Metern geblieben. Ein Polizist bewacht seit neun Monaten einen Brunnen, den niemand freilegt. Neun Monate lang schützt sich ein Polizist unter einem Blechdach gegen die Sonne und die nächtliche Kälte und hält Totenwache vor dem tiefen Grab der Namenlosen. Die Bemühungen der Staatsanwaltschaft der Provinz Ahuachapán haben nicht dazu geführt, dass das Verteidigungsministerium die Ausrüstung, die das Bauministerium nicht herausgibt, Ticas zur Verfügung stellt.

Die Brunnenöffnung, die bisher lediglich mit Brettern abgedeckt war, ist jetzt mit Zement versiegelt.

Auf seiner Facebook-Seite hat Ticas geschrieben, dass er einen Schaufelbagger, einen Kipplaster und zwei Lastwagen benötige und sehr dankbar wäre, wenn ihm jemand diese Dinge leihen könnte, denn er brauche sie, um Leichen aus einem Brunnen in Turín zu bergen.

23. Dezember 2011

Einer der beiden Zeugen, die über das gesprochen haben, was am Boden des Brunnens liegt, ist El Niño von der Gang Hollywood Locos Salvatrucha. Dieser dreißigjährige Mann redet gerne. Er unterhält sich auch gerne mit Staatsanwälten, dann allerdings formeller, mit weniger schmückenden Adjektiven, weniger heraushängenden Gedärmen und weniger Blut. Er freut sich über den Besuch ehemaliger Mitglieder der Mara Salvatrucha, die er mit seiner Fähigkeit, ihnen bei Kerzenschein etwas vorzulesen, und mit seinen Kenntnissen über Hexer und Hexerei zu beeindrucken versucht und mit denen er sich an die Männer erinnert, die im Bandenkrieg gegen den Barrio 18 getötet wurden. Seit 2009 wohnt er auf diesem Grundstück gegenüber dem Polizeirevier von El Refugio. Er ist Kronzeuge im Prozess gegen Chepe Furia. Heute besucht ihn zum ersten Mal ein Journalist in seiner Hütte, vor der ein Polizist Wache steht, und wieder einmal bestätigt er seinen Ruf als großer Geschichtenerzähler.

Unser Gespräch dauert drei Stunden. El Niño erzählt mir, wie er 1994 in die Mara Salvatrucha aufgenommen wurde, wie sich sein Chef Chepe Furia zwischen seiner Rolle als Mafiaboss und der eines windigen Geschäftsmanns bewegt hat; er berichtet mir von einigen Morden, an denen er selbst beteiligt war, von anderen, deren Zeuge er war, und wieder anderen, von denen er gehört hat. Er spricht über Drogen, Schutzgelderpressungen, Gewaltandrohungen, Verrat, korrupte Polizisten und befreundete Richter. Er erklärt mir, wie ein Verrat eine ganze Gang zerstören kann. Seine eigene Gang habe seinen Bruder umgebracht, erzählt er. Sein Bruder, bekannt unter dem Namen El Cheje, ebenfalls Mitglied der Mara Salvatrucha, allerdings in einer anderen Gang als der, der El Niño angehörte, wurde ermordet, weil man irgendeinen Verdacht gegen ihn hatte, und danach versuchten El Chejes Mörder, auch El Niño zu beseitigen, um zu vermeiden, dass ein Killer durch die Gegend lief und Rache üben wollte. Sie hatten vor, ihn *abzuholen* – dieser Begriff ist bezeichnend, mehr als jeder andere in diesem Bericht –, aber es war El Niño, der sie beseitigte, indem er sie *abholte*.

Wenn ein Bandenmitglied dich »abholt«, geht er mit dir unter irgendeinem Vorwand an den Ort, an dem du ermordet werden sollst. Komm, wir gehen einen trinken, sagt er zu dir. Komm, wir besuchen den oder den. Komm, wir ermorden den oder jenen, die Waffe kriegst du später. Komm, wir gehen am Brunnen von Turín ein Pfeifchen rauchen.

Und während wir so über dies und das plaudern, kommt El Niño auch auf den Austausch von Bandenmitgliedern zu sprechen. Wenn ein Mitglied im Operationsgebiet seiner Gang ins Visier der Polizei geraten ist, wechselt er zu einer anderen Gang, in eine andere Region, wo er dann eine Zeit lang operiert. Er wird *abgekühlt*, sagt El Niño.

Auch sie hätten mit anderen Gangs Mitglieder ausgetauscht, sagt er, er selbst sei hin und wieder nach San Salvador gegangen. Aber wenn Mitglieder anderer Gangs zur Hollywood Locos Salvatrucha kämen, dann meistens deshalb, weil sie wüssten, dass sich auf ihrem Gebiet Brunnen befänden.

»Sie kommen hierher, weil sie wissen, dass hier in den Brunnen Leichen liegen. Und sie bringen *homeboys* mit oder *bichas* (Mitglieder rivalisierender Banden), die sie *abgeholt* haben, oder *homeboys*, die einen Deal versaut haben. Sie bringen sie hierher zu unseren Brunnen, weil wir eben diese Brunnen haben. Den Brunnen von Turín habe ich verraten. Der von Atiquizaya (einer benachbarten Gemeinde) war bis oben hin voll, den haben wir zugemauert. Den habe ich nicht verraten, weil das Schnee von gestern ist, die *homeboys*, die da liegen, sind tot und begraben, also was soll's. In dem von Turín, Scheiße … Ich selbst weiß von vier Leichen, die darin liegen.«

12. März 2012

»Mir sind die Hände gebunden. Wenn er nicht so tief wäre, könnte ich selbst mit Hacke und Schaufel arbeiten. Aber es geht nicht.«

Israel Ticas ist frustriert. Er kann nichts tun. Seit zwanzig Minuten geht er um den Brunnen herum und ruft: »Siehst du? Immer noch dieselben zehn Meter!« Er zeigt mit dem Finger auf die ausgehobene Wegstrecke, die schräg auf den Brunnenboden zuläuft. »Im Winter ist das Graben zu gefährlich. Das hab ich bei anderen Brunnen erlebt. Die Erde oben wird hart wie Stein, und alles rutscht nach unten und begräbt alles unter harter Erde und Wasser.«

Er setzt sich neben den Brunnen, mit dem Gesicht zur begonnenen Grabung. Tief unter ihm liegen die Leichen.

»Ich bin verzweifelt, enttäuscht. Wir, die Staatsanwaltschaft, haben alles versucht, um zu verhindern, dass die Täter straffrei ausgehen. Da unten liegen mehr als fünfzehn Leichen, da bin ich mir ganz sicher. Das sagen auch die Ermittler.«

Seit einem Monat steht Ticas ein Schaufelbagger zur Verfügung, den ihm die Streitkräfte geliehen haben – die Einzigen, die auf die Briefe des leitenden Staatsanwalts von Ahuachapán, René Peña, reagiert haben. Doch mit dem Bagger allein kann man nichts ausrichten. Ohne

Lastwagen muss der Bagger mit jeder Schaufel Erde 100 Meter weit fahren, um sie außerhalb der Baustelle zu entsorgen. Dann wieder zurück, immer hin und her. Das kostet zu viel Zeit und Benzin.

»Ich wiederhole es gerne«, sagt Ticas, als fände seine Bitte jetzt mehr Gehör als im ganzen vergangenen Jahr. »Ich brauche einen Kipplaster und zwei Lastwagen. Einen Kipplaster und zwei Lastwagen. Einen Kipplaster und zwei Lastwagen ... «

Erinnern wir uns: Vor einem Jahr, im Januar 2011, als Ticas alles hatte, was er brauchte, schaffte er es in nur 24 Tagen, zehn Meter auszuheben. Der Brunnen ist 55 Meter tief. Wenn man am 27. Januar die Maschinen nicht abgezogen hätte, wäre er, selbst wenn man einige unvorhergesehene Zwischenfälle mit einkalkuliert, vor rund zehn Monaten zu den Leichen vorgedrungen.

3. April 2012

»Hast du den Wassertrog neben dem Brunnen gesehen?«, fragt mich El Niño auf dem bewachten Grundstück, während er die Radieschen begutachtet, die er selbst gesät hat.

Tatsächlich, neben dem Brunnen von Turín steht ein Wassertrog. Ein Wassertrog, weitab von allem, ganz so, als hätte irgendwann irgendjemand hier auf dieser Parzelle gelebt, unter diesem Baum, und hätte Wasser aus dem Brunnen geschöpft, um seine Wäsche zu waschen.

Der Wassertrog ist die Bühne für die kleine Geschichte, die El Niño mir erzählt. Es ist die Geschichte eines Mordes, und wie alle derartigen Geschichten hat sie eine Vorgeschichte. In diesem Fall ist sie kompliziert, denn im Krieg der Banden gegeneinander gibt es Dinge, die von außen schwer zu verstehen sind. Zum Beispiel tötete El Niños Gang einmal einen Aufnahmekandidaten, weil er nicht die maskuline Form des Adjektivs *pedo* gebraucht hatte, um zu sagen, dass er *high* war, sondern *peda*, die feminine Form. Seine Freunde betrachteten das als eine schreckliche Beleidigung, denn ein Bandenmitglied hat männlich zu sein und sich männlich zu benehmen, und nur die rivalisierenden Gangs benehmen sich weiblich. Der Junge, der diesen sprachlichen Fauxpas begangen hatte, wurde auf der Stelle totgeprügelt. So etwas ist für Außenstehende nur schwer zu begreifen. Die Brunnen sind nicht nur voll von Opfern geplanter Morde, die der Mafia-Logik folgen. Viele Menschen, deren Leichen in den Brunnen liegen, wurden aus viel schlichteren, primitiveren Gründen ermordet: Kann ich töten? Ja. Kann ich die Leiche verstecken? Ja. Ist es schwierig, sie zu finden? Ja. Gilt Töten in meinen Kreisen als Beweis für Mut? Ja. Also tue ich es. Wenn ich oft töte, gewöhne ich mich daran, es wird ein Teil meines Lebens. Und so füllen sich nach und nach die schwarzen Brunnen ohne Boden.

Die Geschichte, die El Niño mir heute erzählt, ist die von Ronal Landaverde, einem Bruder von El Gringo, der, so vermuteten El Niño und seine Kollegen, der Gang Barrio 18 angehörte. Dennoch wollte Ronal unbedingt in die Hollywood Locos Salvatrucha aufgenommen werden. Er rauchte gerne mit ihnen einen Joint, und die Salvatruchos erlaubten es ihm, bis sie es ihm eines Tages nicht mehr erlaubten. Einfach so. Sie beschlossen, ihn *abzuholen* und mit ihm zum Brunnen von Turín zu gehen. Dort angekommen, merkten sie, dass keiner von ihnen eine Pistole bei sich hatte. Also benutzten sie den Trog als Folterbank und erdrosselten ihn mit einem aus Agavenblättern geflochtenen Strick. »Wir haben ihn nicht mit der Machete umgebracht, weil wir nämlich kein Blut im Brunnen wollten«, erklärt El Niño. Vernunft im Wahnsinn.

Ronal ist einer der vier Toten, die die Staatsanwaltschaft dank der Aussagen von El Niño und dem anderen Zeugen identifizieren konnte. Sechs der 43 Mitglieder dreier Gangs wurden mithilfe von Informanten im Oktober 2010 festgenommen und angeklagt. Doch wenn bis Oktober 2012 die Leichen nicht aus dem Brunnen geborgen werden können, müssen die Beschuldigten freigelassen werden, da das Gesetz vorschreibt, dass ein Urteil innerhalb von zwei Jahren nach der Anklage erfolgen muss. Aufgrund der Aussagen der ehemaligen Bandenmitglieder glaubt die Staatsanwaltschaft, dass noch mehr Leichen in dem Brunnen liegen, doch die Zeugen haben auch ausgesagt, dass gleich mehrere Gangs den Brunnen benutzt haben: Los Ángeles, Parvis, Hollywood, Acajutlas, Priding Gangsters, Fulton ...

25. Mai 2012

Ticas ist glücklich. Nach all dem Auf und Ab ist Ticas glücklich. Anfang April hatte man ihm die beiden Lastwagen und den Kipplaster zur Verfügung gestellt, doch Ende April hat man sie ihm wieder weggenommen. Wieder hatte er nur einen Schaufelbagger, mit dem er nichts anfangen konnte. Vor einer Woche dann die Überraschung: Die Briefe, die nie jemand zu bekommen schien, hatten Erfolg. Über das Maisfeld nähern sich ein weiterer Schaufelbagger, drei Kipplaster, ein Lastwagen und sogar ein Bulldozer zum Planieren der bereits ausgehobenen Strecke. Die Streitkräfte und das Bauministerium haben Ticas die Ausrüstung wieder zur Verfügung gestellt.

Der Winter steht vor der Tür, aber Ticas ist voller Zuversicht.

»Wir werden es schaffen, bevor sie freigelassen werden müssen. Vor Oktober sind wir durch.«

21. August 2012

Der Brunnen scheint so etwas wie eine Metapher für das Land zu sein. Je tiefer man gräbt, desto schlimmer wird es. Je mehr man auf eine Lösung der Probleme hofft, desto unlösbarer werden sie.

Der Brunnen wurde überflutet. Der Regen kam und hat Ticas' Brunnen überflutet. Als alle nötigen Geräte bereit standen, als nur noch 18 Meter fehlten, wurde »der verdammte Brunnen«, wie Ticas ihn nennt, überflutet.

Die Regenfälle haben die günstigen Berechnungen aus dem Sommer zunichtegemacht. In drei Monaten ist Ticas nur 27 Meter vorangekommen. Insgesamt also 37 Meter.

So ist es nun mal: Sobald ein Problem gelöst ist, tauchen andere auf. Ticas benötigt jetzt weiteres Gerät. Er hat nur das, was er vorher brauchte. Jetzt braucht er etwas, womit er das Wasser abpumpen kann.

Doch Ticas bleibt optimistisch. Er glaubt, dass er in sechs Wochen den Brunnen aufbrechen kann und die sechs Bandenmitglieder noch vor Oktober durch die DNA an den Leichen überführt werden. Er rechnet fest mit der Möglichkeit, noch weitere Leichen bergen zu können, denn angeblich, sagt er, habe ein Informant, der einer Bande von Entführern angehöre, gesagt, sie würden »da unten eine Überraschung erleben«.

29. August 2012

El Niño macht noch ein paar weitere aufschlussreiche Bemerkungen. Zum Beispiel sagt er, die Toten im Brunnen seien nicht verdurstet, »nicht an Austrocknung gestorben«. Dann wird er nachdenklich: »Stell dir vor, jemand hätte beschlossen, dort ein Haus zu bauen, und er hätte den Brunnen gesäubert!« Man fragt sich, wie viele solcher Brunnen es in diesem Land gibt, wie viele Leichen hinter wie vielen Maisfeldern den Boden düngen, wie vielen blutigen Geschichten die *jocote*-Bäume Schatten spenden.

3. September 2012

Vor einer Woche hat Ticas eine Wasserpumpe bekommen. Nachdem das Wasser abgepumpt war, ging es mit der Arbeit weiter, aber der Schlamm macht alles noch schwerer. Heute haben sie nur einen Meter geschafft. Es bleiben noch 17 Meter, und bis zum Prozess sind es nur noch sechs Wochen.

Ticas hat eine Technik entwickelt, mit deren Hilfe er und sein Team die Brunnenwand untersuchen können, die sie durchstoßen müssen. Sie wollen versuchen, wie Maulwürfe durch ein Loch zu den Leichen vorzudringen. Der Ermittler, der Protokoll darüber führen soll, was sie dort finden werden, der Techniker aus dem Labor, der die Leichenteile an sich nehmen soll, und Ticas selbst werden die Maulwürfe sein. Jeder wird sich ein farbiges Bändchen ums Handgelenk binden. Auf diese Weise, erklärt Ticas, »wird man uns schnell identifizieren können, wenn es zur Katastrophe kommt: das rote Bändchen ist Ticas, das gelbe der Ermittler und das blaue der Techniker«.

30. Oktober

Ticas ist mit etwas anderem beschäftigt. Mit anderen Leichen. Neulich hat er junge Männer aus Soyapango im Landesinnern und Frauen aus Santa Ana im Westen des Landes geborgen. In Turín haben Regenfälle alles unter Wasser gesetzt. Es war unmöglich, mit den Grabungen fortzufahren. Man hat zu spät damit begonnen, eine Lösung für das Problem zu suchen, und das Bauministerium und auch die Streitkräfte haben ihr Gerät wieder abgeholt.

Alles steht still, niemand wühlt die Erde über diesen Toten auf.

Die sechs Bandenmitglieder werden in den nächsten Tagen wohl wieder auf freiem Fuß sein, nachdem sie zwei Jahre lang im Gefängnis auf etwas gewartet haben, das nicht eingetreten ist.

Ticas fühlt sich wie zu Anfang: frustriert.

»Stell dir vor, wenn jeder, der rauskommt, einen oder zwei Menschen umbringt, wie viele Leichen wären das?«

Dann sagt er wieder, dass es ihm lieber gewesen wäre, wenn er es mit Hacke und Schaufel selbst hätte machen können.

Vielleicht sind wir ja genau das, ein Land mit Hacke und Schaufel, aber unfähig, tiefer zu graben und unsere Toten zu bergen.

Anfang Februar 2013

Der leitende Staatsanwalt der Provinz, Mario Jacobo, bestätigt, dass der Staat die vorläufige Einstellung des Prozesses gegen die Beschuldigten beantragt habe. Das sei eine Strategie, sagt er, um Zeit zu gewinnen und mit den Grabungen ein weiteres Jahr fortfahren zu können. Es sei gelungen, zwei der Leichen den sechs Bandenmitgliedern zuzuordnen, doch sie seien sich sicher, dass mindestens fünf Leichen, wenn nicht noch mehr, in dem Brunnen lägen. Er hoffe, dass sie noch in diesem Monat »die Stelle erreichen werden, die Ticas anvisiert«. Seit mehr als einem Jahr, könnte man hinzufügen.

Der Staatsanwalt nennt die vorläufige Einstellung »Strategie«, aber in der Welt der Juristen ist das gleichbedeutend mit »Einstellung ohne Wiederaufnahme«.

2. Februar 2013

In letzter Zeit berichten die Medien wieder über den Brunnen. Die Schlagzeilen lauten: »Im Brunnen von Turín zwanzig Leichen vermutet« oder »Grabungen am Brunnen von Turín fast beendet«. Die Meldungen behaupten etwas, das niemand mit Sicherheit sagen kann. Die Tiefe des Brunnens hat sich verändert. Jetzt geht man von nur 42 Metern aus, vielleicht weil der Schaufelbagger eine Wasserader getroffen hat und Wasser eingedrungen ist. Fehlten nach der letzten Messung noch 17 Meter bis zur Tiefe von 55 Metern, so sind es jetzt nur fünf Meter bis zu den 42 Metern.

In einem Zeitungsinterview wurde der Bauminister Gerson Martínez zu den Lastwagen befragt, die sein Ministerium Ticas zur Verfügung gestellt hatte. Er sagte:

»Das MOP steht in ständigem Kontakt mit dem Ministerium für innere Sicherheit.« Und weiter: »Damit will das MOP dazu beitragen, dass die Straflosigkeit in unserem Land bekämpft wird.«

27. Februar 2013

Gestern hat El Niño gegen 19 Mitglieder der Hollywood Locos Salvatrucha ausgesagt, von denen allerdings keiner mit den Leichenfunden im Brunnen in Zusammenhang gebracht wird. Er sagt, jetzt bleibe ihm nur zu hoffen, dass der Brunnen endlich aufgebrochen und ein Termin für den Prozess gegen die Angeklagten festgelegt werde, von denen niemand wisse, ob sie erscheinen würden und ob sie überhaupt gefasst werden könnten. Er sei es leid, sagt er, so oft vorgeladen und vernommen zu werden.

Übrigens hat er, auch wenn es unwichtig erscheint, zum ersten Mal die Decknamen der Angeklagten genannt: Danger, Maleante, Gallo Callejero, Patas. Er sagt, er wisse nicht, gegen wen der andere Zeuge sonst noch ausgesagt habe.

30. März 2013

Ticas sagt, ihm fehlten noch vier Meter bis zum Brunnenboden, nur vier Meter bis zu den 42 nach der neuesten Messung. Er stehe kurz vor dem Durchbruch und habe nur Angst, da unten zu sterben.

Die letzten sechs Meter ähneln mehr einem Sumpf als einem trockenen Loch. Nichts als Schlamm und Wasser. Zwar regnet es nicht mehr, aber dafür dringt Wasser von unten ein. Mehrere unterirdische Wasseradern sind aufgeplatzt, möglicherweise durch die Attacken des Schaufelbaggers.

Doch Ticas ist nach wie vor optimistisch. Er sieht Licht am Ende des Tunnels:

»Wir glauben, da unten liegt ein großer, schlanker Mann aus Santa Ana, den man zusammen mit seinem Laptop hineingeworfen hat.«

Jetzt lautet die These, dass die erste Leiche in einer Tiefe von 39 Metern liegt und die letzte von denen, die durch die »Maulwürfe« inzwischen identifiziert wurden, in einer Tiefe von 42 Metern. Und was sonst noch da drin liegt, sagt Ticas, wer weiß ...

Dies ist der Plan B oder C oder Z. Der einzig verbliebene: Von der Erdschicht, über die der Brunnen hinausragt, bis zu dem Loch, durch das man zu den Leichen gelangt, sind es acht Meter. Acht Meter, die überwunden werden müssen. Ticas wird nun von oben graben, von den über 30 Metern, und einen stufenartigen Tunnel von etwa fünf Metern Durchmessern anlegen, den man zu dem schwarzen Wasserloch hinuntersteigen kann. Dafür, sagt Ticas, wird die Staatsanwaltschaft ihm einen Taucheranzug besorgen, geliehen oder aus zweiter Hand. So könne er in den Leichensee hinabsteigen, in diese Suppe aus Schlamm und Knochen, die sich unter uns befindet.

1. April 2013

Ticas hat es immer noch nicht geschafft. Bis heute sind 805 Tage vergangen, seit die Strafbehörde den Brunnen entdeckt hat. Fast 28 Monate. Bis heute lässt sich zu dem Brunnen Folgendes sagen:

In dem Brunnen liegen Leichen. Vielleicht zehn, vielleicht zwölf, vielleicht sogar zwanzig. Bestimmt nicht weniger als vier. Wir befinden uns in der Gemeinde Turín im Westen El Salvadors. Man fährt über eine ungepflasterte Straße, an Bahngleisen entlang, an Lehmhütten vorbei, und dann, hinter einem Maisfeld, da gibt es einen Brunnen, und tief unten, auf dem Boden des Brunnens, liegen Leichen.

Der erbärmlichste aller Verräter

veröffentlicht am 8. Juli 2013

Ohne diese Mörder wären Hunderte von Mördern auf freiem Fuß. Ohne diese Vergewaltiger wären Hunderte von Vergewaltigern auf freiem Fuß. Die Kronzeugen, jene Verbrecher also, die gegen andere Verbrecher aussagen und denen der Staat im Gegenzug ihre Strafe erlässt, riskieren ihr Leben. Sie machen sich die beiden mächtigsten Banden des Kontinents zum Feind, und auf ihrer Seite steht nur ein Staat, der manchmal eher ein weiterer Feind zu sein scheint.

Es ist das letzte Zimmer ganz hinten. Die Eisentür steht einen Spalt breit offen. Der Himmel kündigt Regen an, und die schwüle Hitze, die von draußen hereindringt, ist wie ein weiterer Gast. Man spürt ihre Anwesenheit in jedem Winkel. Sie staut sich in dem winzigen Raum, der einmal Abeja beherbergt hat. Wer hätte gedacht, dass Abeja – der unentbehrliche Spitzel Abeja, der einen der meistgesuchten Verbrecher verraten hat – sich einmal in diesem Kabuff würde verkriechen müssen, um seine Haut zu retten?

Um zu diesem Zimmer zu gelangen, muss man sich in San Salvador in ein Auto setzen, die Hauptstadt hinter sich lassen, die Autobahn nehmen, in einer der Gemeinden an der Peripherie im Stau stecken bleiben, wieder auf eine Autobahn fahren, Richtung Chalatenango, der Grenze zu Honduras, die Autobahn verlassen, an einer Kreuzung halten, einen oder zwei oder auch drei Personen nach dem Weg fragen, bis einem jemand sagen kann, wie man zu der abgelegenen Gemeinde Agua Caliente kommt. Man fragt sich, ob der Wagen die Fahrt über diese staubige, steinige, mit vereinzelten Asphaltflecken gesprenkelte Straße aushalten wird. Man fährt zwischen den Hügeln des schmalen, aber eindrucksvollen salvadorianischen Nordens hindurch. Man wundert sich über den extravaganten, violetten Prachtbau im Walt-Disney-Stil, der mitten in der Landschaft auf einem Hügel steht. Man bezweifelt, dass diese Handvoll Häuser Agua Caliente ist, und fragt auf einem Seitenweg einen alten Bauern, der sich aber auch nicht sicher ist, das müsse weiter da vorn sein, sagt er. Man fährt weiter. Bis zu einem unauffälligen Schild, auf dem steht: »Willkommen in Agua Caliente«. Und weiter, es bleibt einem keine Wahl, immer weiter. Man fragt eine oder zwei oder drei Personen, bis einem jemand sagen kann, wo das Polizeirevier ist. Man begegnet mit einem Lächeln dem überraschten Blick des Ersten, Zweiten, Dritten, die ein Fremder fragt, wo das Polizeirevier ist. Man durchquert den kleinen Park, biegt links ab, dann immer geradeaus, begleitet von erstaunten Blicken und offenen Mündern, bis das Dorf im Dschungel endet. Man vermutet, dass eins dieser Landhäuser, an denen man soeben vorbeigefahren ist, die Polizeidienststelle sein muss. Umkehren. Fragen. Erstaunte Augen, offene Münder. Dann, in einem halb fertigen Gebäude, die Polizeidienststelle.

Das Maskottchen der Dienststelle, eine Schildkröte, kriecht vor dem Eingang hin und her, verschwindet, taucht wieder auf. Das aus Betonquadern bestehende Haus hat zwei Stockwerke und darauf ein drittes, noch nicht fertiges, ein Skelett, ohne Fenster, ohne Fensterrahmen, ohne Türen, ohne Farbe. Die Tür der Dienststelle steht offen. Man trifft eine freundliche Frau an, die einem einen guten Tag wünscht und auf die Frage, wo der Dienststellenleiter sei, zögernd antwortet: »Ich schau mal nach, wer Zeit für Sie hat.«

Zwanzig Minuten später kommt ein junger Polizist aus dem zweiten Stock herunter. Er sieht mich überrascht an und bittet mich in sein Büro. Ein stickiger Raum ohne Computer, an einer der Wände der äußerst begrenzte Stellenplan: Dienststellenleiter – Ansprechpartner – Erste Streife – Zweite Streife – Dritte Streife.

»Womit kann ich Ihnen dienen?«, fragt der junge Beamte.

»Ich habe gehört, dass ein gewisser Abeja in dieser Dienststelle festgehalten wurde und dass er fliehen konnte«, sage ich.

»Aaaah, ich dachte, die Medien in der Hauptstadt würden das nicht mitkriegen, so weit weg, wie wir hier sind ...«

»Wir haben die Nachricht erhalten, und ich wollte mir das mal näher ansehen. Eine heikle Sache, nicht wahr?«

»Ja, sehr unangenehm. Das hier ist nicht der geeignete Ort, um so einen Mann festzuhalten. Dafür ist laut Gesetz eigentlich die Hauptstadt zuständig.«

»Sie wussten also, gegen wen Abeja ausgesagt hat, nicht wahr?«

»Na ja ... Er war hier und ... Wir wussten nicht richtig darüber Bescheid, aber auf jeden Fall ist es unangenehm.«

»Und was erwartet nun so jemanden wie ihn, hier in dieser Gegend, nachdem er geflohen ist?«

»So jemanden wie ihn erwartet da draußen der Tod, nehme ich an.«

Der bekannte Teil der Geschichte

Es ist Sonntag, der 27. Mai 2012. Die Polizei hat alle Medienvertreter gebeten, sich so zahlreich wie möglich in El Castillo, der Polizeizentrale von San Salvador, einzufinden. Sie habe etwas Wichtiges mitzuteilen. Und wirklich, zwischen drei kräftigen Polizisten mit Gewehren und Wollmützen, die das ganze Gesicht bedecken, steht José Misael Cisneros, die Hände auf dem Rücken gefesselt. Der sechsunddreißigjährige Mann ist besser bekannt unter dem Namen Medio Millón (*Halbe Million*), und jeder, der in den letzten acht Jahren irgendeinen Bericht des polizeilichen Geheimdienstes über das organisierte Verbrechen zu Gesicht bekommen hat, wird bestimmt sein von Akne gezeichnetes Gesicht gesehen haben.

Medio Millón gehörte zu den ersten Leadern der Mara Salvatrucha in El Salvador, die auf der schwarzen Liste der Finanzbehörde der Vereinigten Staaten landeten. Das war am 5. Juni 2013. Inzwischen umfasst die Liste zehn Personen, da im April 2015 drei weitere Namen hinzugefügt wurden. Von allen Betroffenen ist Medio Millón der Einzige, der kein aktives Mitglied der MS ist. Medio Millón ist nur assoziiertes Mitglied, wurde aber nie in eine Gang der MS aufgenommen. Die anderen sind die wichtigsten Leader der MS in El Salvador: El Diablito de Hollywood, El Trece, Crook, Colocho de Western und El Viejo Pavas.

Medio Millón, der jetzt in El Castillo so unerschütterlich wirkt, war seit dem 14. September 2010, als eine Hundertschaft Polizisten ihn bei einer Operation um ein Haar gefasst hätte, auf der Flucht. Der Geheimdienst behauptete damals, er sei vorgewarnt worden. Die Polizei hatte großes Interesse daran, ihn festzunehmen, weil sie davon überzeugt ist, dass Medio Millón den Kokainhandel im Norden des Landes kontrolliert und sich dabei einer der zahlreichen Gangs der Mara Salvatrucha in El Salvador bedient, der Fulton Locos Salvatrucha, gegründet im Tal von San Fernando im Süden Kaliforniens. Die Polizei geht davon aus, dass diese Gang allein in Nueva Concepción, der Nachbargemeinde von Agua Caliente, bis zu 200 Mitglieder zählt.

Die Polizei gab ihre Ermittlungsergebnisse an die Staatsanwaltschaft weiter, und die erhob gegen Medio Millón, 18 Mitglieder der Fulton-Gang und drei Polizisten aus Nueva Concepción Anklage. Sie präsentierte auch drei Zeugen, die aussagten, von den Gang-Mitgliedern und den Polizisten auf Befehl von Medio Millón beinahe umgebracht worden zu sein. Darüber hinaus präsentierte die Staatsanwaltschaft ein ehemaliges Gang-Mitglied als Kronzeugen, dem sie zugesichert hatte, keine Anklage gegen ihn zu erheben, wenn er erzählen würde, auf welche Weise seine ehemaligen Kollegen und die Polizisten getötet hatten und wie Medio Millón sie dafür bezahlt hatte. Das Sondergericht von San Salvador hörte sich alles an und kam zu dem Schluss, dass es keine hinreichenden Beweise gebe und die Angeklagten noch am selben Tag, dem 18. September 2012, freizulassen seien.

Doch die Staatsanwaltschaft blieb nicht untätig und Medio Millón nicht lange auf freiem Fuß. Sie hatte ihr Pulver noch nicht verschossen und präsentierte weitere Beweise gegen Medio Millón. Sie beschuldigte ihn, Verbindungen zu den Mitgliedern der Fulton Locos Salvatrucha zu haben, und legte 47 Mitgliedern dieser Gang zahlreiche Morde zur Last. Einige dieser Morde, führte die Staatsanwaltschaft an, seien mit einer Waffe verübt worden, die ein Gang-Leader namens El Simpson von Medio Millón bekommen habe. Das behaupte ein weiterer Kronzeuge, der bereit sei, gegen die Fulton-Gang auszusagen. Und wieder brachte die Staatsanwaltschaft Medio Millón vor Gericht, und das Sondergericht in San Salvador, das festzustellen hat, ob ausreichende Verdachtsgründe für die Aufnahme eines Prozesses vorliegen, kam am 5. Juni dieses Jahres zu dem Schluss, dass ausreichende Beweise vorlägen, und ordnete die Aufnahme eines neuen Prozesses an. Von da an lief alles gut, und Medio Millón war auf dem besten Weg zu einer Verurteilung. Alles lief gut, weil der salvadorianische Staat jenen Mann nicht aus den Augen ließ, den die Finanzbehörde der Vereinigten Staaten eine Woche zuvor auf eine Liste mit den meistgesuchten Verbrechern gesetzt hatte, deren Verfolgung sie höchste Priorität einräumte. Alles lief gut, weil die Staatsanwaltschaft einen jungen Mann hatte, ein ehemaliges Bandenmitglied, das bereit war, alles zu erzählen und zu erklären, wie die Morde verübt wurden, zu beschreiben, wie Medio Millón mit einem Leibwächter in einem Pick-up zu einem Gehöft gekommen sei und El Simpson eine Kalaschnikow übergeben habe. Alles lief gut, weil der salvadorianische Staat Abeja hatte.

Der unbekannte Teil der Geschichte

»Und wo ist die Zelle, in der Sie die Delinquenten einsperren?«, frage ich den jungen Beamten der Polizeidienststelle von Agua Caliente.
»Nein, nein«, wehrt er ab. »Ich meine, hier gibt es keine Zelle, wir haben nur das Zimmer da hinten für Penner, die sich geprügelt haben, oder für die, die schwerere Delikte begangen haben wie Raub oder Schutzgelderpressung und die wir ein oder zwei Tage hierbehalten, bevor sie nach Nueva Concepción gebracht werden. Das Revier da ist größer, und es gibt auch eine Zelle.«

Der kleine, stickige Raum ganz hinten im Erdgeschoss der Polizeidienststelle von Agua Caliente.

»Und was hat Abeja in dem Zimmer gemacht?«, frage ich.

»Er war da eingesperrt«, sagt der Polizist.

»Wie lange war er da eingesperrt?«

»Rund fünfzehn Monate.«

»Und Sie haben ihn keinen Moment rausgelassen?«

»Nein, wenn er eine Limonade wollte, zum Beispiel, hat er das gesagt, und wir sind in den Laden gegangen und haben sie ihm besorgt. Aber er hatte ja fast nie Geld, und darum hat er uns fast nie darum gebeten.«

Ende 2011 kam Abeja, ein etwa zwanzigjähriger Mann, in die Staatsanwaltschaft von Chalatenango, und aus irgendeinem Grund, der nicht aus dem Protokoll hervorgeht, das die zuständigen Beamten angefertigt haben, sagte er aus, er sei Mitglied der Fulton Locos Salvatrucha. Seine Gang erpresse Schutzgelder, töte und handle mit Drogen in den Provinzen San Miguel, Santa Ana, Sonsonate und Chalatenango. Er verriet den Beamten verschiedene Geheimnisse, die auf 63 Schreibmaschinenseiten festgehalten wurden: »Raubüberfall auf der Calle Vieja«, »Mord auf der Plaza Don Yon«, »Der Fall Carmen Guerra«. Die Staatsanwälte waren überzeugt, dass das, was Abeja ihnen erzählte, ausreichen würde, Medio Millón sowie 47 Bandenmitglieder hinter Gitter zu bringen. In ihrem Bericht schreiben sie: »Die Beweise gründen auf den Aussagen des Kronzeugen, der unter dem Namen ›Abeja‹ ins Zeugenschutzprogramm aufgenommen wurde.«

»Und bekamen Sie Verstärkung, als Abeja zu Ihnen auf die Wache gebracht wurde?«, frage ich den Polizisten.

»Es gab keine Verstärkung. Die Leute der Einheit, die ihn bei uns abgeliefert hat, haben sich nicht mehr an ihn erinnert. In den darauffolgenden Monaten hat sich jedenfalls keiner hier blicken lassen.«

Wenn der salvadorianische Staat den Eindruck hat, dass ein geständiger Verbrecher glaubwürdig ist und die Geheimnisse, die er verrät, der Überprüfung standhalten, nennt er ihn nicht länger »Verbrecher«, sondern »Kronzeuge«. Er verfolgt ihn nicht mehr strafrechtlich, weil er ihn von nun an braucht. Der Zeuge wird nicht ins Gefängnis gebracht, sondern zur UTE, der Unidad Técnica Ejecutiva del Sector Justicia (*Technische Justizvollzugseinheit*), wo man ihm anbietet, ihn in ein Zentrum für Leute wie ihn zu bringen, Leute, die gemeinsam mit anderen Bandenmitgliedern Straftaten verübt und ihre Komplizen dann verraten haben. Man bietet ihm an, ihn für die Dauer des Prozesses, in dem er seine Aussagen vor einem Richter wiederholen muss, unter Polizeischutz zu stellen und ihm Essen und ein Dach über dem Kopf zu geben. Wenn der Mann aber beschließt, nicht in solch ein Zentrum zu gehen, verspricht ihm die UTE einen Lebensmittelkorb pro Monat, und der Mann bleibt in den Händen der Polizei und der Staatsanwaltschaft. Letzteres war bei Abeja der Fall.

»Und was hat Abeja gegessen?«, frage ich den Polizisten.

»Soviel ich weiß, haben sie ihm in fünfzehn Monaten nur ein Mal den Lebensmittelkorb geschickt. Manchmal haben wir ihm was von unserem Essen abgegeben. Manchmal hat er einen oder zwei Tage gar nichts gegessen.«

Für die Beamten der Dienststelle von Agua Caliente war der Zeuge, von dem der Prozess gegen den berühmt-berüchtigten Medio Millón abhing, eine Belastung. Nicht nur, dass sie ihm etwas von ihrem Essen abgaben, wenn sie mit dem Mann, der in seinem Kabuff Hunger litt, Mitleid hatten, sie konnten sich auch nicht in der oberen Etage auf die faule Haut legen. In der Dienststelle von Agua Caliente gibt es dreizehn planmäßige Beamten, von denen der ranghöchste ein Cabo ist. Doch eigentlich sind es nur fünf. Zurzeit versehen vier Beamte ihren Dienst in einer anderen Einheit, vielleicht beaufsichtigen sie irgendeine Autobahnbaustelle oder eine Exhumierung ganz in der Nähe. Vier weitere Beamte haben gerade Urlaub. Bleiben fünf, die sich auf zwei Schichten verteilen. Sie fahren Streife, nehmen Anzeigen entgegen oder ruhen sich im oberen Stockwerk aus, verschließen Augen und Ohren. Als Abeja hier war, mussten sie aber mit einem Ohr auf den hungrigen Mann achten, der in dem Kabuff im Erdgeschoss saß.

Am 17. Januar 2013 kam eine Frau in das Büro der PDDH, der Procuradería para la Defensa de los Derechos Humanos (*Amt zur Ver-*

teidigung der Menschenrechte), in Chalatenango. Das Gute an dieser staatlichen Institution ist es, dass dort jeder Furz, der durch ihr Büro weht, schriftlich festgehalten wird. Über den Besuch der Frau heißt es: »Eine Frau, die ihren Namen nicht nennen wollte, wurde vorstellig und gab an, dass ein Angehöriger von ihr in der Polizeidienststelle von Agua Caliente – d.h. in dem Kabuff – in Haft gesessen habe, inzwischen jedoch entlassen worden sei. Sie mache sich nun aber Sorgen um einen jungen Mann, der ebenfalls dort festgehalten werde. Sie habe den beiden Gefangenen Essen gebracht, aber da ihr Angehöriger sich inzwischen wieder auf freiem Fuß befinde, tue ihr der junge Mann leid, denn er habe offenbar niemanden, der ihm Essen bringe, und müsse wohl noch länger in dieser Zelle – d.h. in dem Kabuff – bleiben.«

Am nächsten Tag fuhren der Beamte der PDDH, der das Protokoll aufgenommen hatte, und der Justitiar zur Polizeidienststelle von Agua Caliente und nannten dem Beamten den Namen des jungen Mannes. Denn auch wenn wir den Zeugen weiterhin Abeja nennen, kennen die Frau, der Beamte der PDDH und der Justitiar seinen vollständigen Namen, der auch in besagtem Bericht erwähnt wird. Das Einzige, was Abeja zu dem Beamten und dem Justitiar sagte, war, dass er der Frau dankbar sei.

»Aber Sie wussten, wie wichtig dieser Zeuge war, was und gegen wen er ausgesagt hatte? Wie konnte er unter diesen Bedingungen hier bleiben wollen?«, frage ich den jungen Polizisten.

»Wir wussten, was das für ein Zeuge war. Wir wussten, dass er es bald leid sein würde, aber wir konnten nichts tun.«

Der Teil der Geschichte, der uns nicht gefällt

Abeja ist nicht der Einzige. Das ist das Schlimmste: Abeja ist nicht der Einzige. Es gibt viele wie ihn. Sie alle sind Verbrecher, die wir brauchen. Sie sind ein wichtiger Treibstoff für das Rechtssystem von El Salvador, von ganz Zentralamerika. Jedes Jahr muss die UTE mehr als tausend Personen betreuen. In den sieben Jahren, seit das »Gesetz zum Schutz von Opfern und Zeugen« in Kraft trat, wurden tausend Personen in dieses Schutzprogramm aufgenommen: Verbrecher, die ihre kriminellen Organisationen verraten haben, um nicht ins Gefängnis zu wandern und ein neues Leben beginnen zu können, oder Personen, die Opfer eben dieser Organisationen geworden sind. Die Betreuung all dieser Leute, die auf so unterschiedliche Weise mit der Gewalt, die das Land erstickt, in Berührung gekommen sind, schließt alles mit ein, von Toilettenpapier bis Milch für Kleinkinder. Die Mehrheit dieser Leute hat, laut den Zahlen der UTE, einen Mord beobachtet oder wurde beinahe selbst zum Opfer.

Ein kleiner Prozentsatz der Betreuten sind Kronzeugen. Mehr als fünfzig Personen pro Jahr sind Verräter, Verbrecher also, die sich entschließen, ihre ehemaligen Freunde zu denunzieren. Einige von ihnen willigen ein, in die dafür vorgesehenen Schutzhäuser zu gehen; andere, wie zum Beispiel Abeja, ziehen es vor, das nicht zu tun. Und viele bekommen nie den Status eines Kronzeugen, sie bleiben in den Polizeidienststellen, während sie Informationen weitergeben, eingesperrt in Zellen oder winzigen Räumen, halb Gefangene, halb geschützte Zeugen. Um als Kronzeuge anerkannt zu werden, muss ein Richter einer solchen Maßnahme zustimmen. Und wie Mauricio Rodríguez, der Leiter des Zeugen- und Opferschutzprogramms der UTE, erklärt, können Monate vergehen, bis eine Person, die sich zum Verrat entschließt, als Kronzeuge anerkannt wird. Solange ein Richter nicht zustimmt, kann die UTE nichts für diese Person tun. Die Kronzeugen genießen einen besonderen Status unter denen, die ins Schutzprogramm aufgenommen werden. Einerseits sind es – häufig grausame – Verbrecher, andererseits Menschen, die mit dem, was sie aussagen, ihr Leben riskieren. Das wird im Folgenden noch deutlich werden.

Viele Menschen freuen sich, dass Viejo Lin (*Der alte Lin*), der Leader der Sektion Süd des Barrio 18, hinter Gittern sitzt, aber nur wenige erinnern sich an Luis Miguel, den Kronzeugen, der ihn verraten hat. Viele Salvadorianer werden erleichtert sein, dass El Chino Tres Colas

(*Der dreischwänzige Chinese*), ein weiterer Leader dieser Gang, zusammen mit Viejo Lin im Knast sitzt, aber nur wenige wissen etwas über Zeus, Apolo, Orión, Aries und Neptuno. Landesweites Aufsehen erregte der Prozess gegen die dreizehn Bandenmitglieder, bekannt als Los Embolsadores (*Die Einsacker*), die angeklagt waren, 22 Menschen in Sonsonate ermordet, zerstückelt und in schwarzen Müllsäcken »entsorgt« zu haben; aber niemand dankte Rául und Zafiro und Topazio dafür, dass sie das Massaker von Las Pilatas aufgeklärt hatten, oder Daniel, weil er verraten hatte, wie die Gang Los Sicarios (*Die Killer*) im Osten des Landes operierte, zum Teil mit der Unterstützung von Polizisten. Am Montag, dem 28. Mai 2012, sah ein Großteil der salvadorianischen Bevölkerung in den Fernsehnachrichten, wie Medio Millón mit auf dem Rücken gefesselten Händen der Presse vorgeführt wurde, aber niemand sah, wie Abeja in einem winzigen Raum in der Polizeidienststelle von Agua Caliente Hunger litt.

Mörder, Vergewaltiger, Folterer. Zeugen, Aussagewillige, Denunzianten. Nur wenige verstehen diese Zwiespältigkeit so gut wie Israel Ticas, der einzige Gerichtsmediziner der Staatsanwaltschaft des Landes, der Tote aus der Erde holt. Von 2000 bis heute hat Ticas 703 Leichen geborgen.

Es ist schwierig, einen Ort zu finden, um mit Ticas zu reden. Er will mir erzählen, was er zu erzählen hat. Wir sitzen in einem Restaurant in der salvadorianischen Hauptstadt, und die Filmmusik des Zeichentrickfilms, der im Fernsehen läuft, wird nicht gerade die geeignete Begleitmusik sein.

Zuerst die Zahlen. Kalt, düster: Auf die meisten der 703 Leichen ist Ticas dank der Aussagen eines Kronzeugen gestoßen. Aus zwölf Brunnen, in die Ticas hinabgestiegen ist, hat er 27 Leichen geborgen. Acht dieser Brunnen hat er entdeckt, weil Nachbarn sich über den Gestank beschwert hatten oder beobachtet haben wollten, wie ein paar Männer ein großes Bündel in das Loch geworfen hatten. Auf vier der Brunnen ist er durch die Aussagen eines Kronzeugen gestoßen. Dank der Aussagen von Kronzeugen hat Ticas 16 der insgesamt 27 Leichen aus den 12 dunklen Löchern geborgen.

Jetzt seine Worte. Vielleicht der schlimmste Teil.

»Ticas, von allen Exhumierungen, die du dank der Aussagen von Kronzeugen durchführen konntest, welche davon war für dich die schrecklichste?«

»Einmal habe ich einen fünfjährigen Jungen und ein achtjähriges Mädchen herausgeholt. Laut den Aussagen des Zeugen hatten fünfzehn Männer das Mädchen vergewaltigt, mit dem Versprechen, dafür den kleinen Bruder am Leben zu lassen. Sie haben sie vergewaltigt und danach beide ermordet. Das war in Ateos, 2006. Als ich die kleinen Körper fand, hielten sie sich eng umschlungen.«

»Und hast du Reue bei den Zeugen gespürt, die dir so etwas erzählt haben?«

»Nein, sie waren völlig ruhig. Das erstaunt mich am meisten bei diesen Schweinen. Keinerlei Schamgefühl. Ich erinnere mich an einen Typen in Tonacatepeque, der später an Aids gestorben ist. War ein richtig netter Kerl geworden nach seiner Erkrankung. Die Leiche seiner Frau lag ganz oben im Brunnen. ›Hast du deine Frau getötet?‹, hab ich ihn gefragt. ›Ja‹, sagte er, ›die Mara hat gemeint, sie wüsste zu viel. Als wir vor dem Brunnen standen, hab ich zu ihr gesagt, sie müsste sterben. Da hat sie mich bekniet, hat gebettelt, ich sollte ihr gestatten, sich wenigstens von unseren drei Kindern zu verabschieden. Also sind wir nach Hause gegangen, und sie hat jeden auf die Stirn geküsst. Dann hab ich sie wieder zurück zum Brunnen geschleift, und sie hat mich angefleht, ich sollte sagen, ich hätte sie getötet, sie würde das Land verlassen. Ich hab zu ihr gesagt, Befehl ist Befehl, und dann hab ich ihr die Kehle durchgeschnitten, hier, gleich neben dem Brunnen, und dann hab ich die Leiche im hohen Bogen in den Brunnen geworfen.‹ So hab ich sie gefunden, ganz oben auf einem Berg von neun Leichen. ›In ihrer Vagina steckt ein Messer‹, sagte der Zeuge noch zu mir. Und genau so war es.«

»Erhältst du psychologische Bertreuung?«

»Nein, nichts.«

»Und wie denkst du über die Kronzeugen, Ticas?«

»Sie sind wichtig für meine Arbeit. Sie sagen mir, was ich da unten finden werde, was passiert ist. Sie sind sehr wichtig für mich. Ich habe mit dreißig Zeugen gearbeitet, die mich mit Details versorgt haben, und ich überprüfe dann, ob das stimmt. Wenn ja, dient es als Beweis für den Tathergang. Darum sind diese Zeugen so wichtig.«

Nur wenige könnten zuerst die Geschichte des achtjährigen Mädchens erzählen und dann darüber sprechen, wie wichtig die Kerle, die sich an dem, was dem achtjährigen Mädchen geschehen ist, beteiligt haben, für die Aufklärung des Falles sind. Doch Ticas versteht dieses Land wie sonst kaum jemand. Einer der Vergewaltiger des Mädchens kam frei, vierzehn sitzen hinter Gittern. Ticas versteht dieses Land viel besser als die meisten von uns.

Im Restaurant spielt immer noch die Musik zu dem Zeichentrickfilm.

Der Teil der Geschichte, der ihnen nicht gefällt

Ein anderes Restaurant, ein anderes Gespräch. Mir gegenüber am Tisch sitzt ein Ermittler, ein einfacher Polizist, der schon für verschiedene Abteilungen gearbeitet hat. Er war an mehreren Aktionen gegen Banden beteiligt, denen sie durch die Informationen von Kronzeugen auf die Spur gekommen waren. Seine Arbeit ist zum Teil nur durch diese Zeugen möglich. Sie verraten, er nimmt fest. Ohne die Zeugen hätte er in so manchen Phasen seines Polizistendaseins nicht sehr viel zu tun gehabt.

»Wenn ich sie nur reden höre, krieg ich Durchfall«, sagt er über die Kronzeugen, für die er kein Wort des Dankes übrig hat. »Das sind Arschlöcher, die den Polizisten mächtig auf die Eier gehen. Türmen aus den Schutzhäusern, wann sie wollen. Es gab schon Fälle, da haben sie aus diesen Häusern heraus Leute erpresst. Vor zwei Wochen ist wieder einer abgehauen. Hat angerufen und gesagt, er würde zurückkommen, aber nur, wenn die Staatsanwaltschaft ihm seine Frau bringen würde. Verdammtes Arschloch. Ich werd meine Zeit nicht damit vergeuden, mich um diesen Saukerl zu kümmern.«

Polizisten reden nicht gerne über diese »Kriminellen, die ihren eigenen Arsch retten wollen«, wie dieser Ermittler sagt. Nicht einmal im offiziellen Rahmen. Zwei Wochen lang habe ich die Informationsabteilung der Polizei gebeten, mir jemanden zu nennen, der bereit wäre, mit mir über dieses Thema zu sprechen. Nach mehreren misslungenen Versuchen, eine dafür geeignete Person zu finden, wurde mir mitgeteilt, dass es leider nicht möglich sei. Das Thema sei zu heikel, und niemand aus der Chefetage wolle mit mir darüber reden, schon gar nicht, wenn dabei der Fall Abeja zur Sprache käme.

Viele Kronzeugen haben das Problem, dass ihre Gangs häufig an Verbrechen gegen Polizisten beteiligt waren. Mit anderen Worten, die Polizisten, die sie bewachen, hassen sie abgrundtief. Andere Zeugen decken die Verbindungen von Polizisten zu kriminellen Organisationen auf, wie zum Beispiel die, die – noch vor Abeja – versuchten, Medio Millón mit ihren Aussagen hinter Gitter zu bringen, die dann aber vom Gericht als nicht ausreichend abgelehnt wurden. Auch diese Zeugen bekommen den Hass ihrer Wärter zu spüren.

Angesichts der Tatsache, dass die Polizisten die Zeugen kennen und täglich mit ihnen zu tun haben, ist ihre angebliche Anonymität ein schlechter Witz. Ihnen Decknamen zu geben ist häufig reine Formsache, mehr nicht.

Während eines stundenlangen Gesprächs in Ahuachapán, das ich mit dem Kronzeugen Liebre (*Hase*), einem Killer der Mara Salvatrucha, in seiner von einem Polizisten bewachten Hütte geführt habe, enthüllte er mir selbst den Decknamen, den er innerhalb der MS hat, dazu den Namen seiner Gang und gestattete mir, sie in meinem Bericht zu nennen. Liebre ist El Niño von der Gang Hollywood Locos Salvatrucha, der Killer der Gang von Chepe Furia. Als ich El Niño fragte, ob es ihn nicht störe, wenn ich seinen Decknamen veröffentlichen würde, antwortete er, dass ihm das völlig egal sei. Ein Kommando aus Bandenmitgliedern und ehemaligen Soldaten versuchte, El Niño in seinem Schlupfwinkel zu ermorden, wurde jedoch von Polizisten der Region festgenommen. Inzwischen ist ein Angehöriger jenes Kommandos ebenfalls Kronzeuge der Staatsanwaltschaft, die ihm zugesichert hat, ihn nicht wegen »Beteiligung am versuchten Mord an einem anderen Kronzeugen des Staates« zu belangen.

El Niño erhielt sogar telefonisch Morddrohungen aus der Strafvollzugsanstalt in Ciudad Barrios. Ihm hätten, so erzählt er mir, Polizisten aus der Region angeboten, gegen Geld einen Mord zu begehen, doch er glaube, dass es sich nur um eine Falle handle. Man wolle ihn unter einem Vorwand aus seiner Hütte locken, um ihn dann zu ermorden. Dank El Niño wurde José Antonio Terán, genannt Chepe Furia, zu 22 Jahren Gefängnis verurteilt, ein Mann, der nach Erkenntnissen des Ministeriums für Justiz und innere Sicherheit vom einfachen Bandenmitglied zum Mafiaboss aufgestiegen war. El Niño sagte aus, er habe gesehen, wie Chepe Furia und zwei weitere Leader der Gang mit Rambito davongefahren seien. Samuel Trejo, genannt Rambito, 23 Jahre alt, Gemüsehändler in Ahuachapán, Eintreiber von Schutzgeldern für die Hollywood-Gang, war Hauptzeuge der Anklage gegen Chepe Furia gewesen, bevor seine Leiche mit Folterspuren im November 2009 gefunden wurde. In diesem Fall, in dem die Staatsanwaltschaft noch ermittelt, werden zwei Polizisten beschuldigt, Rambito den Bandenchefs übergeben zu haben, sodass diese ihn ermorden konnten. El Niños Schlupfwinkel befindet sich in dem Bezirk, in dem diese Polizisten jahrelang tätig waren und sich auch ihre besten Freunde innerhalb der Organisation aufhalten. Außerdem soll El Niño noch in einem Prozess gegen weitere 33 Bandenmitglieder aussagen.

El Niño lebt zwischen Polizisten, die ihn zutiefst hassen, mitten in eben dem Gebiet, das von der Gang, die er fast zerstört hat, beherrscht wird, obwohl der genaue Ort, an dem er sich versteckt hält, unter der Kontrolle des Barrio 18 steht. Seine Situation ist, wie wir im Folgenden sehen werden, nicht sehr viel anders als die, in der sich Abeja befand.

Heute hängen schwarze Wolken über der Gegend. El Niño kauert in seiner Hütte, vor dem ausrangierten Autoreifen, der als Tisch dient für den Kaffee und das süße Brot zu einem Dollar, das uns seine Frau gebracht hat.

Ich frage ihn, was aus seinem früheren Leben er am meisten vermisse. Leguane jagen und Flusskrebse fangen, ist seine Antwort. Und was würde er am liebsten tun, wenn er ein freier Mann wäre? Mit seinem Töchterchen im Park spazieren gehen (mit diesem zweijährigen Mädchen, das uns aufmerksam beobachtet und darauf wartet, gefüttert zu werden und eine der gekochten *chayotes* mit Salz und Zitrone zu bekommen, die ihre Mutter ebenfalls auf den Autoreifen gelegt hat). Das würde El Niño am liebsten tun, wenn er frei wäre. Denn auch wenn er nicht im Gefängnis sitzt, fühlt er sich doch gefangen. Er weiß, dass sie ihn töten wollen, weil er ausgesagt hat, und die kleine Hütte, in der er lebt, ist, wie er sagt, »nur ein goldener Käfig«.

Liebre kann es bald nicht mehr hören, dass der Staat ihm seine Gefängnisstrafe erlassen hat. Drei Jahre ist er jetzt Kronzeuge. Mit seinen Aussagen hat er die wichtigsten Leader der Gang und Dutzende ihrer Killer hinter Gitter gebracht. Er weiß, dass ohne seine Hilfe weder Chepe Furia, Liro Jocker, El Extraño oder El Maniático noch er selbst verurteilt werden könnte, denn das Einzige, was der Staat gegen sie in der Hand hat, sind seine Aussagen. El Niños Situation ist der des Zeugen Abeja sehr ähnlich.

Liebre denkt nach, bevor er antwortet. Er spricht den typischen Jargon seiner Gang, doch das, was er sagt, ist das Ergebnis reiflicher Überlegung. In solchen Momenten erstarrt er wie eine Statue, bevor er gestenreich antwortet.

»Wie hat der Staat dich behandelt?«, frage ich ihn.

»Beschissen. Sie schmieren dir Honig ums Maul, aber du musst die Bullen hier um etwas Geld anbetteln, damit du dir Tortillas kaufen kannst. Nur einmal hat mir die UTE ein Paket geschickt. Das war, als die Kleine geboren wurde: Kleidung, Schuhe, Fläschchen, Handtücher, Windeln, so was in der Art, das Nötigste. Das war das einzige Mal. Damit ist es jetzt vorbei, denn sie ist kein Baby mehr. Nicht mal ein Kleidchen konnte ich für meine Tochter kaufen. Da draußen würde ich problemlos 40 Dollar am Tag machen.«

»Und wenn deine Kleine krank wird?«

»Medizinische Versorgung? Fehlanzeige. Ich bin auf mich allein gestellt. Als meine Tochter krank geworden ist, musste ich 20 Dollar an eine Klinik in Ahuachapán zahlen. Fünf Dollar hat mir ein netter Polizist gegeben. Als sie einmal ins Krankenhaus musste, hat mir ein anderer fünf Dollar geschenkt. Das war alles, was ich hatte, als die Kleine entlassen wurde.«

»Und was fehlt dir außerdem noch?«

»Ich hab keine Schuhe, keine Kleidung. Alles, was ich habe, hab ich geschenkt gekriegt. Einmal hat mir die Staatsanwaltschaft Kleidung gekauft, gebrauchte natürlich. Ich glaube, es wär besser gewesen, sie hätten mich selbst machen lassen, dann würd ich besser klarkommen. Manchmal ist Milch in dem Korb, den mir die UTE schickt. Mir hat man versprochen, dass ich neun Dollar am Tag kriege. Einmal kam ein Korb, aber es waren keine Bohnen drin.«

Der monatliche Lebensmittelkorb der UTE ist alles andere als luxuriös: vier Pfund Bohnen, vier Pfund Reis, Nudeln, Soßen, Salz, Zucker, Öl, Toilettenpapier, Seife, Zahnbürste.

Rodríguez, der Beamte der UTE, weiß das, aber er ist daran gewöhnt, denn er muss jedes Jahr mit der Verwaltung des Mangels kämpfen. Der Jahresetat der UTE beläuft sich auf rund vier Millionen Dollar, doch das ist sehr wenig, um für mehr als tausend Leute zu sorgen, Dutzende von Polizeibeamten zu bezahlen, die die UTE zum Schutz der Häuser und Zeugen benötigt, die monatlichen Lebensmittelkörbe zu schicken und einige der Kronzeugen oder normalen Zeugen, die ein angemessenes Haus für sich und ihre Familie verlangen, zufriedenzustellen.

»Es gibt Leute, für die wir ein Haus für 500 Dollar mieten müssen, weil sie das verlangen«, erklärt Rodríguez. »Manchmal muss ich hinter den Ärzten herrennen und sie um Milch anbetteln.« Ganz zu schweigen von den schwierigen Monaten, wenn die Abgeordneten sich nicht auf den Staatshaushalt einigen können. »Das ist die Hölle«, sagt er, »dann können wir nicht mal die Mieten bezahlen und müssen zusehen, wo wir das Geld für die Lebensmittelkörbe herkriegen.« Einmal hat ihn ein Beamter der Strafvollzugsbehörde der Vereinigten Staaten, die dort auch für das Zeugenschutzprogramm zuständig ist, über die Sachlage informiert, erinnert er sich. Der Beamte erklärte Rodríguez, dass das Programm in den Vereinigten Staaten vorsehe, den Zeugen und seine Familie in einem anderen Bundesstaat unterzubringen, ihm während der Eingewöhnungsphase für mindestens ein Jahr eine Berufsausbildung zu ermöglichen, für Unterbringung und Verpflegung zu sorgen, ihm ein monatliches Gehalt zu zahlen und ihm eine neue Identität zu verschaffen. Rodríguez musste lachen, als er sich vorstellte, wie es wäre, wenn er über derartige Mittel verfügte. Hier, in El Salvador, verbietet es das Gesetz der UTE, den Zeugen Bargeld auszuhändigen; sie kann niemandem zu einer neuen Identität verhelfen, und nur in ganz besonderen Fällen wird der Zeugenschutz über den Strafprozess hinaus verlängert. Meistens heißt es: Endet der Prozess, endet der Zeugenschutz. Schluss auch mit dem monatlichen Lebensmittelkorb, der, wie bei Abeja, ohnehin nur selten kommt.

»Sie müssten mal so ein Schutzhaus sehen, und was wir uns einfallen lassen, um die Kosten zu senken! Wir bauen Gemüse auf den Dächern der Häuser an, kaufen ihnen Kinderplanschbecken aus Plastik, damit sie Tilapias halten können. Wir machen einfach alles«, sagt Rodríguez.

Zurück zu El Niño.

»Kannst du ausschließen, dass du rückfällig wirst?«, frage ich ihn.

»Nein, das kann ich nicht ausschließen. Sogar hier hat man mir Jobs angeboten.«

»Was meinst du, was schulden wir Salvadorianer dir?«

»Ich riskiere mein Leben. Ich bin weg von der Straße und hab noch einen anderen Scheißkiller da weggeholt. Und jetzt wollen mir ne Menge Leute ans Leder. Ich hab die Schnauze voll davon, schließlich ist da die Kleine. Der Gesellschaft ist es scheißegal, was ich riskiere, für die ist es nur wichtig, dass der Zeuge ausgesagt hat. Anstatt zu überlegen und zu sagen, hey, der Typ kann ernsthafte Probleme kriegen, er hat Frau und Tochter, geben wir ihm wenigstens ein richtiges Dach über dem Kopf.«

Der andere Teil der Geschichte, der ihnen auch nicht gefällt

21. Juni 2013. Die Regierung hat mit den Banden einen Burgfrieden geschlossen. Vier Wortführer verschiedener Gangs des Barrio 18 sind ins Bürgermeisteramt von Ilopango gekommen, einer Gemeinde in der Umgebung der salvadorianischen Hauptstadt, um sich bei den Gemeindevertretern zu beschweren. Sie werfen ihnen vor, ausschließlich Projekte in den Gemeinden zu unterstützen, die von der Mara Salvatrucha beherrscht werden. So langsam würden ihre Leute unruhig, sagen sie.

Sie willigen ein, sich mit mir an den runden Tisch des Bürgermeisteramtes zu setzen, um ein paar Fragen zu beantworten. Die erste ist einfach und direkt: Was ist ein Kronzeuge? Es antwortet der Chef der vier Wortführer, dem aus dem Gefängnis heraus die Kontrolle über die Gemeinde übertragen wurde: »Ein Großkotz, der Leute belastet, die nicht mal beteiligt waren. Das ist unfair, durch so einen Zeugen werden zehn oder zwanzig Leute angeklagt, die nicht mal dabei waren.«

Ein anderer mischt sich ein, El Pelón (*Der Kahlkopf*): »Das ist ein Verräter, ein Spitzel, der unserer Familie schadet.«

Wenn wir nicht im Bürgermeisteramt wären, sondern in einem von ihnen kontrollierten Gebiet, würde das Urteil über die Kronzeugen bestimmt weniger moderat ausfallen. Jetzt, in ihrer Rolle als Partner in einem Waffenstillstand, mäßigen sie sich in ihrer Ausdrucksweise.

»Die Bullen versuchen ständig, dich fertigzumachen, damit du ihnen was erzählst«, fährt der Chef fort. »Mich haben sie einmal geschnappt, haben mich verprügelt und dann nach Alaska (ein Gebiet der MS) geschleift, damit die mich umbringen. Nur weil ich zu ihnen gesagt habe: ›Bringt mich ruhig um, von mir werdet ihr nichts erfahren, ich bin kein Spitzel.‹ Die Bullen drohen dir damit, dich umbringen zu lassen, wenn du nicht redest.«

Ich frage irgendetwas, nur damit sie weiterreden. Es ist eine von diesen Fragen, die blöd klingen, weil die Antworten auf der Hand liegen: Würdet ihr einem Zeugen verzeihen? Der ruppigste der vier ergreift das Wort: »Ich will mal so sagen: Wenn einer so was ein Mal macht, wird er es immer wieder machen, und wenn er beim ersten Mal noch keinen der Scheißbosse ans Messer geliefert hat, dann wird er es beim nächsten Mal tun.«

Bleibt noch Zeit für eine letzte Frage: Gelingt es dem Staat, die Identität der Zeugen zu schützen, oder kriegt ihr immer raus, wer euch verrät? Die vier sehen sich an und grinsen. Der Chef antwortet: »Es ist so, wie wenn einer aus deiner Familie dich in die Pfanne haut. Du weißt, wer es war, wann er es getan hat und wo.« Der Ruppige muss unbedingt etwas sagen, es liegt ihm auf der Zunge: »Außerdem fällt das immer auf. Seine Familie verschwindet nach und nach, und er selbst verschwindet auch früher oder später.«

Der Teil der Geschichte, der niemandem gefällt

»Nein, wir haben keine Zelle. Deswegen konnte er auch nicht die Gitterstäbe aufbrechen, weil es nämlich kein Gitter gibt. Wir haben nur den kleinen Raum, den letzten im Erdgeschoss, über der Klärgrube.«

Unter dem Kabuff, in dem Abeja festgehalten wurde, befindet sich also ein Haufen Scheiße. Das erzählt mir der Leiter der kleinen Polizeidienststelle in Agua Caliente. Endlich habe ich ihn am Telefon erreicht. Ich habe ihm meine Handynummer gegeben, aber da man vom Festnetz der Dienststelle aus keine Handys anrufen kann, konnte er mich nicht zurückrufen. Was mir der leitende Ermittler von Chalatenango vor ein paar Wochen erzählt hat, nachdem ich von Abejas Verschwinden gehört hatte, war also eine Lüge. Er sagte, Abeja habe das Gitter seiner Zelle aufgebrochen und sei abgehauen. Lüge. Es gibt weder eine Zelle noch Gitterstäbe. Wahr ist dagegen, dass die Dienststelle in Agua Caliente nicht dafür geeignet ist, einen Häftling zu beherbergen, und dass die Polizisten hier ein Zimmer über der Klärgrube hergerichtet haben, um hin und wieder irgendwelche Betrunkenen einsperren zu können.

»Wir halten hier vielleicht mal einen Penner fest, damit er nicht randalieren kann. Wir behalten ihn zwei, drei Tage hier, dann lassen wir ihn wieder laufen. Aber Leute, die in einen Mord verwickelt sind, nein, die haben wir hier normalerweise nicht. Das ist zu gefährlich, für uns und für ihn. Als man uns den Jungen (Abeja) gebracht hat, hat man uns gesagt, es wär nur für eine Nacht, aber dann haben sie ihn fünfzehn Monate hier gelassen.«

Abeja ist aus keiner Gefängniszelle ausgebrochen. Abeja ist aus einem stickigen Zimmer abgehauen, unter dem sich eine Klärgrube befindet, in einer Dienststelle, in der mit viel Glück zwei Polizisten gleichzeitig anwesend sind.

Das mit Abeja ist zu perfekt abgelaufen, um es für ein Versehen zu halten. Agua Caliente ist die Gemeinde, in der Medio Millón geboren wurde, der Mann, gegen den Abeja aussagen sollte. Agua Caliente ist eine der Gemeinden von Chalatenango, in der die Fulton Locos Salvatrucha operieren, die Gang also, der die 47 Männer angehören, die Abeja verraten hat. El Salvador hat 262 Gemeinden, und von allen hat der Staat diejenige für Abejas Unterbringung ausgewählt, in der Medio Millón geboren wurde. Die Policía Nacional verfügt über Dutzende von Dienststellen mit jeder Menge Polizisten. Nur eine halbe Stunde von dieser Klärgrube entfernt befindet sich eine Dienststelle mit zahlreichen Polizisten und richtigen Zellen. Aber nein, die Policía Nacional entschied, dass es das Beste sei, ein Stück staubige Straße nach Norden zu fahren, eine halbe Stunde über Stock und Stein und Staub, um Abeja ausgerechnet in jener Gemeinde abzuliefern, in der Medio Millón geboren wurde. Der Staat glaubte, das Beste sei es, seinen Hauptzeugen dort in einem kleinen Raum unterzubringen und über einer Klärgrube auszuhungern.

Es gibt in diesem Land Leute – bestimmt gibt es die –, die sich an dem Bild erfreuen, wie Abeja, ein ehemaliges Bandenmitglied, beteiligt an Mord, Vergewaltigung und Schutzgelderpressungen, in einem stickig-heißen, stinkenden Kabuff vor Hunger umkommt. Aber da Abeja abgehauen ist, da Abeja nicht mehr da ist, wird niemand in einem Prozess aussagen können, dass die Leiche, die der Staat am 3. Juli

2010 bei Kilometer 53,5 in der Siedlung Ex Ira gefunden hat, die von Francisco Domínguez ist; niemand wird aussagen, dass eine gewisse Jessica ihn mit der Aussicht auf Sex zu sich nach Hause gelockt hat und dass in dem Moment, als Francisco in roten Boxershorts im Zimmer stand, El Tigre, El Simpson und Abeja hereingekommen sind und ihm den Lauf einer Pistole in den Mund geschoben haben, ihm mit der Machete die Kehle geritzt haben, ihm dann wieder den Pistolenlauf in den Mund geschoben haben, immer abwechselnd, bis ihm das Blut aus der Nase spritzte. Niemand wird vor einem Richter aussagen, dass der Chino auf Befehl von El Simpson ermordet wurde, weil er nicht mehr Mitglied der Fulton-Gang sein wollte, weil er nicht mehr weitermorden wollte. Niemand wird erzählen, dass das der Grund war, weshalb er mit mehreren Kugeln im Körper in einem Graben in der Nähe von Nueva Concepción gefunden wurde. Niemand wird erzählen, dass Carmen Guerra ermordet wurde, weil sie »eine enge Beziehung zu Polizisten hatte«. Niemand wird in einem Prozess daran erinnern, dass ein Bandenmitglied namens Monge – an dessen vollständigen Namen sich auch niemand erinnern wird – Carmen Guerra um ein Glas Wasser bat, dass sie es ihm gab und dass er es ihr mit mehreren Schüssen aus einer .38er dankte. Niemand wird erzählen, dass ein dunkelhäutiges Mädchen aus dem Haus kam und sich auf Monge stürzte, damit dieser aufhörte, Carmen Guerra mit Kugeln zu durchlöchern. Niemand wird von dem Mord an Isaías Alcides Carillo berichten, dem Gemüsehändler, dem man direkt in den Kopf geschossen hat. Niemand wird von dem M16-Gewehr mit abgesägtem Lauf erzählen, genauso wenig wie von der 9mm, den .38ern oder den .357ern.

Natürlich wird auch niemand erzählen, dass gegen Mittag ein Mann, bekannt unter dem Namen Misael, alias Medio Millón, in einem grauen Pick-up Typ Four Runner in Begleitung eines Leibwächters auf ein Gehöft kam. Anwesend auf besagtem Gehöft sind außer dem Zeugen Abeja auch El Simpson und El Rayder, dem El Simpson erzählt hat, dass Medio Millón aus Nueva Concepción kommen und ihm ein Gewehr bringen will. Zuerst steigt Medio Millón aus und dann der Leibwächter. Medio Millón hat zwei 9mm, der Leibwächter eine Kalaschnikow ... die er El Simpson gibt. Medio Millón sagt zu ihm: ,›Die ist für dich, ich hab das mit denen geregelt.‹ Das wird niemand erzählen.

Niemand wird das erzählen, weil der, der das tun wollte, keine Lust mehr hatte, zu hungern und zu schwitzen und als Gegenleistung dafür, dass er dem Staat Geheimnisse verrät, nichts als den Gestank aus einer Klärgrube geschenkt bekommt. Niemand wird das erzählen, weil Abeja das alles an einem Tag im Juni dieses Jahres leid war und ein paar Eisenstäbe von 3/8 Zoll Durchmesser aufbrach, eine der beiden bereits brüchigen Blendläden des Balkons zertrümmerte und durch einen engen Luftschacht ins dritte, noch unfertige Stockwerk hochkletterte. Weil er die Klärgrube zurückließ, auf die Mauer des Nachbarn sprang und das Weite suchte.

»Ich glaube«, sagt der Cabo, »seine Feinde, wenn er denn welche hat, werden ihn höchstwahrscheinlich ins Jenseits befördern.«

Die Lehren aus dem Massaker von Salcajá

veröffentlicht am 21. September 2014

Guatemala ist das »Goldene Tor« für den Drogenschmuggel in Zentralamerika. Vor etwas mehr als einem Jahr wurden acht Polizisten ermordet, ein weiterer wurde später zerstückelt aufgefunden. Es begann die Suche nach denen, die das Massaker verübt hatten. In dem Versuch des Staates, die zerstörte Würde wiederzuerlangen, wird deutlich, dass der Drogenhandel in Zentralamerika einem Schachspiel gleicht. Das ist kein Krieg. Nicht einmal hohe Beamte wie der Innenminister sind sich sicher, ob die Verhaftung der Drogenbosse etwas nützt. Die Bosse beherrschen das Spiel, und wenn sie aus dem Verkehr gezogen werden, kommen andere aus ihren Löchern.

Am 13. Juni 2013, einem Donnerstag, wunderte sich niemand über die Detonationen in Salcajá. Den ganzen Tag über hatten die Einwohner der kleinen Landgemeinde im Westen Guatemalas Feuerwerkskörper explodieren lassen zu Ehren des heiligen Antonius von Padua, der, obwohl er nicht ihr Schutzheiliger ist, an jedem 13. Juni mit Gebeten und dem Abbrennen von Feuerwerkskörpern gefeiert wird. Am Abend fand in der Kirche eine Hochzeit statt, direkt gegenüber dem Rathaus, direkt gegenüber dem zentralen Platz, direkt gegenüber der Polizeidienststelle. Auch die Brautleute brannten ein Feuerwerk ab, um ihre Vermählung zu feiern. Darum wunderte sich niemand über die Detonationen, die um 20.17 Uhr auf der Hauptstraße gleich neben der Kirche zu hören waren. Der erste Polizist wurde durch einen Schuss direkt in den Kopf getötet. Er war vor die Tür gegangen, um frische Luft zu schnappen. Blieben noch sieben weitere Polizisten.

Nicht einmal Miguel Ovalle, dem Bürgermeister von Salcajá, kamen die Detonationen direkt vor seinem Amtszimmer seltsam vor. Er nutzte eine Pause der Gemeinderatssitzung, um sich die Zähne zu putzen. Knallkörper, dachte er und fuhr in seiner Beschäftigung fort. Aber dann überraschte ihn doch die Gewalt der Detonationen. Das sind nur Knallkörper, versuchte er sich wieder zu beruhigen. Er putzte seine Zähne zu Ende und trat aus seinem Büro im zweiten Stock des Rathauses auf den Korridor, und bevor er den großen Sitzungssaal erreichte, traf er auf zu Tode erschrockene Ratsmitglieder. Drei von ihnen waren vor die Tür gegangen, um zu rauchen, und dort hatten sie gesehen, wie das Killerkommando vor der Polizeidienststelle aus zwei Pick-ups und einem Kleintransporter gesprungen war.

»Herr Bürgermeister, sie sind gekommen, um alle Polizisten umzubringen«, sagte einer der Ratsmitglieder.

Das ist ein Witz, dachte Bürgermeister Ovalle.

»Wie kommen Sie darauf?«, fragte er die Ratsmitglieder.

Sie forderten ihn auf, aus dem Fenster des zweiten Stocks zu sehen, das auf den Hof der Polizeidienststelle hinausgeht. Der Bürgermeister ging zum Fenster und schaute hinaus. Unten im Hof lagen zwei Polizisten in ihren Blutlachen.

Bürgermeister Ovalle dachte: Gleich kommen sie zu uns, sie wollen keine Augenzeugen.

Die Ratsmitglieder und der Bürgermeister hörten Schritte die Treppe des Rathauses heraufkommen. Sie zogen sich in den Sitzungssaal zurück, überzeugt davon, dass sie bald ebenfalls in ihren Blutlachen liegen würden.

Doch herein kam einer ihrer Kollegen, der ebenfalls zum Rauchen vor die Tür gegangen war. Er hatte die anderen vorausgehen lassen und den Überfall aus nächster Nähe mitbekommen. Bürgermeister Ovalle erinnert sich daran, dass er ganz grün im Gesicht war.

Sie hörten, wie die Autos des Killerkommandos gestartet wurden und davonfuhren.

»Die Sitzung ist beendet«, entschied der Bürgermeister. »Gehen Sie bitte nach Hause zu Ihren Familien.«

Er dachte: Ich kann aber jetzt nicht einfach so nach Hause gehen.

Er wusch sich das Gesicht mit kaltem Wasser. Er brauchte eine Viertelstunde, um zu reagieren. Als er sich von dem Schreck erholt hatte, rief er die Gouverneurin der Provinz Quetzaltenango an und sagte zu ihr:

»Man hat sämtliche Polizisten der hiesigen Dienststelle umgebracht. Kommen Sie bitte. Benachrichtigen Sie, wen Sie wollen, aber kommen Sie schnell her!«

Bürgermeister Ovalle war allein in dem Rathaus direkt neben der Polizeidienststelle, in der acht Leichen lagen. Die Killer hatten den Leiter der Dienststelle mitgenommen und waren mit aufheulenden Motoren davongefahren. Für einen Moment glaubte der Bürgermeister an einen schlechten Traum. Er versuchte sich einzureden, dass ihm sein Kopf einen üblen Streich gespielt hatte, dass es sich um pure Einbildung handelte, hervorgerufen durch die Detonationen der Feuerwerkskörper zu Ehren des heiligen Antonius von Padua. Doch er kam zu dem Schluss, dass dem nicht so war. Dann ging er nach Hause.

* * *

In den Tagen nach dem Massaker stand Salcajá im Mittelpunkt der Aufmerksamkeit.

Salcajá beherrschte sämtliche Nachrichtensendungen und die Titelseiten aller Zeitungen Guatemalas. Zunächst wurde über das Motiv des Überfalls spekuliert. Einige Tage zuvor, so wurde berichtet, habe der Leiter der Polizeidienststelle, César García, der nicht ermordet, sondern entführt worden war, den Sohn eines einflussreichen Drogenbosses der Region wegen verkehrswidrigen Verhaltens festgenommen. Der junge Mann habe gegen die Festnahme protestiert und sich als Sohn eines Drogenbarons zu erkennen gegeben. Dennoch habe der Inspektor ihn festgenommen, und das habe den Drogen-Papa angeblich so wütend gemacht, dass er beschlossen habe, sich für das an seinem Sohn begangene Unrecht mit einem Feuerwerk zu rächen. Einige staatliche Medien stützten diese Version, die aus Polizeikreisen gestreut wurde. Die Geschichte war erfunden. Doch sie sagt sehr viel über dieses zentralamerikanische Land aus.

Neunzig Prozent des Kokains, das in die Vereinigten Staaten gelangt, wird durch Zentralamerika transportiert. Guatemala ist das große Durchgangstor. Die Drogenhändler nennen es: »Das Geschäftszimmer Zentralamerikas«.

Nach einer Woche wurde die offizielle Version verbreitet: Das Massaker von Salcajá ging auf das Konto von Eduardo Villatoro Cano, bekannt unter dem Namen Guayo Cano (*Grauer Wolf*), und seiner Drogenbande. Guayo Cano, ein Mann von 42 Jahren aus Huehuetenango, einer Grenzprovinz zu Mexiko, begann seine kriminelle Karriere Mitte des letzten Jahrzehnts als Schlepper, als »Kojote«. Sein Operationsgebiet in der Gemeinde La Democracia lag auf dem Weg der Migranten, die an die Grenze nach La Mesilla gelangen wollen, um von dort aus ihre illegale Reise durch Mexiko anzutreten. Guayo Cano fing ganz unten in der Welt des Drogenhandels an, doch seine Grausamkeit und Waghalsigkeit in den stundenlangen Bandenkämpfen, die das Leben im Norden bestimmen, dem Treffpunkt der kriminellen Organisationen Mexikos und Zentralamerikas, ließen ihn in der Hierarchie schnell aufsteigen. Die Jagd auf Guayo Cano – von dem wir im Folgenden noch mehr erfahren werden – wurde auf das gesamte Grenzgebiet ausgeweitet. Dem guatemaltekischen Innenminister blieb nur noch, eine direkte, eindeutige Bezeichnung dafür zu finden: Operation Würde.

Ein verwundeter Staat, empfindlich getroffen an einem seiner neuralgischen Punkte – Polizisten in ihrer Dienststelle –, machte sich auf, seine massakrierte Würde wiederzuerlangen.

Einen Monat und drei Tage nach dem Massaker waren durch die »Operation Würde« zehn mutmaßliche Mitglieder der Bande von Guayo Cano gefasst. Am 16. Juli 2013 wurde auf einem Reitweg in Chimaltenango der zehnte Mann festgenommen. Francisco Trinidad Castillo Villatoro, bekannt als El Cebo oder El Carnicero (*Der Schlächter*), Mitglied der Führungsriege um Guayo Cano, wurde beschuldigt, dem Killerkommando angehört zu haben, das am Tag des heiligen Antonius von Padua in die Polizeidienststelle von Salcajá eingedrungen war.

Noch am selben Tag äußerte sich der Innenminister von Guatemala, Mauricio López Bonilla, vor 22 Journalisten mit ihren Mikrofonen, Kameras und Aufnahmegeräten zu dieser Verhaftung. Er hörte sich an wie jemand, der wütend ist, empört. Gedemütigt.

»Er ist ein Mörder, ein Killer, genauso wie die anderen. Er ist ein Schlächter, sein Beruf ist es, zu schlachten. Diese Leute sind keine menschlichen Wesen, es sind Tiere, und das sage ich mit allem Respekt vor den Tieren. Diese Organisation von Rauschgifthändlern ist das Brutalste, was wir je erlebt haben, sie sind verantwortlich für zahlreiche Morde. Wir werden ihnen alles nehmen, was sie besitzen, nicht mal den Fernseher werden wir ihnen lassen. Dies ist die Botschaft an alle Drogenhändler, die nichts Besseres zu tun haben, als in der Gegend herumzulaufen und Leute umzubringen: Zieht euch warm an, so etwas werden wir nicht dulden!« Das sagte Bonilla am 16. Juli, als er im schwarzen Jackett und mit blauer Krawatte vom Protokoll abwich.

Zwei Wochen später wurden zwei weitere Männer verhaftet, Rax Pop und Pop Cholom, beides mutmaßliche Leibwächter von Guayo Cano. Die Verhaftung wurde in El Naranjo in der Provinz Huehuetenango vorgenommen, an der Grenze zu Mexiko, über die Menschen, Drogen, Waffen und andere Waren geschmuggelt werden. Kurz darauf wurde Pop Luc geschnappt, ein 34jähriger Killer mit einem eindrucksvollen Strafregister. 1998 war er, so Minister Bonilla, Angehöriger der Armee gewesen, aus der er nach zwei Monaten desertiert war, bevor er seine kriminelle Laufbahn in der von Juancho León angeführten Drogenbande begann. León wurde im März 2008 während einer halbstündigen Schießerei in La Laguna in der Provinz Zacapa an der Grenze zu Honduras ermordet. Nach Angaben der Militärbehörde und des polizeilichen Geheimdienstes war die mexikanische Gang Los Zetas von guatemaltekischen Drogenfamilien angeheuert worden, um León zu töten, einen Drogendieb, der ein unbequemer Konkurrent geworden war. Danach hatten die Zetas beschlossen, in Guatemala zu bleiben.

Die »Operation Würde« erreichte ihr Ziel erst 83 Tage nachdem das Killerkommando die Polizeidienststelle von Salcajá in eine Leichenhalle verwandelt hatte.

Am 3. Oktober 2013 wurde Guayo Cano in Tuxtla Gutiérrez, einer Stadt im Süden Mexikos, von mexikanischen Polizisten aufgrund eines Haftersuchens des benachbarten Landes festgenommen, als er eine Klinik verließ. Minister Bonilla sagte, Guayo Cano – der wesentlich schlanker war als auf dem von der Regierung verbreiteten Fahndungsfoto – habe eine Liposuktion vornehmen lassen, erster Teil einer umfassenden Schönheitsoperation, die auch eine Gesichtsveränderung einschließen sollte. Als Guayo Cano – ernst und arrogant, begleitet von seinem Cousin, der ebenfalls beschuldigt wurde, an dem Massaker beteiligt gewesen zu sein – aus dem Flugzeug der mexikanischen Regierung stieg, um den guatemaltekischen Behörden übergeben zu werden, sagte er, er sei wegen einer Blinddarmoperation in der Klinik gewesen. Doch das war nicht das Interessanteste an dem, was er sagte. Interessanter waren folgende Sätze: »Alle wissen, dass es in diesem Geschäft kein Pardon gibt ... Ich weiß nichts, ich sage nichts, ich bin kein Denunziant ... Ob ich singe oder schweige, man wird uns sowieso einbuchten ... Sie wissen ja, wer hinter mir her ist.«

Nach 83 Tagen drückte sich die Wiedererlangung der Würde Guatemalas in Zahlen aus: 16 Verhaftungen, 43 Razzien, 117.226 Dollar in bar, 4.412 Stück Munition verschiedener Kaliber, 33 Pistolen, 12 Gewehre, 9 Sturmgewehre, 3 Schrotflinten, 65 Fahrzeuge, 56 Mobiltelefone, 8 Militäruniformen, 10 Sturmhauben, 6 Säcke mit kaustischem Soda (Ätznatron), 1 Unze Kokain, 67 Kampfhähne, 16 Hirsche, 43 Rassepferde, 4 Wildvögel ...

Guayo Cano hatte geglaubt, er könne dem Staat ins Gesicht schlagen und nichts würde geschehen. Der »Operation Würde« gelang es, seine kriminelle Organisation im Westen Guatemalas zu zerschlagen. Der Staat gewann die Partie. Doch diese war nur deshalb eröffnet worden, weil Guayo Canto mit einer ungeschickten Bewegung das Schachbrett angestoßen hatte, sodass die Figuren sich vor aller Augen verschoben.

Und hier beginnt die Geschichte der Manöver im Kampf gegen

den organisierten Rauschgifthandel in dem Land, das den Transport der Drogen durch Zentralamerika in die Vereinigten Staaten kontrolliert. Pro Jahr durchqueren 600 Tonnen Kokain dieses Land, stellte das State Department der Vereinigten Staaten 2013 fest. Das Massaker von Salcajá und seine Folgen sind ein hervorragendes Beispiel, um dieses Schachspiel zu verstehen, in dem einige Partien gewonnen, andere vererbt und wieder andere nicht mal begonnen werden: sie werden verloren gegeben.

* * *

Wir sitzen in einem kleinen, karg eingerichteten Raum in einer Polizeikaserne von Guatemala-Stadt. In der Mitte ein Tisch mit zwei Bürostühlen, auf dem Tisch zwei Glas Wasser und ein Kassettenrekorder. Vor mir, in einem braunen Hemd und Turnschuhen, mit freundlichem, verbindlichem Lächeln, sitzt einer der Ermittler der Operation gegen Guayo Cano, einer von denen, die zu den Verhaftungen beigetragen haben. Er gehörte zu denen, die damit beauftragt waren, die Würde seines Landes zu verteidigen. Um diese massakrierte Würde wiederzuerlangen, war es unumgänglich, einige für die Polizei wenig würdige Dinge zu tun. Das ist das Normale in derartigen Fällen. Das Normale in einem Land wie Guatemala. Der Ermittler begab sich mit einem kleinen Team in die betreffende Region. Drei oder vier Ermittler in einem Pick-up mit doppelter Fahrerkabine. Sie fuhren mitten in der Nacht los, um drei oder vier Uhr, Richtung La Democracia, der Gemeinde, aus der Guayo Canos Killerkommando mit Kurs auf Salcajá davongebraust war. Weitere Kollegen waren nicht eingeweiht, und sollten die Ermittler aus irgendeinem Grund an der Polizeidienststelle von Huehuetenango vorbeikommen, würden sie eine Geschichte erfinden, sagen, dass sie irgendeine Spur verfolgten, nur nicht die von Guayo Cano. Sie wollten weder in dieser Dienststelle noch irgendwo anders in der Region übernachten. Sie wollten, müde wie sie waren, so schnell wie möglich zurück in die Hauptstadt, um dort zu schlafen, weit weg von ihren Kollegen, die in der Nähe von Guayo Cano arbeiteten. Als es sich nicht vermeiden ließ, eine Nacht in dieser Region zu verbringen, legten sie sich ohne viel Worte auf ihre Pritschen und schlossen die Augen. Mit Kollegen über die Ermittlung zu sprechen konnte den Tod bedeuten. Das wussten die Ermittler. Auch das ist normal in dieser Region.

Der Zweck meines Treffens mit dem Ermittler ist es – außer ihn zu interviewen –, zu fragen, wie ich nach La Democracia komme.

»Von Huehuetenango nach La Democracia zu kommen ist sehr schwierig«, antwortet der Ermittler. »Auf der Route gibt es ständig Kontrollen, wegen dem Drogenhandel.«

»Und dorthin zu fahren, um sich nach dem Fall Cano zu erkundigen, nach seiner Kontrolle über die Region?«, frage ich.

»Genau das ist das Problem.«

»Sie werden mich beobachten?«

»Ich sag Ihnen mal was. Wir waren schon eine ganze Weile nicht mehr in La Democracia. Nach der ersten Operation, bei der Guayo Cano gefasst wurde, gab es nämlich noch eine weitere. Wir sind hingefahren, aber wir waren auch schnell wieder weg. Ich an Ihrer Stelle würde nicht hinfahren.«

»Was ist Ihrer Meinung nach auf der Polizeidienststelle von Salcajá passiert?«

»Was da passiert ist? Cano hat den Staat angegriffen. Nicht nur, dass er und seine Leute in eine Dienststelle der Polizei eingedrungen sind, sie haben ein Blutbad angerichtet, den Leiter der Dienststelle entführt und später brutal ermordet. Soweit wir herausgefunden haben, waren es zwölf bis fünfzehn Männer in zwei Pick-ups und einem Kleintransporter. Die Polizisten haben zunächst keinen Verdacht geschöpft, weil solche Fahrzeuge üblicherweise auch von staatlichen Institutionen genutzt werden. Die Killer trugen Uniformen der staatlichen Armee und waren mit Maschinenpistolen bewaffnet. Sie benahmen sich wie Armeeangehörige. Sie brüllten, es handle sich um einen Einsatz des militärischen Geheimdienstes, und forderten die Passanten auf, sich zurückzuziehen, woraufhin die Leute in alle Richtungen davonliefen. Die Killer stürmten in die Dienststelle und brüllten wieder, dies sei ein Einsatz des militärischen Geheimdienstes. Sie kannten sich sehr gut aus, wussten, wo sich die Beamten aufhielten, die sie umbringen wollten: Hinter dieser Tür sitzt der und der, hinter jener der und der. Sie stürmten in das Büro des Dienststellenleiters und nahmen ihn mit.«

»Was ist mit ihm passiert?«

»Sie haben ihn nach Huehuetenango gebracht. Nach zwei Tagen hat man Körperteile von ihm gefunden. Sie haben Hackfleisch aus ihm gemacht. Der Fluss in La Democracia hat ihn fortgespült.«

* * *

Inspektor César Augusto García war Leiter der Dienststelle von Salcajá. Am Tag des heiligen Antonius von Padua wurde er nicht ermordet. Er wurde entführt.

Wochenlang zeigten die Medien ein Video, auf dem angeblich seine Ermordung zu sehen war. Guayo Canos Leute hatten es auf YouTube hochgeladen. Einige Staatsvertreter halten es nach wie vor für echt. Auf dem Video sieht man, an einen Stuhl gefesselt, einen etwa dreißigjährigen, dunkelhaarigen Mann mit leicht asiatischen Gesichtszügen und militärisch kurzem Haarschnitt. Offenbar ist er geschlagen worden, und es sieht aus, als habe er keine Zunge mehr. Man hört sein Röcheln. Von seinen Peinigern hört man Gelächter und Drohungen. »Wir machen dich fertig«, so etwas in der Art. Die Kamera richtet sich auf seine linke Hand, andere Hände kommen ins Bild, ein Messer, sie schneiden ihm zwei Finger ab. Ein Mann, dessen Gesicht man nicht sieht, stellt sich hinter ihn, reißt seinen Kopf hoch und schneidet ihm die Kehle durch. Für viele Guatemalteken ist der Ermordete Inspektor César Augusto García, Leiter der Dienststelle von Salcajá.

Er war es nicht. Dass allerdings sogar einige Beamten glauben, dass er es war, sagt viel über Guatemala aus. Doch das Schicksal des Inspektors scheint nicht sehr viel anders gewesen zu sein.

Zwei Tage nachdem Guayo Canos Bande den Guatemalteken ihre Würde genommen hatte, fanden Taucher der Küstenwache und Polizisten menschliche Überreste am Ufer des Flusses Valparaíso in La

Democracia: den Teil eines Schädels, zwei Finger, etwas behaarte Haut und Gedärme.

Nach Aussage des leitenden Ermittlers ergab die forensische Untersuchung, dass einige dieser Körperteile dem Opfer bei lebendigem Leib herausgerissen worden waren. Auch sein Hemd wurde gefunden.

Guayo Cano handelte wie ein wütender Schachspieler, der das Schachbrett mitten in der Partie umstößt und seinem Gegner ins Gesicht spuckt. Irgendetwas musste ihn furchtbar wütend gemacht haben.

* * *

»Welche Rolle spielte Guayo Cano in der Welt des organisierten Verbrechens?«, frage ich den ermittelnden Beamten.

»2007 war er ein arbeitsamer, bescheidener Mann. Bis er begann, als Kojote zu arbeiten, so wie sein Bruder, während ein anderer Bruder der Drogenbande eines gewissen Romero angehörte. Dieser Bruder heuert Guayo an, der von nun an als Fahrer arbeitet. Als Romero ermordet wird, verliert Guayo seine Arbeit. Dank seiner Kontakte kommt er mit einem Mexikaner namens Gabi zusammen. Guayo wird sein Vertrauter. Nach und nach kennen ihn die Leute. Gabi wird ermordet, doch Guayo hat inzwischen Verbindungen zu den Drogenlieferanten in Zacapa und Izabal (an der Grenze zu Honduras) und auch zur mexikanischen Seite, unter anderem zu El Doctor, einem Drogenboss aus Tuxtla Gutiérrez, Chiapas. 2008 steigt Cano groß ein, er gründet eine eigene Gang. Ein gewisser Chicharra erfährt davon und verlangt von ihm 50.000 Dollar monatlich für die Erlaubnis, in seinem Gebiet operieren zu dürfen. Cano weigert sich. Chicharra ist der Leader einer der brutalsten Organisationen der Gegend. Guayo Cano geht nach Mexiko. El Doctor und das Golf-Kartell sind seine Schule. Beim Aufbau seiner eigenen Gang wird er auch von den Zetas unterstützt. Rund drei Monate bleibt er in Mexiko. Dann geht er zurück nach Guatemala und tut sich mit dem Bruder zusammen, der früher ebenfalls als Kojote gearbeitet hat. Mithilfe der Zetas wollen sie den Mord an Gabi rächen, für den sie Chicharra verantwortlich machen.

Der Vergeltungsschlag soll in Agua Zarca stattfinden, organisiert von Guayo mit Unterstützung der Zetas. Oder umgekehrt. Guayo wollte sich persönlich daran beteiligen, tat es am Ende dann aber doch nicht.«

So oder so ähnlich verlaufen alle Karrieren im organisierten Drogenhandel in Zentralamerika, bei dem es um Kilos geht, nicht um Gramm. Es sind lange Geschichten brutaler Gangster mit kurzen Namen, die sich in einem imaginären Land bewegen, wo nur sie die Regeln festsetzen, in seltsamen, undurchsichtigen Gegenden, wo für uns Außenstehende unverständliche Gesetze gelten und die ungewöhnlichsten und schrecklichsten Dinge mit einfachen Worten beschrieben werden, so als handle es sich um einen Ausflug aufs Land: Ein früherer Schlepper tut sich mit seinem Bruder zusammen, der früher ebenfalls Schlepper war und dessen Chef einige Monate zuvor ermordet wurde, und sie beschließen, gemeinsam mit den Zetas ein Massaker anzurichten.

Die Schießerei fand auf einer Länge von fünfzehn Kilometern auf einer Landstraße statt, nahe dem Dorf Agua Zarca in der Gemeinde Huehuetenango, ganz in der Nähe von La Democracia. Sie dauerte fünf Stunden. Es gab 17 Tote. Mitten in einem Pferderennen lieferten sich zwei Gangs, eine mexikanische und eine guatemaltekische, eine blutige Schlacht, die einen Vergleich mit dem Krieg im Irak nicht zu scheuen braucht. Sie beschossen sich mit Gewehren und sogar mit Granatwerfern. Am Ende mussten sich die Mexikaner in ihr Land zurückziehen. Nach Erkenntnissen des guatemaltekischen Geheimdienstes handelte es sich bei den Guatemalteken um die Chicharra-Gang und bei den Mexikanern um die Zetas, die von Guayo Cano unterstützt wurden. Die örtliche Polizei wagte es nicht, während der Schießerei einzugreifen, sondern wartete 24 Stunden auf Verstärkung. Als die Polizisten dann schließlich an den Tatort kamen, fanden sie praktisch nichts, was ihnen bei ihren Ermittlungen weitergeholfen hätte. Solche Orte wie La Democracia oder Agua Zarca sind fest in der Hand der Mafia, und wenn der Staat sich einmischt, wird er als Eindringling betrachtet.

Nach Einschätzung des Ermittlers, mit dem ich spreche, war die Zusammenarbeit mit den Zetas die Antwort Guayo Canos auf die 50.000 Dollar, die Chicharra von ihm gefordert hatte. Nach der Schießerei in Agua Zarca, die länger gedauert hatte als drei Fußballspiele hintereinander, gab es so etwas wie Friedensverhandlungen. Der Ermittler, dem es mithilfe seiner Informanten aus dem kriminellen Milieu gelang, viele dieser Einzelheiten zu eruieren, schildert das so:

»In La Democracia fand ein Treffen mit Chicharra und anderen, kleineren Drogenhändlern statt. Cano war auch dabei. Chicharra ist der Älteste von ihnen. Angeblich handeln sie einen Vertrag aus: Null Gewalt untereinander. Chicharra kauft Drogen von den kleineren Händlern, er bestimmt die Menge, mit der jeder Einzelne handeln darf. Er übt die Kontrolle aus. Cano bewaffnet sich, heuert Leibwächter an. Aber sie werden sich von nun an nicht mehr bekämpfen.«

Dieser Versuch eines Waffenstillstands in Huehuetenango ist ein Vertrag zwischen denen, die in dieser Region das Sagen haben. Deswegen hatte es nicht viel Sinn, Vertreter der guatemaltekischen Regierung einzuladen.

Das Gespräch in dem kargen Zimmer der Polizeikaserne geht weiter.

»Welches Gebiet wird von Chicharra kontrolliert?«, frage ich.

»Agua Zarca«, antwortet der Ermittler.

»Wie viele Leute hatte Guayo Cano?«

»Lassen Sie mich nachdenken ... Mit den Chauffeuren, Killern und anderen Mitarbeitern, die uns bekannt sind ... Ich würde sagen, etwa 25.«

»Und Chicharra?«

»Der spielt in einer anderen Liga. Er wird so rund fünfzig Leute haben. Sein Bruder El Zope (*Der Trottel*) sitzt im Gefängnis. Wo Chicharra zurzeit ist, weiß ich nicht. Man wollte ihm den Mord an einer Staatsanwältin anhängen, aber es war nicht seine Handschrift. Stattdessen wurde auch dieser Mord Guayo Cano angehängt.«

»Chicharra ist also mächtiger als Cano?«

»Seine Organisation ist brutal, und er kontrolliert den Drogenhandel in der Region. Er kauft von allen, auch von Cano. Er bestimmt, wer wie viel verkaufen darf, und darum hat er die Kontrolle.«

Drogenhändler in schwachen Staaten wie denen Zentralamerikas gleichen Ersatzspielern in einem Team. Einer stirbt oder wird an die Vereinigten Staaten ausgeliefert, und ein anderer tritt an seine Stelle, bis auch er stirbt oder ausgeliefert wird. Der Kampf gegen die Drogen ist endlos. In diesem Krieg – wie es der ehemalige Präsident Mexikos, Felipe Calderón, genannt hat – gibt es eine lange Warteliste, die immer wieder aufgefüllt wird.

In der Gemeinde Huehuetenango, zu der auch La Democracia gehört, ist dieses System von Ersatzspielern besonders gut zu beobachten. El Zope heißt mit richtigem Namen Walter Arelio Montejo Mérida. Er wurde im März 2013 an die Vereinigten Staaten ausgeliefert und von einem Gericht in Columbia wegen Rauschgifthandels verurteilt. Er hatte den Stab von Otto Herrera übernommen, dem berühmten guatemaltekischen Drogenboss der letzten Jahrzehnte. Der wurde 2004 in Mexiko gefasst, wo er 2005 aus dem Gefängnis ausbrach, während er auf die Auslieferung an die Vereinigten Staaten wartete. 2007 wurde er erneut festgenommen und im Jahr darauf ausgeliefert. Im Oktober 2013 wurde Herrera nach Verbüßung seiner Strafe in den Vereinigten Staaten ohne großes Aufsehen aus der Haft entlassen. Der Großteil der mehr als fünf Tonnen Kokain, die Herrera in die Vereinigten Staaten geliefert hat, wurde von salvadorianischen Häfen aus versandt, unter anderem mithilfe eines salvadorianischen Abgeordneten namens Eliú Martínez, der ebenfalls an die Vereinigten Staaten ausgeliefert und dort zu 29 Jahren Gefängnis verurteilt wurde. Schließlich übergab Herrera den Stab an El Zope, an dessen Stelle wiederum Aler Samayoa alias Chicharra trat, der jetzt allein das Sagen hat, weil sein schärfster Konkurrent, Guayo Cano, eine Dummheit beging: Er ermordete am Tag des heiligen Antonius von Padua acht Polizisten in Salcajá und entführte und zerstückelte den Leiter der Dienststelle.

Guayo Cano hatte die Spielregeln nicht verstanden. Er wurde nicht einmal auf dem üblichen Weg, der Auslieferung, aus dem Spiel genommen und vor das große Schiedsgericht gestellt. Guayo Cano bekam vom Schiedsrichter die Rote Karte gezeigt, als er glaubte, niemand würde bemerken, dass er quer über das Spielfeld rannte, um schneller zum Ziel zu gelangen. Im Allgemeinen hat der Schiedsrichter eine schlechte Sicht auf das Ganze und verfügt über nur wenige Mittel, um kleinere Fouls zu ahnden; aber das mit Guayo Cano war lächerlich, eine Karikatur.

Was Guayo Cano durchdrehen ließ, war, dass der Inspektor von Salcajá ihn beklaut hatte.

Kehren wir zurück in das karge Zimmer in der Polizeikaserne der Hauptstadt.

»Haben die ermordeten Polizisten für Guayo Cano gearbeitet?«, frage ich den Ermittler.

»Im Gegenteil, sie haben etwas getan, was Canos Interessen zuwiderlief«, antwortet der Ermittler. »Rauschgifthändler fühlen sich für Drogen oder Geld verantwortlich: Sobald es auf dem Weg ist, muss es auch ans Ziel gelangen. Das ist eine große Verpflichtung. Man bestellte eine bestimmte Menge Rauschgift bei ihm, und er besorgte es in Zacapa oder Izabal. Das Rauschgift wurde geliefert und das Geld nach La Mesilla oder in eine andere Region von Huehuetenango gebracht.«

»Und man nimmt an, dass die Polizisten Geld oder Drogen geklaut haben?«

»Vermutlich Geld. Es wurde in Salcajá gestohlen. Das Geld kam aus Zacapa. Der Inspektor wusste nicht, was in dem Wagen war, den er stoppen sollte. Dafür wurde er bezahlt. Er hatte keine Ahnung, was drin war, ob Tausende Dollars oder kiloweise Kokain. Wir wissen nicht, wer den Wagen gestohlen hat. Das Geld jedenfalls gehörte Guayo Cano. Wer hat den Inspektor bezahlt? Wir wissen es nicht. Wir wissen nicht mal, ob es Dollars oder Quetzales waren, nur, dass der Inspektor 50.000 bekam. Quetzales, nehme ich an.«

»Und in dem Wagen waren … «

»740.000 Dollar.«

»Hat Chicharra durch Guayo Canos Verhaftung noch freiere Hand?«

»Wenn Cano keine Kontrolle mehr ausüben kann, wer könnte das übernehmen, wo doch alle anderen kleine Lichter sind im Vergleich zu Chicharra?«

»Ich sag Ihnen mal, was ich glaube. In Guatemala, vielleicht auch in ganz Zentralamerika, gibt es nur zwei Möglichkeiten, einen Drogenboss zu verhaften: Entweder die Gringos verlangen seine Auslieferung, oder er macht irgendeine Dummheit, so wie Guayo Cano. Ansonsten können sie in Ruhe operieren. Was meinen Sie?«

»Sieht so aus.«

»Fürchteten Sie um Ihr Leben, während Sie in dem Fall ermittelt haben?«

»Ja. Es gab Momente, da hatte ich Angst. Wir haben Hinweise darauf, dass rund zwanzig Polizisten ermordet wurden, während sie in Fällen ermittelten, in die Guayo Cano verwickelt war.«

»Ich muss nach La Democracia fahren. Geben Sie mir einen Rat, wie ich dahin komme.«

»Mein Rat lautet: Fahren Sie nicht!«

»Wenn ich hier in der Stadt einen Wagen miete und nach La Democracia fahre, wissen die dann schon Bescheid, dass ich komme?«

»Ja.«

* * *

Mein Versuch, nach La Democracia zu fahren, blieb genau das: ein Versuch. Ich kam nie an. Ich kam bis Salcajá. Niemand – weder ein Ermittler noch ein Aktivist, ein Detektiv, ein Staatsanwalt oder ein Minister – war bereit, für meine Sicherheit in La Democracia zu garantieren, einen Kontakt zu einem furchtlosen Informanten in La Democracia herzustellen oder mir eine sichere Route zu nennen, um nach La Democracia zu fahren und ein paar Fragen zu stellen. Nur ein Mitglied der Geheimpolizei bot mir seine Hilfe an: »Ich kann Ihnen höchstens behilflich sein, indem ich Ihre Leiche abhole«, sagte er zu mir. Denn La Democracia ist fest in der Hand der Mafia.

Der Fall Guayo Cano und die »Operation Würde« sind eine Schimäre. Es ist, als schaute man in einen Zerrspiegel und sähe eine lange dünne Gestalt. Der guatemaltekische Staat zeigte Stärke gegen Guayo Cano, doch die Region, die der brutale Drogenboss kontrolliert hatte, wird nach wie vor von denselben Dompteuren beherrscht, besser gesagt, von einem eEinzigen, der jetzt noch mächtiger ist: Chicharra. Der Fall Guayo Cano gehorchte dem Mechanismus von Aktion (brutal) und Reaktion (zwangsläufig). Davon abgesehen ist La Democracia nach wie vor in der Hand der Mafia.

Die Toleranzschwelle des Staates ist unverändert hoch. Er weiß, dass seine Mittel begrenzt sind. Das ehrt ihn. Im Prozess gegen Guayo Cano beschuldigt das Innenministerium Guayo Cano noch weiterer Morde an Staatsbeamten: Im Dezember 2012 wurde ein Kleintransporter, in dem die Staatsanwältin Yolanda Olivares, eine Regierungsbeamtin und noch zwei weitere Personen saßen, in der Nähe von La Democracia, zwischen La Mesilla und der Gemeinde Huehuetenango, von einem bewaffneten Kommando zum Halten gezwungen. Der Kleintransporter wurde von Kugeln durchsiebt und danach mitsamt den Insassen verbrannt. Die Staatsanwaltschaft vermutet den Schuldigen in Guayo Cano.

Ein Optimist würde sagen: Wenn Guayo Cano nicht neun Polizisten bestialisch umgebracht hätte, wäre er irgendwann wegen vierfachen Mordes an der Staatsanwältin, der Regierungsbeamtin und den zwei weiteren Insassen des Kleintransporters verhaftet worden. Ein Pessimist würde sagen: Wenn Guayo Cano nicht so blöd gewesen wäre, würde er weiterhin unbehelligt Drogen über die mexikanische Grenze schmuggeln. Ein Realist würde sagen: Zwischen dem vierfachen Mord und Guayo Canos Verhaftung vergingen zehn Monate, und er wurde dafür erst zur Verantwortung gezogen, nachdem er am Tag des heiligen Antonius von Padua in Salcajá ein Blutbad angerichtet hatte.

Bei Licht besehen war Guayo Cano keiner der ganz großen Drogenbosse Guatemalas. Er hätte niemals die kriminelle Berühmtheit eines Lorenzana, Overdick oder Ortiz López erlangt. All diese Drogenbarone wurden inzwischen verhaftet. Keinem von ihnen wird in Guatemala der Prozess gemacht. Keiner von ihnen hat neun Polizisten umgebracht. Für alle drei haben die Vereinigten Staaten einen Auslieferungsantrag gestellt.

* * *

Im April 2013, als die angesehene Staatsanwältin Claudia Paz y Paz noch Generalstaatsanwältin von Guatemala war, sprach ich mit ihr über Drogenbosse, Verhaftungen und die Möglichkeiten des Staates. Paz y Paz versuchte nicht, die Dinge schönzureden und von einem stabilen Staat zu faseln. Es sei ungewiss, sagte sie, was geschehen wäre, wenn man die Bosse im Land vor Gericht gestellt hätte. Doch sie sei zuversichtlich wie ein Schiffbrüchiger, der einen Vogel erblickt. Um ihren Optimismus zu rechtfertigen, nannte sie mir das folgende Beispiel:
»Während einer Hausdurchsuchung bei Walter Overdick in Alta Verapaz wurden sein Sohn und seine Frau festgenommen. Der Sohn wurde verurteilt. Overdick ging zu einem lokalen Radiosender und drohte damit, den Richter umzubringen, wenn man seine Frau und seinen Sohn nicht freilassen würde. Sie wurden freigelassen. Das war vor fünf Jahren. Jetzt ist das anders. Vor Kurzem haben wir Overdick verhaftet, ein Gericht hat seine Auslieferung beschlossen und er wurde abgeschoben. Was hat sich in den letzten fünf Jahren geändert? Früher lebten die zuständigen Richter in Alta Verapaz, einer Region, in der Overdick großen Einfluss hatte. Jetzt werden solche Fälle vor Sondergerichten in Guatemala-Stadt verhandelt. Die Staatsanwaltschaft von Alta Verapaz verfügt nicht über die nötigen Möglichkeiten, um für Sicherheit zu sorgen, genauso wenig wie die von Zacapa, wo die Lorenzanas das Sagen haben, die von Huehuetenango, wo die Montejos zu Hause sind, oder die von San Marcos, der Gemeinde der Chamalés von Ortiz López.«

Der Vogel, den der Schiffbrüchige erblickt, wirkt erschöpft, strauchelt; doch es ist immerhin ein Vogel, der das rettende Ufer verheißt.

Overdick, El Tigre (*Der Tiger*), Gegner und später Verbündeter der Zetas in Alta Verapaz im Norden Guatemalas, wurde am 10. Dezember 2012 an die Vereinigten Staaten ausgeliefert. Waldemar Lorenzana, El Patriarca (*Der Patriarch*), vermutlich der verlängerte Arm von El Chapo in Guatemala, Besitzer von Melonenplantagen an der Grenze zu Honduras, wurde mit seinen 76 Jahren in ein Flugzeug der guatemaltekischen Luftwaffe gesetzt und in die Vereinigten Staaten ausgeflogen, wo er in New York am 19. März dieses Jahres verurteilt wurde. Juan Alberto Ortiz López, bekannt als Chamalé oder »Bruder Juan«, der starke Mann des Pazifiks, der mehr als zehn Jahre lang »seine« Küstenregion beherrscht hatte, wurde am 22. Mai dieses Jahres ausgeliefert und in Florida vor Gericht gestellt.

Die Drogenbosse handeln nicht im Verborgenen, sie gehören zum System. Sie sind Teil des Staates Guatemala, und darum werden sie vom Staat Guatemala nicht strafrechtlich verfolgt. Es ist so, als würde ein Hund seinen eigenen Schwanz jagen. Nur wenn die Vereinigten Staaten es wollen, beißt sich der Hund in den Schwanz. Diese Bosse handeln seit mehr als vierzig Jahren im großen Stil mit Rauschgift. Als die drei guatemaltekischen Drogenbarone in ein Flugzeug stiegen, eskortiert von Männern mit schwarzen Sonnenbrillen, blauen Schirmmützen und den Kennzeichen der Anti-Drogen-Behörde der Vereinigten Staaten, lief gegen keinen von ihnen eine Anklage in Guatemala. Sie verließen Guatemala als unbescholtene Bürger, um in den Vereinigten Staaten als brutale Mafiabosse vor Gericht gestellt und verurteilt zu werden.

Bei einem anderen Gespräch im Juni 2013 kam Paz y Paz auf eine Frage zu sprechen, die ich ihr früher einmal gestellt hatte: Warum verfolgt Guatemala seine Drogenbosse nicht, warum hat der Staat den Patriarchen Lorenzana nicht vor ein guatemaltekisches Gericht gestellt, warum behelligt der Staat nicht seine wichtigsten Drogenbosse, während er den kleinen Fischen – wie Guayo Cano – den Prozess macht? Ihre Antwort lautete:

»Sie sollten mich besser fragen, ob ich Lorenzana verhaftet hätte, wenn ich ihn hier in Guatemala hätte anklagen müssen.«

Ich habe ihr die Frage nicht gestellt. Die Antwort lautete offensichtlich »Nein«.

* * *

Wir sitzen am Tisch eines Schnellrestaurants im Bezirk 1 der guatemaltekischen Hauptstadt. Zwei Fernseher laufen, und mehrere Kinder toben durchs Lokal. Unser Tisch wird gemieden, vielleicht weil es den anderen Gästen seltsam vorkommt, dass drei Männer um ein Handy hocken, das ihr Gespräch aufnimmt. Mir gegenüber sitzt der vielleicht wichtigste Polizist im Kampf gegen den organisierten Drogenhandel. Es ist ein Polizeioffizier, der mit der Anti-Drogen-Behörde der Vereinigten Staaten zusammengearbeitet hat, um – unter anderem – Waldemar Lorenzana, seinen Sohn Elio und Walter »El Tigre« Overdick zu verhaften. Außerdem anwesend ist ein ehemaliger Staatsanwalt.

Wir sprechen über die »Unantastbaren«. Über die, die über Guayo Cano stehen. Die evangelischen Kirchen und die Anwaltskanzleien, sagt der ehemalige Staatsanwalt, gehören zu den am seltensten kontrollierten Orten und werden deswegen am häufigsten genutzt, um das Geld des organisierten Verbrechens Guatemalas zu waschen. »Die guatemaltekischen Drogenbarone«, fährt er fort, »haben sich stets auf die Provinzen fern der Hauptstadt konzentriert, weil sie sich nicht mit den Familien anlegen wollen, die Guatemala-Stadt seit jeher unter ihrer Kontrolle haben und die Bezirke untereinander aufteilen: dieser Bezirk gehört dieser Familie, jener einer anderen und so fort.« Er spricht von den *Brokern*, »Anwälten oder Unternehmern, die als Vermittler zwischen den beiden Welten fungieren. Denn sie (die Drogenfamilien) wollen nicht, dass irgend so ein stinkender Kerl mit Cowboyhut und Stiefeln ihre Büros betritt, um Geschäfte abzuwickeln. Aber sie wollen diesem stinkenden Kerl mit Cowboyhut etwas verkaufen, und der will kaufen. Dafür gibt es die Broker.«

Ich unterbreche ihn und frage:

»Wenn doch die Strukturen weiterhin bestehen, dann verstehe ich nicht, warum Sie ein Interesse daran haben, Leute wie Overdick oder Lorenzana zu verhaften.«

Jetzt mischt sich der Polizeioffizier in das Gespräch ein:

»Schauen Sie, die Frage ist nicht, ob wir uns dafür interessieren oder nicht. In diesem Land hat niemand Interesse an diesen Leuten, sie haben Angst vor ihnen. Wer hinter ihnen her ist, sind die Gringos. Sie betrachten sie als Trophäen, obwohl sie wissen, dass sie von anderen ersetzt werden. Es soll eine Botschaft sein: Seht her, wir können euch vernichten, wenn wir wollen.«

Die Ergreifung Waldemar Lorenzanas am 26. April 2011 ist ein gutes Beispiel dafür, dass es keine Frage des Wollens, sondern des Sichaufraffens ist. »Ohne die Gringos wäre der Mann noch auf freiem Fuß. Genauso wie Guayo Cano ohne das Massaker von Salcajá immer noch Rauschgift schmuggeln würde. In Guatemala brummen nur die Dummen. Oder die, die in das Visier der Gringos geraten«, sagt der Polizeioffizier, jetzt nicht mehr im Flüsterton, denn alle Tische um uns herum sind leer.

Die Verhaftung des Patriarchen erfolgte nicht im Zuge einer gewaltsamen Aktion. Soldaten einzusetzen war nicht nötig. Davon hat Guatemala Tausende. Es musste lediglich ein Grund für die Verhaftung vorliegen, und diesen Grund lieferten die Vereinigen Staaten mit ihrem Auslieferungsantrag. Vier Polizisten und zwei Polizistinnen fuhren nach Maribel in Teculután, Zacapa. Die Männer trugen alte Cowboyhüte, Arbeitsstiefel und T-Shirts. Keiner trug Uhren, Ringe oder Kettchen. Die Pistolen waren in den Stiefeln versteckt. Sie aßen in einem Schnellrestaurant in der Nähe einer der Melonenplantagen. Drei Tage hintereinander aßen sie zum Frühstück und zum Mittagessen Bohnen, Tortillas und zerstoßene Eier. Es war der ideale Standort, um die Gegend zu überwachen. Für die Wirtin waren sie Arbeiter der Melonenplantage. Am vierten Tag baten sie darum, anschreiben lassen zu dürfen. Als Arbeiter der Melonenplantage nicht um Kredit zu bitten, wäre so auffällig gewesen wie ein Don Quichotte ohne Schnurrbart. Sie versprachen, ihre Schulden am nächsten Zahltag zu begleichen. Die Wirtin sagte, soweit sie wisse, zahle der Señor jeden Samstag um zwei Uhr. Die Polizisten taten erfreut und fragten, ob das wahr sei. »Ja«, sagte sie, »jeden Samstagmittag kommt der Señor in einem grauen Pick-up, um seine Arbeiter zu bezahlen, immer um dieselbe Zeit.« Vom darauffolgenden Samstag an folgten sie dem grauen Pick-up in zwei Autos, und am Dienstag beschlossen sie, zuzuschlagen. Als der graue Pick-up anhielt, um Lorenzana Gelegenheit zu geben, jemanden zu begrüßen, stiegen sie aus und stellten fest, dass der Patriarch tatsächlich im Wagen saß, begleitet nur von seinem Enkel. Er war unbewaffnet. Sie nahmen ihnen die Handys ab. »Wenn wir dem Alten sein Handy gelassen hätten, hätte er irgendwelche Leute angerufen, und die hätten ihn aus dem Wagen geholt und uns umgebracht«, sagt der Offizier. Die Polizisten, eine Staatsanwältin, eine Gerichtsassistentin und ein Vertreter der Justizbehörde brachten den Drogenbaron und seinen Enkel in einem Konvoi auf direktem Weg ins Untersuchungsgefängnis nach Guatemala-Stadt. Unterwegs versuchte Lorenzana, die Beamten zu bestechen. Der Offizier erinnert sich noch genau an seine Worte: »Haltet an, ich lasse eine Million Dollar für euch kommen, eure Zukunft ist gesichert, und ich hab meine Ruhe.« Sie ließen sich nicht darauf ein, aber allein der Versuch sagt viel über Guatemala. Dann versuchte Lorenzana es mit Drohungen: »Denkt an eure Zukunft, werft euer Leben nicht weg!« Der Offizier erinnert sich, dass die Gerichtsassistentin einen Anruf von einem Coronel erhielt, der versuchte, Lorenzanas Verhaftung zu verhindern. Er sagte, sie könnten ihn nicht mitnehmen, der Haftbefehl sei nicht rechtsgültig. Die Polizisten ließen sich nicht beirren, aber auch der Anruf des Coronel sagt viel über Guatemala.

Nachdem Lorenzana einer Haftrichterin vorgeführt worden war, wurde er von zehn Polizisten in drei Streifenwagen ins Sicherheitsgefängnis von Fraijanes gebracht. »Sie werden es nicht glauben«, sagt der Offizier zu mir, »aber wissen Sie, wie viele Autos uns gefolgt sind? Rund vierzig, voll mit schwer bewaffneten Männern, alles legale Waffen, soweit wir es beurteilen konnten. Sie wollten versuchen, ihn zu befreien, aber da wir ihn in einen der Streifenwagen gepackt hatten und nicht in einen Kleintransporter, wussten sie nicht, in welchem Auto er saß.« Der ehemalige Staatsanwalt nickt zustimmend und ergänzt: »Eine ganze Karawane ist uns gefolgt, aber der Befehl lautete, sich auf keine Schießerei einzulassen.« Und der Offizier fährt fort: »Wäre es zu einer Schießerei gekommen und hätte Lorenzana einen Fluchtversuch unternommen, hätte der Auslieferungsprozess unterbrochen werden müssen und wir wären gezwungen gewesen, ihn wegen verschiedener Delikte anzuklagen. Und das wollte niemand.«

»Wenn das passiert wäre und man ihn in Guatemala vor ein Sondergericht gestellt hätte, was meinen Sie, was wäre dann geschehen?«, frage ich.

»Er wäre freigesprochen worden«, antworten der ehemalige Staatsanwalt und der Polizeioffizier wie aus einem Mund.

»Mit ein paar Anrufen?«

»Hahaha. Mit einem!«, sagt der ehemalige Staatsanwalt.

»Aber warum hat man einem Guayo Cano wegen des Massakers in Salcajá hier in Guatemala den Prozess gemacht?«, frage ich, um zu provozieren, obwohl ich ahne, was sie mir antworten werden.

»Weil Guayo Cano ein Niemand ist, eine lästige Laus, nichts weiter! Eine Laus im Vergleich zu Chicharra, der wiederum eine Laus im Vergleich zu Lorenzana ist.«

In Guatemala – vielleicht im gesamten nördlichen Dreieck von Zentralamerika – scheint es weder für lästige Läuse noch für Elefanten im Visier der Vereinigten Staaten einen Platz zu geben. Was bleibt, sind Leute, die keinerlei Gefahr laufen, ausgeliefert zu werden. Nachdem die Läuse und die Elefanten weg sind, vermehren sich die lästigen Flöhe.

* * *

Normalerweise ist man als Journalist auf bestimmte Situationen vorbereitet. Wenn man zu einem Beamten geht, vor allem, wenn es sich um den Innenminister handelt, rechnet man damit, dass man belogen wird, dass einem Dinge vorenthalten werden und man mit leerem Geschwätz abgespeist wird. Doch keine Regel ohne Ausnahme. Seit mehreren Monaten gehe ich nicht mehr mit dieser vorgefassten Meinung ins Innenministerium von Guatemala. Ein Beamter ist ein Beamter. Doch ein Gespräch mit dem Minister Mauricio López Bonilla ist sehr ergiebig für mich. Er behält vieles für sich, aber nicht alles. Sich mit einem solchen Beamten zu unterhalten ist sinnvoll. Bei anderen handelt es sich eher um eine Befragung.

März 2014. Wir sitzen in seinem Büro. In fünfzehn Minuten muss er weg. Es wird also kein richtiges Interview, höchstens eins mit einer einzigen Frage. Ich erzähle ihm die Logik der lästigen Läuse und der Elefanten. Er antwortet mit wenigen Sätzen und verspricht, ein andermal mehr Zeit für mich zu haben. Wie gesagt, ein außergewöhnlicher Beamter. Es lohnt, sich anzuhören, was er über den Kampf gegen den Drogenhandel zu sagen hat.

»Es ist eine Schande. Wir wissen, dass wir korrupte Polizisten in unseren Reihen haben, aber um die kümmern wir uns selbst, nicht Guayo Cano«, beginnt der Minister.

In den letzten beiden Jahren wurden mehr als 360 guatemaltekische Polizisten vor Gericht gestellt, die meisten wegen Verbindungen zum organisierten Verbrechen.

Minister Bonilla fährt fort:

»Es ist unmöglich, ständig gegen alle vorzugehen. Es ist strategisch unklug. Wir haben vieles im Blick, aber wir müssen Prioritäten setzen.«

Nach Erkenntnissen des polizeilichen Geheimdienstes operierte Guayo Cano seit 2009 in Huehuetenango.

Minister Bonilla: »In Salcajá wollte ich ein Exempel statuieren. Wenn Sie ein solches Blutbad anrichten, genießen Sie Priorität, und weder Ihre Söhne noch Ihre Enkel werden jemals wieder mit Rauschgift handeln. Obwohl, wie immer, eine andere Bande davon profitiert hat.«

Vielleicht werden tatsächlich weder die Söhne noch die Enkel von Guayo Cano je mit einem einzigen Gramm Kokain handeln, zur großen Freude der Söhne und Enkel von Chicharra.

Minister Bonilla fährt fort, und es lohnt sich, ihm zuzuhören:

»Bevor wir an die Macht gekommen sind, gab es in Guatemala zehn bis zwölf organisierte Verbrecherbanden. Jetzt gibt es 54 auf unserer Liste, alle bestens bewaffnet. Einer der Faktoren für diese Zersplitterung war das Auftauchen der Zetas. Früher waren die Leader ungebildete Analphabeten, aber gute Strategen. Heutzutage sind die Leader gewöhnliche Killer, Primitivlinge. Gefällt ihnen eine Frau, dann her damit! Primitive Gangster sind nun am Ruder. Die Vereinigten Staaten haben sich die Bosse geschnappt, und uns bleibt der Bodensatz. Parallel dazu haben wir nach dem Ende des Bürgerkriegs abgerüstet, ohne einen Ersatz für den schwachen Staat zu finden. Während der Amtszeit von Präsident Berger (2004–2008) wurde die Anzahl der Soldaten auf 15.000 reduziert. Nach dem Friedensvertrag waren es noch 30.000. Jeder hier kennt die Drogendealer an der Ecke oder die Händler in der Stadt. Es geht darum, wer es zu weit treibt. Neun Polizisten zu töten ist eine Dummheit. Wir haben einen klaren Plan, welche Gruppen wir verfolgen, abhängig davon, welche Macht sie besitzen und ob sie eine ernste Bedrohung für den Staat darzustellen beginnen. Aber gegen die brutalen Bestien gehen wir massiv vor, mit allem, was wir haben.«

* * *

Kein Zweifel, zumindest in diesem Punkt ist Minister Bonilla mit seinem Vorgänger, dem ehemaligen Innenminister Carlos Menocal, einer Meinung. Bonilla von der politischen Rechten und Menocal von der gemäßigten Linken machen zum Großteil die unverschämte Haltung der Vereinigten Staaten, die wie ein Damoklesschwert über Zentralamerika schwebt, für die Misere verantwortlich. Bonilla hat als *kaibil* im Bürgerkrieg gekämpft und war für sein beherztes Vorgehen gegen die Guerilla bekannt. Menocal, ein ehemaliger Fernsehjournalist, arbeitet heute als Berater der Regierung.

Ich treffe mich mit Menocal in einem Restaurant im Bezirk 1 in Guatemala-Stadt. Er hat es eilig, er muss zurück in den Plenarsaal. Wir haben eine halbe Stunde Zeit.

Auch Menocal ist der Meinung, dass, nachdem die Strategen das Land verlassen haben, nur der Bodensatz geblieben ist. Doch dagegen könne man nur wenig tun, sagt er. Guatemala, das Land der Drogenbosse, die sogar mit Pablo Escobar persönlich in Verbindung standen, das »Geschäftszimmer Zentralamerikas«, wie es die Rauschgifthändler nennen, die »Speerspitze der Region«, habe sich vor fünf Jahren verpflichtet, die dicken Fische zu fangen, um die harmonischen Beziehungen zu den Vereinigten Staaten nicht zu gefährden. Das nennt Bonilla »das Damoklesschwert: entweder wir liefern aus, oder man entzieht uns das Vertrauen und bestraft uns«. Kredite für das Bildungs- und Gesundheitswesen oder für die innere Sicherheit hängen davon ab, dass sich Polizisten wie der Offizier, mit dem ich gesprochen habe, als Tagelöhner einer Melonenplantage verkleiden und vier Tage lang Bohnen und Eier essen, bevor sie einen dicken Fisch wie Lorenzana fangen und ihn gen Norden schicken.

Es ist ein unilaterales Abkommen seitens der Vereinigten Staaten. Ich will das und das, und im Gegenzug gebe ich dieses und jenes. Punkt.

Menocal erinnert sich, dass während seiner Amtszeit die Namen von sechzehn Personen auf der Liste standen, von denen zwölf ausgeliefert wurden. Das habe oberste Priorität gehabt, ein Scheitern hätte andere Bereiche des Staates empfindlich getroffen. Doch trotz allem war Menocal am Ende seiner Amtszeit mit dem, was er als Gegenleistung bekommen hatte, unzufrieden.

»Die Gegenleistungen der Gringos kommen mir vor wie Almosen im Vergleich zu der Investition, die das Land im Kampf gegen den Drogenhandel leistet. Dennoch kannst du dich einer Zusammenarbeit mit den Gringos nicht verweigern. Auch Sánchez Cerén (ehemaliger Guerillakämpfer und heutiger Präsident von El Salvador) wird sich nicht dagegen wehren können. Wir fühlen uns wie der Schinken zwischen zwei Sandwichhälften: im Süden eine Reihe von Ländern, die Drogen produzieren, im Norden ein Land, das sie konsumiert. In den Vereinigten Staaten gibt es 20 Millionen Menschen, die Drogen konsumieren ... In Guatemala werden fast vierzig Prozent des Budgets für innere Sicherheit für den Kampf gegen den Drogenhandel ausgegeben.«

Für Bonilla ist es ein »Circulus perversus«, wie er es nennt: einerseits die Auslieferungen, andererseits die Entstehung zahlreicher gewalttätiger Banden wie der von Guayo Cano. In einem Gespräch, das wir im Juni dieses Jahres in einem Hotel in der Hauptstadt führten, sagte der jetzige Minister zu mir:

»Es gab hier ein Gipfeltreffen, an dem auch die damalige Außenministerin der Vereinigten Staaten, Hillary Clinton, teilnahm. Sie sagte, für drei Dollar, die wir in den Kampf gegen den Drogenhandel steckten, würden sie einen dazugeben. Ein schlechter Witz, denn am Ende geben wir das Geld aus, das im Bildungs- und Gesundheitswesen oder anderswo dringend gebraucht würde.«

Die Verhaftung von Drogenbossen in Guatemala beruht auf nichts anderem als auf der Angst vor dem Damoklesschwert, das über dem Land schwebt. Es ist keine Strategie, sondern purer Überlebenswille. Der Kampf gegen den Drogenhandel in Guatemala ist keine souveräne Entscheidung Guatemalas. Er wird dem Land aufgezwungen.

In Zentralamerika, im Norden Zentralamerikas, in Guatemala, wird das Geld, das für innere Sicherheit ausgegeben wird, woanders dringend benötigt. Bevor wir das Restaurant verlassen, vervollständigt der ehemalige Minister Menocal das Bild:

»Seit 2008 kamen rund 256.000 Stück Munition legal ins Land. Vieles davon wandert auf den Schwarzmarkt. Die Schlepperbanden hier sind eine sehr starke Organisation, die dem Verbrechen Vorschub leistet ... Wir hatten einen Fall von Jordaniern, die junge Mädchen unter falschen Versprechungen nach Jordanien gelockt haben ... Oder kriminelle Banden, die sich nicht mit Schutzgelderpressungen begnügen. Soeben wurde eine Gang der Mara Salvatrucha festgenommen, die rund 2,5 Millionen Quetzales auf ihren Konten hatte ... «

So, wie die Dinge liegen, deutet alles darauf hin, dass die Lorenzanas weiterhin Guatemala verlassen, während die Guayo Canos bleiben.

* * *

19. Juni 2014. Es regnet in Salcajá. Der Himmel ist bewölkt. Ich sitze in einem kleinen Lokal direkt neben der Polizeidienststelle, in der vor einem Jahr acht Polizisten ermordet wurden. Auf dem Tisch steht ein Grillteller, im Fernsehen erreicht Costa Rica ein torloses Unentschieden gegen England und qualifiziert sich somit als Erster seiner Gruppe für die nächste Runde bei der Fußballweltmeisterschaft in Brasilien.

Salcajá ist eine Stadt mit niedrigen Häusern, asphaltierten Straßen, zahlreichen kleinen Läden und, in der Stadtmitte, einer Kirche.

Gestern habe ich in Xelajú geschlafen, der Hauptstadt der Provinz Quetzaltenango, der Nachbarprovinz von Huehuetenango. Hierher ist Guayo Cano gekommen, um ein Massaker zu verüben. Und danach ist er von hier verschwunden.

Gestern Abend habe ich mich in einer Bar mit einem hohen Politiker von Quetzaltenango getroffen. Wir saßen an einem abgelegenen Tisch im dunkelsten Winkel der Bar. Der Politiker hatte dem Treffen nur zugestimmt, weil ein Verwandter ihn darum gebeten hatte. Als ich ihm erzählte, worum es ging, wollte er das Gespräch sofort beenden. Schließlich konnte ich ihn überreden, einen Tee mit mir zu trinken. Wir sprachen über belanglose Dinge. Er trank schnell seinen Tee aus und verabschiedete sich von mir mit den Worten: »Darüber gäbe es viel zu erzählen, aber es wäre unklug. Entschuldigen Sie mich bitte.«

Heute habe ich mit dem Nachfolger des Mannes gesprochen, der von Guayo Cano ermordet und zerstückelt wurde. Der neue Leiter der Polizeidienststelle von Salcajá heißt Milton García Paniagua. Ein junger Beamter. Wir treffen uns in dem Gebäude, in dem die Polizisten nun untergebracht sind, im zweiten Stock einer improvisierten Dienststelle, einen Häuserblock von dem Ort des Massakers entfernt. Die Gemeinde hatte sie freundlich gebeten, die alte Dienststelle zu verlassen. Sie steht jetzt leer. Das Haus in der bevorzugten Wohngegend von Salcajá, direkt gegenüber der Kirche, direkt gegenüber dem zentralen Platz, direkt gegenüber dem Rathaus, dieses Haus ist verflucht. Kein Geschäft ist dort eröffnet worden. Das Haus steht leer.

Auf dem Tischchen des neuen Dienststellenleiters liegt ein Zettel, auf dem neun Punkte notiert sind. Paniagua hat aufgeschrieben, was er sagen will. Als er bemerkt, dass ich zu lesen versuche, was auf seinem Zettel steht, verdeckt er es mit einer Hand und schielt darunter, um die Punkte abzulesen: Wir sind hier, um den Bürgern zu dienen; was passiert ist, war ein Einzelfall, ein bedauernswerter Zwischenfall ... Lauter nichtssagendes Zeug.

Immerhin kann ich einen anderen Polizisten, einen Beamten aus

Xelajú, dazu überreden, mit mir zu sprechen, wie immer anonym. Er trägt Zivilkleidung, setzt sich wortlos zu mir an den Tisch in dem kleinen Lokal.

»Es ist schwer, hier Polizist zu sein«, sagt er. »Alle halten einen für korrupt.«

Wir unterhalten uns lange und ausführlich, schauen uns ein Fußballspiel an und schlagen uns den Bauch mit *garnachas* (Tortillas mit Bohnen und Käse) voll. Nur ein kleiner Teil unserer Unterhaltung scheint mir wert, aufgeschrieben zu werden.

»Vier der ermordeten Polizisten waren korrupt, die anderen haben für nichts bezahlt«, sagt er zu mir. »Und viele hier machen genau so weiter. Stellen Sie sich vor, die erste Streife, die Guayo Cano festnehmen sollte, fuhr erst drei Stunden nach dem Massaker los. Seltsam, nicht wahr? Genau die Zeit, die er brauchte, um bis nach La Democracia zu kommen.«

»Haben Sie zurzeit korrupte Kollegen, die für das organisierte Verbrechen arbeiten?«

»Ja.«

»Kennen Sie ihre Namen, und wissen Sie, für wen sie arbeiten?«

»Ja.«

»Sagen Sie es mir?«

»Nein.«

»Warum nicht?«

»Blei.«

»Übrigens, ich möchte nach La Democracia fahren. Gibt es einen Kollegen, der nicht korrupt ist und mich heil hinbringen kann?«

»Fahren Sie nicht!«

Männer, die Stacheln herausreißen oder: Auge um Auge, Massaker um Massaker

veröffentlicht am 20. Mai 2011

In diesem Chaos ist Töten die Regel. Aufgestellt wird die Regel von den Armeen der drei Banden, die sich die Herrschaft über die Haftanstalten streitig machen. Der Staat schaut ohnmächtig zu, wie Mord mit Mord und Massaker mit Massaker vergolten wird. Wer die Unterwelt kontrolliert, kontrolliert das Geschäft. Doch die offenen Rechnungen verfolgen die Insassen wie Jagdhunde, bis zum Ende. Bis zum bitteren Ende.

Hier in Apanteos kann es jederzeit zu einem Massaker kommen. Wir können nur abwarten und schauen, was passiert. Und wissen Sie, was das Schlimmste ist? Wir haben keine Möglichkeit, es zu verhindern.« Das sagte der Leiter der zentralen Strafvollzugsbehörde vor vier Journalisten. Er hatte es früher schon einmal angedeutet, doch diesmal beendete er den Satz. Und er setzte noch eins drauf, im Stehen, an der Tür seines Büros, als wir ihn zum Abschied fragten, ob wir ihn zitieren dürften. »Natürlich«, antwortete er. »Für das, was ich nicht verhindern kann, kann ich nicht verantwortlich gemacht werden.«

Normalerweise versucht ein Beamter, die Tatsachen zu verschleiern, vor allem wenn er im gewalttätigsten Land des Kontinents für die Sicherheit in den Gefängnissen zuständig ist. Er nuanciert, relativiert ... besänftigt, das ist das richtige Wort: Er besänftigt. Er schützt Unwissenheit vor, redet sich heraus, entschuldigt sich ... weicht aus, das ist das andere Wort: Er weicht aus.

Doch an jenem Nachmittag in seinem Büro macht Douglas Moreno, der Leiter der zentralen Strafvollzugsbehörde, keinen Gebrauch vom Grundwortschatz aus dem Bauchladen eines jeden Beamten. In so einem Fall, wenn man das Gegenteil erwartet, klingen die Wörter kraftvoller, gewichtiger, vor allem wenn es sich um ein so gewaltiges Wort handelt: Ma-ssa-ker.

Ja, ein Massaker in Apanteos. Das war es, was der Leiter der zentralen Strafvollzugsbehörde für das Gefängnis in Santa Ana im Westen El Salvadors in unserem Gespräch Anfang September 2010 vorhersagte. Ein Blutbad unter den 3.700 Insassen eines Gefängnisblocks, der für maximal 800 Personen gebaut worden war. Ein Gemetzel in einem Gebäudekomplex, der 2.900 Menschen mehr beherbergt als hineinpassen.

Ich fragte mich, ob Morenos Voraussage auf den Erkenntnissen des internen Geheimdienstes beruhte oder auf seiner genauen Kenntnis dessen, was sich hinter den Gittern zusammenbraute. Oder ob es eine deutliche Warnung war für jeden, der in die Nähe von Apanteos kam oder sich dort aufhielt: Angehörige, Anwälte, Betreuer oder Gefangene.

Am nächsten Tag traf ich mich im Zentrum von San Salvador mit jemandem aus dem Kreis der normalen Gefangenen, der sogenannten »Zivilen«, derjenigen also, die weder Bandenmitglieder noch ehemalige Polizisten oder Soldaten sind. Mein Kontaktmann ist ein ehemaliger Häftling, wie fast alle, die sich hier draußen für »die da drin« einsetzen. Er ist jemand, der den Kontakt zu Anwälten herstellt, der die Familien der Häftlinge kennt, der ihre Decknamen kennt und ihre Handynummern, die die Gefangenen innerhalb der Gefängnismauern verwenden.

Das als Chinarestaurant ausgewiesene Lokal hatte außer den Schriftzeichen und ein paar dekorativen Nippes-Katzen nichts Chinesisches an sich. Ich bestellte gebratenes Huhn, mein Kontaktmann gebratenes Fleisch. Zum Trinken bestellten wir beide Mandelmilch. Es war unser drittes Treffen, aber das erste nach meinem Gespräch mit Moreno. Wir kamen gleich zur Sache.

»Dann warten also alle in Apanteos auf ein Massaker?«, fragte ich.

»Jawohl. Wie gesagt, da tickt eine Zeitbombe, die jeden Moment explodieren kann.«

»Aber man könnte doch irgendetwas tun ...«

»Sie trennen, das ist alles. Es hat ihnen nicht gefallen, dass man die Jungs von der Mara dorthin verlegt hat.«

Anfang Juni waren mehr als hundert Frauen von der Mara Salvatrucha in den Block 1 von Apanteos verlegt worden, in dem theoretisch ausschließlich normale Gefangene einsitzen. Daraufhin begann die Lunte in den Blöcken 5, 6, 7 und 8 zu brennen. Nach und nach outeten sich mehrere Häftlinge als aktive Mitglieder der Mara Salvatrucha, andere als Sympathisanten: Angehörige von Bandenmitgliedern, Bewohner ihrer Viertel, Jugendfreunde. Sympathisanten eben. Leute, von denen ein richtiger Gangster sagen würde: »Wir lassen sie bei uns mitlaufen.«

Die Ankunft der weiblichen Mitglieder der MS, der *jainas*, rief einen Dominoeffekt hervor, auf den nicht einmal die Gefängnisleitung gefasst gewesen war. Von einem Tag auf den anderen gehörten plötzlich fünf der elf Blöcke von Apanteos der Mara Salvatrucha. Männer, die sich als Zivile bezeichnet hatten, weil sie wussten, dass sie sonst in einem Gefängnis der Mara landen würden, gaben sich nun als Bandenmitglieder zu erkennen.

»Und das hat ihnen nicht gefallen«, sagte mein Informant in dem Restaurant mit den chinesischen Schriftzeichen.

Ich fragte mich, wem genau das nicht gefallen hatte, doch auf unseren Tellern war weder Fleisch noch Huhn, und am Boden der Gläser klebte nur noch der dickflüssige Rest der Mandelmilch. Unser Gespräch war so gut wie beendet. Mir ging es wie jedem, der sich danach erkundigt, was in den Gefängnissen vor sich geht: Hinter jeder Frage gibt es eine weitere, wichtigere. Hinter jeder Antwort verbirgt sich eine andere. Hinter jeder Geschichte gibt es eine, die sie erklärt. Vor diesem Massaker gab es andere Massaker. Kurzum: Der Eisberg, auf dessen Spitze du stehst, hat ein Fundament.

Apanteos vor dem Massaker

Bei einem Casting für die Rolle des Leiters des Wachpersonals in einem salvadorianischen Gefängnis hätte Chef Molina gute Chancen, genommen zu werden. Kräftig, massiv, mit Schnurrbart, energisch kraft seines Amtes. Er spricht schnell. Er erzählt nicht, er macht Meldung. Er sagt nicht »Es ist nichts vorgefallen«, er meldet: »Keine besonderen Vorkommnisse!« Er wendet sich nicht an Juan oder Pedro, er spricht zum Wärter oder zum Herrn Direktor oder zum Herrn Journalisten. Molina ist der Leiter des Wachpersonals von Apanteos, und als solcher war er bei meinem ersten Besuch Mitte September so freundlich, mir die Organisation der Strafanstalt zu erläutern. Mit lauter Stimme, so als würde er vor einem Regiment die Anwesenden aufrufen:

»Block 1: 176 weibliche Mitglieder der MS; Block 2: Kranke, weniger schwere Delikte, Alte; Block 3: Häftlinge mit Aussicht auf Bewährung; Block 4: langjährige Haftstrafen, schwere Delikte wie Entführung oder Mord; Block 5: Verbüßung von mehr als zwei Dritteln der Haftstrafe; Block 6: Aufnahme und Eingewöhnung; Block 7: Haftstrafen von 3 bis 13 Jahren; Block 8: Haftstrafen von 3 bis 20 Jahren, zurzeit 269 männliche Mitglieder der MS; Block 9: Insassen mit weniger schweren Delikten und Verurteilte, deren Urteil noch nicht feststeht; Block 10: Insassen mit schweren Delikten mit oder ohne Urteil; Block 11: Sonderabteilung mit problematischen Insassen, die eine Bedrohung darstellen. Das sind nicht die besonders schlimmen Fälle – wir haben hier nämlich ausschließlich schlimme Fälle –, sondern die Aufsässigen.«

Die Blöcke 3 bis 8 bilden die Galeere, das Hauptschiff des Gebäudes aus Zement und Eisen, in dem die Blöcke durch Mauern und Gitter getrennt sind. Durch die Gitter können die Häftlinge sich beleidigen oder freundlich begrüßen. Die Blöcke 9 und 10 befinden sich gleich neben der Galeere, die Blöcke 1 und 11 sind von den anderen vollkommen isoliert.

Meine Bitte klang wie eine Beschwörung:
»Bitte, Chef Molina, lassen Sie mich mit dem Wortführer der Aufsässigen in Block 11 reden!«
Er nahm seine Dienstmütze ab, kratzte sich am Kopf, rutschte nervös auf seinem Stuhl hin und her und griff dann zum Telefon, um seinen Chef, den Direktor der Haftanstalt, anzurufen. »Ja, ja, genau, das will er ... Ja, Chef, ich sag's ihm ... Ja, ja, wie Sie befehlen.«
»Wir werden ihn hierher bringen lassen, aber denken Sie daran, diese Leute sind verschlagen. Sie haben viel Zeit, um sich genau zu überlegen, was sie sagen wollen, und sie zeigen sich von ihrer liebenswürdigsten Seite. Aber oft sind es nicht die wirklichen Leader, sondern nur ihre Vertreter.«
Wenn das ihre liebenswürdigste Seite war, die die Insassen aus Block 11 zeigen wollten, dann würde ich gerne wissen, welches Gesicht sie da drin machten. Herein kam ein dünner, drahtiger Mann, tätowiert von den Schultern bis zu den Handgelenken, mit Ringen unter den Augen, die ihm das Aussehen eines Waschbären verliehen. Er war der Repräsentant der Aufsässigen. »Repräsentant« ist ein interner Beauftragter, der seinen Block nach außen hin vertritt. Wie ein Gefängnisbeamter einmal zu mir sagte: »Wenn der Repräsentant nicht will, dass du seinen Block betrittst, dann kann dir nur die Sondereinheit der Polizei helfen.«
Nachdem ich mich vorgestellt hatte, kam der Repräsentant von Block 11, der nicht möchte, dass sein Name genannt wird, sogleich auf die »unmenschlichen Haftbedingungen« zu sprechen. Nach fünf Minuten sah ich mich gezwungen, ihn zu unterbrechen, um ihm zu erklären, dass ich nicht deswegen gekommen war. Man muss nicht recherchieren, um herauszufinden, dass in einem System, das für 8.080 Häftlinge vorgesehen ist, in dem aber 23.048 Häftlinge zusammengepfercht werden, die Haftbedingungen alles andere als optimal sind. Um das zu erfahren, muss man einem Insassen nicht die Zeit stehlen. Denn selbst der Direktor der Haftanstalt gesteht das ein. Er berichtet von dem ekelerregenden Gestank, der dort herrscht, oder erzählt Geschichten von Häftlingen, die im Stehen schlafen müssen und Katzen

fangen, um eine Suppe daraus zu kochen, von fehlenden Ärzten und Medikamenten, die nicht zur Verfügung stehen, von Erpressungen unter den Insassen, von Vergewaltigungen mit Penissen, Flaschen, Knüppeln und Messern, von Häftlingen, die hinter Gittern den Verstand verloren haben ... »Da drin werden Menschenrechte verletzt, die sich noch niemand ausgedacht hat«, scherzte einmal ein Kollege, der sich monatelang mit der Dynamik in den Gefängnissen beschäftigt hatte.

Der Repräsentant von Block 11 starrte mich an.
»Weswegen bist du dann gekommen?«
»Es heißt, dass es hier bald ein Massaker geben wird.«
»Ach ja? Und heißt es auch, dass wir daran schuld sind?«
»Nein, aber es heißt, dass wegen der neuen Häftlinge Unzufriedenheit herrscht.«
»Dafür gibt es eine sehr einfache Lösung: Schmeißt sie raus, bringt sie in ihre Gefängnisse, in eins von der Mara! Schmeißt die Mareros aus Block 8, und alles regelt sich von selbst. Wir können nicht mit ihnen zusammenleben, sie erpressen uns, sie bedrohen uns. Wir gehen nicht zum Sport, wir wagen uns nicht auf die Krankenstation, damit wir ihnen nicht begegnen. Wir gehen auch nicht zu Veranstaltungen, nicht ins Kino, nichts. Wenn sie uns sehen, jagen sie uns davon.«
»Machen sie euch die Kontrolle über das Gefängnis streitig?«
»Nein! Ihr kommt immer mit demselben Scheiß. Hier geht es nicht um Kontrolle. Wir wollen unsere Ruhe haben, wir wollen, dass sie abhauen. Sie ja, sie wollen die Kontrolle. Vor ein paar Tagen haben sie sich 25 Freunde von uns aus Block 8 geschnappt und sind über sie hergefallen. Hör zu, Mann, hier drin gibt's welche, die sitzen, weil sie draußen irgend so'n Scheißkerl umgebracht haben, und jetzt wollen die Mareros Rache. Hör zu, Mann, hier drin reißt man seine Stacheln raus, man zahlt für alles. Also, warum bringen sie die nicht einfach weg? Sie wissen doch, dass das hier eine tickende Zeitbombe ist. Oder haben sie das Massaker von 2007 schon vergessen?«

Der Repräsentant von Block 11 nennt die Mitglieder der Mara Salvatrucha »Scheißkerle«. Der Repräsentant von Block 11 sitzt seit mehr als zehn Jahren hinter Gittern. Der Repräsentant von Block 11 weiß, dass im Gefängnis genug Zeit ist, um Rache zu üben, »Stacheln herauszureißen«, wie es hier genannt wird. Der Repräsentant von Block 11 hat das letzte Massaker nicht vergessen.

Wer bei einem Massaker tötet, stirbt bei einem Massaker

In den Gefängnissen trägt man sein Zeichen auf der Stirn. In den Gefängnissen werden Stacheln herausgerissen. Wenn so etwas passiert – und es passiert –, bezahlt man seine Schuld, seinen Stachel, mit dem Leben. Das letzte Massaker in einer salvadorianischen Haftanstalt wurde im Januar 2007 in Apanteos verübt.

Am 5. Januar 2007, einem Freitag, hörten die Zivilen in Apanteos um fünf Uhr nachmittags Schüsse von den Wachtürmen. Schüsse, alle fünf Minuten, und gleich darauf wütendes Geschrei hinter den Mauern, die die Blöcke der Zivilen von dem Block trennten, in dem 500 Mitglieder des Barrio 18 ihre Strafe verbüßten. Sie hatten keine Ahnung, was da vor sich ging. Das erzählte mir der Repräsentant von Block 11 und auch ein anderer Häftling aus einem anderen Block sowie ein Wärter, der vom Wachturm aus Schüsse abgegeben hatte.

Das wütende Geschrei in Block 7 wurde plötzlich von dumpfen Schlägen abgelöst. »Bum, Bum, Bum, immer und immer wieder«, erinnert sich einer meiner Informanten. »Die Mauer erzitterte. Die 18er schlugen mit ihren Bettgestellen auf sie ein, und wir wussten, dass sie sie früher oder später einreißen würden.«

Die Zivilen waren in den Blöcken, die die Mitglieder des Barrio 18 stürmen wollten, in der Unterzahl. Zwar waren sie untereinander nicht unbedingt befreundet, doch sie mussten nicht lange überlegen, um sich zusammenzutun, es war ganz natürlich. Einige verkrochen sich in irgendeinem Winkel, rollten sich zusammen, den Kopf zwischen den Knien, oder sie setzten sich auf ihre Pritschen wie jemand, der den Tag Revue passieren lässt, bevor er sich schlafen legt; wieder andere, die, »die wussten, welcher Stachel sie erwartete«, gingen nervös vor ihren Zellen auf und ab, in die sie nicht mehr zurückkehren sollten. Bum, bum, bum! Stundenlang. Und die Mauer fiel.

Plötzlich war alles still, erinnert sich einer meiner Informanten. Die dumpfen Schläge hatten aufgehört, und als Hunderte von Bandenmitgliedern durch das Loch in der Mauer herüberkamen, herrschte absolute Stille. »Sie kamen mit Messern, Macheten und Knüppeln, und mindestens zwei hatten Pistolen.« Sie schlugen Löcher in weitere Mauern und schwärmten in alle Blöcke aus. Nur wenige Zivile waren so dumm, davonzulaufen. Wohin auch? Auf eine Mauer zu, um auf eine andere zu stoßen? »Wie ein orientierungsloser Ameisenhaufen.«

Die Bandenmitglieder gingen in Gruppen zu dreißig oder mehr durch die Blöcke. Die Leader hatten ein Handy mit Fotofunktion bei sich. Sie blieben vor jedem Zivilen stehen, und der stand mit gesenktem Blick da und wartete, wie ein Schulkind, das ausgeschimpft wird. Sie rissen seinen Kopf an den Haaren hoch, richteten das Objektiv des Handys auf ihn und fragten denjenigen, der am anderen Ende der Leitung war: »Der?« Und wenn die Stimme im Handy sagte: »Nein«, gingen sie zum Nächsten. Wenn die Antwort »Ja« lautete, erzählt mein Informant, »fielen sie über ihn her wie hungrige Hyänen über ein sterbendes Pferd. Du hast die Fleischfetzen durch die Luft fliegen sehen.«

Von sieben Uhr abends bis neun Uhr morgens durchstreiften die Mitglieder des Barrio 18 jeden Block, rissen den Kopf jedes Zivilen hoch und schlachteten – nach offiziellen Angaben – 27 von ihnen ab. »Es waren mehr«, versichert mir einer meiner Informanten aus einem der Blöcke. »Es waren mehr«, versichert mir auch ein anderer aus einem anderen Block. Von einigen blieb nämlich nur eine Blutlache, sagen sie. Menschen, verwandelt in Blutlachen. »Aus vieren – wer weiß, welche Stacheln sie rauszuziehen hatten – haben sie in der Dusche Hackfleisch gemacht und sie dann im Klo runtergespült.«

»Aber warum haben sie sie abgeschlachtet?«, frage ich.

Mit derselben Gleichgültigkeit, ja mit Erstaunen, so als fragten sie sich, warum wohl, antworten meine Quellen: »Na ja, weil sie einen

Stachel rauszureißen hatten.« – »Einen dicken Stachel.« Dieser dicke Stachel war ein weiteres Massaker, das in der Haftanstalt von Mariona im Jahre 2004 verübt worden war.

Im August 2004 saßen in Mariona Mitglieder des Barrio 18 und Zivile in Haft. Letztere hatten sich inzwischen auch zu einer Bande zusammengeschlossen: La Raza. Alles begann damit, so berichteten mir drei Häftlinge, die zu der Zeit dort einsaßen, dass die 18er den Wärtern Bretter abkauften, die von Bauarbeitern im Gefängnis zurückgelassen worden waren. Dazu muss man wissen, dass ein Brett in den Händen eines Häftlings zur Waffe werden kann. Posada, bekannt als El Viejo (*Der Alte*), Erbe des traditionellen Gefängnissystems der Zivilen, Erbe so legendärer Namen wie Trejo, Guandique oder Bruno, ließ den 18ern durch Racumín, seine rechte Hand, eine Botschaft überbringen: »Ihr übergebt uns die Bretter, oder wir spielen Fußball mit euren Köpfen.«

Die Bretter wurden nicht übergeben. Der Alte ließ Macheten und scharf geschliffene Pritschenteile an seine Armee verteilen. Mithilfe der Wärter, die ihnen die Türen aufschlossen, schlichen sie sich in die Blöcke 1 und 2, wo die anderen sie bereits mit ihren Brettern erwarteten. Es begann ein Kampf Mann gegen Mann. Auf beiden Seiten gab es Verluste. Niemand weiß genau, welche Bande mehr Tote zu beklagen hatte, wahrscheinlich aber die Zivilen, denn der alte Posada, so erzählte es mir einer meiner Informanten, der an seiner Seite gekämpft hatte, »hat sich den Wärtern gestellt, um nicht von den 18ern umgebracht zu werden. Er hat sich vor Angst die Hose vollgeschissen und den Wärtern seine .38er ausgehändigt.« Nach der *molleja*, wie eine Revolte in der Knastsprache genannt wird, zählten die Behörden 32 Leichen. »Mehr, mehr, etwa 37, wenn man die mitzählt, die in den Duschen zu Hackfleisch verarbeitet wurden.« Anscheinend geht das Zählen der Leichen nach Massakern das Klo runter.

Die an dem Gemetzel Beteiligten wurden in ein anderes Gefängnis verlegt, und viele, Zivile wie Bandenmitglieder, trafen sich in Apanteos wieder. So kam es 2007 zur blutigen Rache. Auge um Auge, Massaker um Massaker. Im Gefängnissystem ist das Gedächtnis unerbittlich.

Die Stacheln werden mitgenommen, die Zeichen auf der Stirn bleiben. Die Mitglieder des Barrio 18, die 2007 in Apanteos einsaßen, vergaßen nicht, dass hinter der Trennmauer die Gegner mit ihren Stacheln saßen. Und sie warteten geduldig, bis der Moment der Urteilsverkündung gekommen war: »Einigen von euch klebt das Blut unserer Freunde an den Händen. Ihr wisst, warum wir gekommen sind.« Hyänen über sterbenden Pferden. »Es war die reinste Hexenjagd«, erinnert sich einer meiner Informanten.

Die Maxime wiederholt sich: Es gibt eine Geschichte hinter der Geschichte. Es gab andere Massaker vor diesem Massaker. Der Eisberg hat ein Fundament, und um dahin zu gelangen, musst du von der Spitze hinabsteigen.

Nicht wir von der MS, die vom Barrio 18 sind das Problem

Mit den schon bekannten Gesten reagierte Chef Molina auf meine nächste Bitte. Er nahm die Dienstmütze ab, kratzte sich am Kopf und murmelte: »Also wirklich, Herr Journalist ... okay, okay.«

Diesmal hatte ich ihn darum gebeten, mit dem Wortführer von Block 8 sprechen zu dürfen, jenem Block, in dem die Mitglieder der Mara Salvatrucha untergebracht waren, die alle hier in Apanteos loswerden wollten. Molina sprach über Funk mit einem Wärter und fragte an, ob es möglich sei, den Repräsentanten von Block 8 zu uns zu bringen, »aber ohne Trara«. Eine Viertelstunde später saß ein kleiner, sonnenverbrannter Mann von knapp vierzig schlecht gelebten Jahren vor mir. Ein typischer Bauarbeiter, ein Maurer, der ganz und gar nichts von einem Marero an sich hatte. Außer dass er darum bat, seinen Namen nicht zu nennen, stellte er keine weiteren Bedingungen. Er kam gleich auf den Kern der Sache zu sprechen:

»Das Problem hier ist, dass die von Block 9 und 10 vom Barrio 18 sind.«

»Und Sie von der Mara Salvatrucha.«

»Es ist so, wenn du da wohnst, wo es die MS gibt, heißt es sofort, du bist von der MS. Dann schleppst du deinen Stachel mit dir rum und sie wollen dich fertigmachen. Aber alles, was unsereiner will, ist, in Ruhe alt zu werden, sonst nichts. Ich will hier keine Wurzeln schlagen.«

»Und, sind Sie von der MS?«

»Es ist nun mal so, wenn du da wohnst, wo sie wohnen, dann siehst du sie, man hat Verwandte bei ihnen, vielleicht sympathisiert man ein wenig, aber das ist nicht das Problem ... Das Problem sind nicht wir von der MS, die 18er haben Verbindungen zu den Trasladados, sie kontrollieren sie von Block 11 aus.«

Später sollte ich erfahren, dass sein Sohn und sein Bruder bei der MS sind, dass er wegen eines Verbrechens hier einsitzt, das er gemeinsam mit zwei aktiven Mitgliedern der MS verübt hat, die in einem für die MS reservierten Gefängnis sitzen. Doch immerhin hatte der kleine Maurer der Liste der Gangs, die diese Haftanstalt beherrschen wollen, einen neuen Namen hinzugefügt: Los Trasladados (*Die Verlegten*).

Diese Gang hatte sich Mitte dieses Jahrzehnts gebildet, als die Zivilen merkten, dass das mit der Trennung von normalen Häftlingen und Bandenmitgliedern eher eine halbe Lüge als eine halbe Wahrheit war. Das Massaker von 2004, das La Raza sehr geschwächt hatte – heute hat die Gang nur noch in wenigen Blocks von Mariona das Sagen –, und das von 2007 trugen definitiv zur Gründung dieser Gang bei. Die 2007 in Apanteos Ermordeten waren nach dem Massaker von 2004 von Mariona nach Gotera und von Gotera nach Apanteos verlegt worden, wo sie, nur durch eine Mauer getrennt, erneut auf ihre gut organisierten Rivalen vom Barrio 18 trafen. Sie dagegen, geschwächt vom vielen Hin und Her, kannten nur einige der Zivilen, die mit ihnen in dem neuen Gefängnis einsaßen. Das erklärt, warum sie wie sterbende Pferde auf die Hyänen warten mussten.

Ihre Toten noch frisch im Gedächtnis, gaben die Zivilen in Apanteos nach dem Massaker den Anstoß zur Gründung der Gang Los Trasladados. Die Logik war einfach: Reden wir mit unseren Leuten, die die Kontrolle über verschiedene Gefängnisse haben, in denen, wie sich in Apanteos gezeigt hat, nicht nur Zivile, sondern auch Bandenmitglieder sitzen; sagen wir ihnen, sie sollen Leute sammeln und auf uns einschwören; vereinbaren wir Regeln. Und wenn wir irgendwann irgendwohin geschickt werden, sind wir Los Trasladados, und wenn die MS oder der Barrio 18 mit uns abrechnen will, sind wir nicht alleine. Sie wurden sich einig, die Nachricht von der Gründung der Gang machte die Runde, bald kontrollierten sie den Drogenhandel in den jeweiligen Haftanstalten, und es gab auch einen Leader, der unter verschiedenen Namen bekannt war: Miguel Ángel Navarro, Ex-PNC (Policía Nacional), El Animal (*Das Tier*). Von ihm wird später noch die Rede sein.

Bevor sie den schmächtigen Repräsentanten von Block 8 wieder wegbrachten, stellte ich ihm dieselbe Frage, die ich einige Tage zuvor dem Repräsentanten der rivalisierenden Bande aus Block 11 gestellt hatte:

»Warum wollt ihr die Gefängnisse kontrollieren? Welchen Vorteil versprecht ihr euch davon?«

Er grinste mich an.

»Gar keinen, wir wollen nur in Ruhe alt werden.«

Die Enthüllungen von El Gusano

Mit den Insassen der Haftanstalten gibt es ein Problem: Wenn sie mit jemandem von draußen sprechen, wollen alle nur »in Ruhe alt werden«, die Schuld haben immer die anderen, die MS, der Barrio 18, Los Trasladados, nie sie selbst, die MS, der Barrio 18, Los Trasladados.

Die Wortführer der Blöcke wollen vor allem über die unmenschlichen Haftbedingungen reden, nicht über ihre Machtkämpfe. Ja, es stimmt, die Haftbedingungen sind unmenschlich, ungerecht, abscheulich, aber bei den Auseinandersetzungen geht es immer um Macht.

Ich bin von Gefängnisdirektor zu Gefängnisdirektor gelaufen, von Außenkontakt zu Außenkontakt, von Wärter zu Wärter, bis ich den fand, den ich suchte: einen Gefangenen mit einem ungewöhnlichen Profil. Nennen wir ihn El Gusano (*Der Wurm*). In den mehr als acht Jahren, die er bisher abgesessen hat, hat er fünf Mal die Strafanstalt gewechselt. Einige davon werden von der MS kontrolliert, andere von den Zivilen und wieder andere von Zivilen und Mitgliedern des Barrio 18. Er gehört keiner Bande an. Wenn er auf einer der Seiten kämpfen müsste, würde er sich zuerst für die Trasladados entscheiden, dann für den Barrio 18 und, wenn ihm nichts anderes übrig bliebe, für die MS. In dieser Reihenfolge. Er gehört zu den Überlebenskünstlern, und die wissen sich anzupassen. Er will tatsächlich nichts anderes, als in Ruhe alt werden, und er kennt den Schlüssel dazu: sich ein nichtssagendes Profil zulegen, ein Wurm werden, der sich lautlos kriechend in der Welt der Raubtiere bewegt und dabei alles beobachtet.

Als Erstes bitte ich ihn, mir die Machtverhältnisse in den Gefängnissen zu beschreiben, so wie es Chef Molina bereits getan hat. Und genau das macht jetzt auch El Gusano, geduckt, zahnlos, halb verhungert.

»Man muss wissen, dass in Block 11 von Apanteos die Trasladados sitzen, zusammen mit einigen von La Máquina und Mao Mao (alte, in El Salvador gegründete Gangs ohne landesweite Bedeutung). Die Trasladados kontrollieren Block 11 und andere, wie zum Beispiel 5 und 6; in Block 9 und 10 sind die 18er und ein paar von La Mirada (einer Gang mit Verbindungen zum Barrio 18, die in Los Angeles, Kalifornien, gegründet wurde und im Osten El Salvadors stark vertreten ist), die keine Rechnung mit denen aus Block 11 offen haben. Und in Block 8 sind die von der MS, die ihre Leute auch in Block 11 haben. Sie machen sich gegenseitig fertig, wo sie nur können. Sie dürfen nicht aufeinandertreffen. Die 18er kämpfen gegen alle anderen, sie nutzen jede Gelegenheit.«

»Warum? Was wollen sie?«

»In Ruhe Geschäfte machen und die anderen daran hindern. Du musst wissen, hier ist alles mit allem verbunden, jedes Gefängnis ist ein Puzzlesteinchen im System, das dazu dient, andere unter Druck zu setzen, Revolten anzuzetteln, den Leadern ihre Einnahmen zu sichern – auch wenn's nur wenig ist –, die sie von den anderen Blöcken eintreiben oder von denen, die keine Rolle spielen, so wie ich. Das System dient dazu, Geschäfte zu machen. Wenn du keine Macht hast, hört keiner auf dich, aber je mehr Blöcke und Gefängnisse du kontrollierst, umso mehr hören auf dich.«

»Und wer ist der Leader?«

»Also, wenn du den Leader von Apanteos meinst, El Cobra aus Block 11. Aber wenn du wissen willst, wer der eigentliche Leader ist, dann musst du nach El Animal fragen, der sitzt in Zacatecoluca. Wenn der sagt, niesen!, dann niesen alle. In Zacatecoluca heulen die Leitwölfe, und in den anderen Gefängnissen beißen ihre Hunde.«

Alle, mit denen ich gesprochen habe, der Direktor der zentralen Strafvollzugsbehörde, der Repräsentant der Trasladados, der Repräsentant der MS, der Leiter des Wachpersonals von Apanteos, Chef Molina, und El Gusano – alle sagten eine blutige Auseinandersetzung in Apanteos voraus. Alle wussten es. Bis hin zu den untersten Chargen innerhalb der Gefängnismauern. Doch El Gusano, der Wurm, half mir zu verstehen, wie groß der Eisberg ist und wie wenig man von ihm sehen kann. Das bevorstehende Massaker hatte nichts zu tun mit irgendwelchen Streitigkeiten im Stile von »ich mag dich nicht«, »ich dich auch nicht«; es hatte mit den Machtkämpfen der Organisationen untereinander zu tun, mit dem Dominoeffekt, bei dem die einzelnen Haftanstalten die Steine sind, die umfallen, und als Prämie die Kontrolle über die Zentralen des Verbrechens winkt. Die Befehle kamen aus einem Hochsicherheitsgefängnis, der eine von El Animal, der andere vermutlich von El Diablo von der Gang Hollywood Locos Salvatrucha, dem Leader der MS auf nationaler Ebene, und ihre Hunde in Apanteos hörten sie und machten sich bereit. Die einen infiltrierten die Blöcke der anderen. Die anderen durchschauten nach und nach ihre Strategie und überlegten, wie sie auf den Angriff reagieren sollten. Und die Angehörigen des Gefängnisapparats schauten zu, unfähig zu verhindern, was sie kommen sahen.

»Hörn Sie, hier ist die Hölle los!«

Nachdem mir der Leiter der Strafvollzugsbehörde, Douglas Moreno, gesagt hatte, man erwarte ein Massaker, nahm ich Kontakt zu Orlando Molina auf, einem ernsten Mann mit energischer Stimme, der seit etwas mehr als einem Jahr Gefängnisdirektor von Apanteos war.

Am 24. November rief ich ihn um zwölf Uhr mittags auf seinem Handy an. Er schien sich auf einer Baustelle zu befinden. Es hörte sich an, als würde auf Blech geschlagen. Unser kurzes Gespräch wurde immer wieder von lautem Dröhnen unterbrochen.

»Herr Direktor, ich hab gehört, die Schlacht hat begonnen.«
»Hier ... los ... gen.«
Schläge auf Bleche im Hintergrund.
»Herr Direktor, was ist los?«
»Hörn Sie!«, schrie er, »hier ist die Hölle los!«
Er legte auf.

Um elf Uhr morgens hatten die Mareros und ihre Anhänger in Block 8 die Schnauze voll. Seit drei Tagen führten die Zivilen in allen Blöcken eine Säuberungsaktion durch. Sie schnappten sich diejenigen, die sie für Mitglieder oder Handlanger der Mara Salvatrucha hielten, und schleiften sie zu den Wärtern: Schafft ihr sie dahin, wo sie hingehören, oder bringen wir sie um? Auf diese Weise hatten sie die Kontrolle über fast alle Blöcke zurückgewonnen. Etwa hundert Häftlinge wurden von den anderen Blöcken ausgespuckt und in Block 8 zusammengepfercht. Am 24. November um elf Uhr stellten auch die Zivilen von Block 6 ihre Wärter vor die Alternative: Schafft ihr diese 25 fort, oder bringen wir sie um? Man verlegte die 25 in Block 8, wo es bald so eng wurde, dass kaum noch Platz für ihre Wut blieb.

Als die Wärter den Gefängnisdirektor benachrichtigten, dass in Block 8 ein Angriff auf Block 6 vorbereitet werde, begab er sich dorthin. »Die bringen unsere Leute aus allen Blöcken zu uns, das geht so nicht!«, schrie ihm der Mann zu, der wie ein Maurer aussah, der Repräsentant von Block 8, mit dem ich wenige Wochen zuvor gesprochen hatte. Inzwischen waren seine Kumpane bereits dabei, auf das Dach der Galeere zu klettern, um in die Blöcke zu gelangen, aus denen man sie entfernt hatte.

Der Direktor ging in den Block 6, um sich die Argumente der Zivilen anzuhören. Es war ganz einfach: »Wir können nicht mit denen von der MS zusammenleben, das ist alles«, sagte der Wortführer. Der Direktor verließ Block 6, um sich in Ruhe zu überlegen, was zu tun war. In diesem Moment rief ich ihn an. Die Bleche dröhnten. Die Mareros stürmten Block 6. Der erste Tote war der Mann, der als Letzter mit dem Direktor gesprochen hatte. Ein stumpfer Gegenstand zertrümmerte den Schädel von Luis Antonio Molina Ruiz, 41 Jahre alt, verurteilt wegen Diebstahls, eines minder schweren Delikts. Die erwartete Schlacht von Block 8 gegen Block 6 und einen Teil von Block 7 hatte begonnen. Es waren nicht die ersten Stacheln, die in Apanteos herausgerissen wurden.

Minuten später starb in Block 8, durch einen Messerstich ins Herz, Víctor Kennedy Menéndez, 25 Jahre alt. »Die beiden waren Zivile, Verbündete der Trasladados«, erzählte mir El Gusano fünf Tage nach dem Massaker. »Den aus Block 6 haben sie umgebracht, weil er gequatscht hat. Ein Marero hat gehört, was er zum Direktor gesagt hat. Der aus Block 8 wurde ermordet, weil die Zivilen ihn bei den Mareros eingeschleust haben. Das war der Moment, ihre Stacheln rauszureißen.«

Den Wärtern gelang es, einen großen Teil von Block 6 zu evakuieren, bevor sämtliche Mareros eindringen konnten. Der Direktor wusste, dass es zur Explosion kommen würde, nachdem er mit Molina Ruiz gesprochen hatte, und ordnete an, die Zivilen in andere Blöcke zu bringen. Molina Ruiz blieb nicht mal Zeit, eine Entscheidung zu treffen. Wie der Direktor sagte: »Ich ging weg, und er war tot.« Die 22 Verletzten waren Zivile, die der Aufforderung, ihren Block zu verlassen, nicht nachgekommen waren. Sie wurden von den Mareros – und von Freunden der Mareros, was in diesem Fall auf dasselbe hinausläuft – verprügelt, mit Messerstichen verletzt, halb totgeschlagen. Schließlich mussten die Mareros das Feld räumen, weil nicht alle in Block 6 eindringen konnten und weil es den Wärtern unter Gebrauch ihrer Schusswaffen gelungen war, das Gemetzel zu beenden, das sonst vielleicht als ein Massaker mit mindestens 24 Toten in die Geschichte eingegangen wäre.

Dass das Massaker nicht noch größere Ausmaße annahm, war eine Frage von Sekunden. Es lag daran, dass die Mareros nicht schnell genug waren und die Verletzten nicht entschlossen genug ermordeten. »Aber der Stachel bleibt drin, und die Organisation wird wieder zuschlagen, jede Wette, irgendwann«, sagte El Gusano zu mir.

Vielleicht dann, wenn die Haftanstalt von Gotera, in das mehr als 200 Bandenmitglieder und Verbündete nach dem Massaker verlegt wurden, überfüllt sein wird und diese Leute in den Gefängnissen der Zivilen landen. Oder wenn die, die in Apanteos geblieben sind, auf die treffen, die sie attackiert haben. Vielleicht in einem Moment der Unachtsamkeit. Der Stachel jedenfalls bleibt.

Der neue Stachel

Am 30. November wurde ein 36jähriger Mann erstochen in seiner Zelle im Hochsicherheitsgefängnis von Zacatecoluca aufgefunden. Sein Name war Miguel Ángel Navarro, sein Deckname El Animal.

Das Fernsehen brachte eine Nachricht von etwa dreißig Sekunden, die Zeitungen eine Meldung von einer halben Seite. Es hieß, der Mann, der eine Strafe wegen schweren Raubs und Mitgliedschaft in einer kriminellen Organisation verbüßt habe, sei erstochen worden und der Grund dafür sei vermutlich eine Abrechung unter Gangstern.

Niemand nahm Notiz davon, dass er in der Zelle von Iván Buenaventura Alegría gefunden worden war, Wortführer und rechte Hand des Toten, bekannt als »der Vergewaltiger von Merliot«, 2001 wegen Gewalt gegen acht Frauen zu 107 Jahren Gefängnis verurteilt. Niemand zog die These von der Abrechnung unter Gangstern in Zweifel, obwohl sich die Zelle, in der der Ermordete gefunden worden war, im Erdgeschoss von Block 3 befand, in dem die Zivilen saßen und der die

Blöcke 1 und 2 der Mareros von Block 3 des Barrio 18 trennt. Niemand zählte zwei und zwei zusammen und kam auf die Idee, dass es möglicherweise mit dem zu tun hatte, was in Apanteos passiert war. Niemand dachte daran, dass ein Stachel andere Stacheln herausreißt, dass El Animal der Chef der Trasladados war (und dass alle niesten, wenn er »Niesen!« befahl), der Mann, der, wie zwei Quellen mir gegenüber versicherten, den Zivilen seiner ehemaligen Haftanstalt in Apanteos den Befehl gegeben hatte, die Mareros aus ihren Blöcken zu vertreiben.

Im April letzten Jahres begannen neun Haftanstalten der Zivilen, angeführt von der in Apanteos, eine Revolte, der sich später sechs Haftanstalten der Bandenmitglieder anschlossen. Angeblich ging es um die unmenschlichen Haftbedingungen, denen sie ausgesetzt waren. Doch alle meine Informanten – angefangen bei dem Mann, mit dem ich mich in dem Chinarestaurant getroffen hatte, über El Gusano bis hin zu einem ehemaligen Wärter von Zacatecoluca, der im Dezember entlassen worden war – versicherten mir, dass der Grund ein anderer gewesen sei: Im April hatte die Strafvollzugsbehörde beschlossen, El Animal von Apanteos nach Zacatecoluca zu verlegen. Der Eisberg ist mehr als seine Spitze.

Orlando Molina empfing mich zum letzten Mal am 1. Dezember, einen Tag nachdem El Animal mit 72 Stichwunden in Gesicht, Hals, Brust und Rücken aufgefunden worden war. Der Gefängnisdirektor lächelt nur sehr selten, aber wenn man ihm die richtige Frage stellt, dann lächelt er.

»El Animal wurde ermordet, Herr Direktor. Anscheinend haben die anderen Leader in Zacatecoluca vollendet, was hier zwischen der MS und den Zivilen begonnen hatte.«

Molina lächelte.

»Glauben Sie? Das Problem der Strafanstalten und der Häftlinge in diesem Land ist vielschichtig, meinen Sie nicht?«

Mehr wollte er zu diesem Thema nicht sagen. El Gusano jedoch ist sich sicher, dass es nur zwei Möglichkeiten gibt: Entweder hatten die Mareros El Animal aus Rache für das, was in Apanteos geschehen war, hingerichtet, oder andere Zivile, die in der Hierarchie der Trasladados aufsteigen wollten und nicht bereit waren, gegen die Mara Salvatrucha zu kämpfen, hatten ihn umgebracht. Und der ehemalige Wärter von Zacatecoluca, der die blutüberströmte Leiche in der Zelle gefunden hatte, erzählte mir: »Ein Insasse, der wegen seiner Nähe zu El Animal um sein Leben fürchtete, hat behauptet, dass es Abraham Bernabé Mendoza war, El Patrón, einer, der mit El Animal um die Macht kämpfte ... Vermutlich war es jemand aus dem Block der MS, der den Mordbefehl an El Patrón in Block 3 gegeben hat.« Vielleicht sind die beiden Hypothesen von El Gusano Teil ein und derselben Wahrheit.

Bevor El Animal erstochen wurde, hatte jemand die beiden Kameras abgedeckt, die zur Überwachung des Innenhofs dienen, in dem sich die Gefangenen in Zwölfergruppen vierzig Minuten pro Tag aufhalten. Der Chef der Trasladados wurde morgens zwischen elf und zwanzig nach elf ermordet. Demzufolge gibt es elf Verdächtige.

»Herr Direktor, um ein Haar wäre es zu dem erwarteten Massaker in Apanteos gekommen.«

»Ja, wir wussten, dass etwas passieren würde, aber wir wussten nicht, wann.«

Die Beamten räumen das freimütig ein, als wäre es das Natürlichste der Welt. In diesem System kann man Massaker voraussagen wie Gewitter: Der Himmel bewölkt sich, wahrscheinlich wird es gleich regnen. Das zu verhindern ist etwas ganz anderes. Es hängt von dem Moment ab, in dem das Gewitter sich entlädt.

Der Direktor machte eine Pause und kam dann auf die Situation außerhalb seiner überfüllten Haftanstalt zu sprechen:

»Das Problem ist nicht, ob hier etwas passiert oder nicht, das Problem ist das System, es ist außer Kontrolle. So etwas kann sich jederzeit wiederholen.«

»Es wird weitere Massaker geben?«

»Möglich. Aber das ist nicht der Punkt. Wir haben damit zu kämpfen, dass die Probleme in den Gefängnissen seit Jahren vernachlässigt worden sind. Probleme in der Verwaltung, Fortbildung, Sicherheit, Infrastruktur, Korruptionsbekämpfung, Finanzen. Wo sollen wir beginnen? All das hat praktische Konsequenzen. Die Banden wurden getrennt, damit sie sich nicht gegenseitig umbringen. Inzwischen gibt es keinen Platz mehr für sie in ihren Gefängnissen. Die Bandenmitglieder akzeptieren ihre eigenen Leute nicht mehr. Also hat man sie in die Gefängnisse der Zivilen verlegt, die sich inzwischen ebenfalls organisiert haben. Es gibt immer mehr Banden, und alle wollen dasselbe: Macht, Macht, Macht. Die Fragen sind: Wie viele Banden werden sich noch bilden? Was soll mit ihnen geschehen? Wenn man sie nicht mehr trennen kann, weil in ihren Gefängnissen kein Platz ist, soll man sie wieder zusammenlegen?«

»Ich nehme an, dass genau das geschehen wird. Wenn sie nicht mehr in ihre Gefängnisse passen, werden sie zusammengelegt.«

»Ja, das nehme ich auch an.«

In Apanteos sitzen 240 Mitglieder der Mara Salvatrucha oder Verbündete in Block 6. Weitere 250, die, die sich am aktivsten an dem Massaker beteiligt haben, wurden nach Gotera verlegt. Fast alle Blöcke in Apanteos befinden sich im Krieg mit Block 6. Man hat Soldaten zur Bewachung der Haftanstalt eingesetzt, aber nur außerhalb der Mauern. Innerhalb der Mauern wird, wie der Direktor zu mir sagte, »ausbalanciert und verhandelt, denn Spannungen wird es immer geben«.

Das Gedächtnis innerhalb der Gefängnisse ist unerbittlich, es vergisst nichts, und das ist, in Kombination mit der wachsenden Überbelegung, eine tickende Zeitbombe.

Wie El Gusano so richtig gesagt hat: »Hier drin verschwinden Stacheln nicht einfach. Sie werden rausgerissen.«

Heute reißen diese Männer einen anderen Stachel heraus.

Viele glauben, dass es in diesem Winkel der Welt für sie keine Zukunft mehr gibt. Sie stürzen sich in eine andere Hölle und versuchen, sie zu durchqueren, um der eigenen Hölle zu entfliehen.

FLUCHT

Die gezähmten Kojoten

veröffentlicht am 24. März 2014

Warum haben Los Zetas bei einem Massaker 268 Menschen ermordet, in der Mehrzahl Migranten aus Zentralamerika, Mexiko und Südamerika?
Die Geschichte der Salvadorianer, die bei dem Gemetzel im Norden Mexikos getötet wurden, die Aussage eines Schleppers aus El Salvador, eines »Kojoten«, sowie verschiedene Dokumente deuten darauf hin, dass das Gemetzel Teil einer Offensive war, die zum Ziel hatte, den Kojoten zu verstehen zu geben:
Entweder ihr zahlt, oder wir lassen euch nicht durch. Weder euch noch die Migranten. Die Situation hat sich verändert. Die Brutalsten auf dem Weg in den Norden sind nicht mehr die Kojoten.

Der **Kojote kam** viel früher zurück als erwartet. Normalerweise brauchte er mehr als zwanzig Tage, doch diesmal waren gerade mal fünf oder sechs vergangen, seit er die Grenze zwischen Guatemala und Mexiko überquert hatte. Deswegen überraschte es Fernando, den Fahrer des Kojoten in El Salvador, als er den Anruf seines Chefs erhielt.

August 2010. Der Schlepper bat seinen Fahrer, ihn an der Grenze bei San Cristóbal auf der salvadorianischen Seite abzuholen. Er kam alleine, ohne die sechs Migranten, mit denen er fortgegangen war. Der Kojote – erinnerte sich Fernando, als er vor der Staatsanwaltschaft aussagte – sei nervös gewesen, habe ihm aber nicht erzählt, was vorgefallen war, sondern nur irgendwelche Ausflüchte vorgebracht: »Ich bin von einem Hund gebissen worden«, habe der Kojote gesagt, erinnerte sich Fernando. Später sollte Fernando erfahren, dass sein Chef in

Mexiko von keinem Hund gebissen worden war. Er war von etwas sehr viel Größerem gebissen worden.

* * *

Am Mittwoch, dem 25. August 2010 machten die Zeitungen in El Salvador mit folgender Schlagzeile auf: »72 Leichen in einem Schuppen in Tamaulipas gefunden.« In der Nacht zum 23. August hatte sich ein achtzehnjähriger Ecuadorianer, erschöpft, von einem Streifschuss am Hals verletzt, zu einem mexikanischen Militärstützpunkt geschleppt und gesagt, er habe ein Massaker überlebt, das von den Zetas verübt worden sei, einer kriminellen Bande im Staat Tamaulipas im Norden Mexikos. Die Soldaten fragten ihn, wo das Massaker stattgefunden habe, und fuhren zu dem angegebenen Ort in der Gemeinde San Fernando, dem Viertel La Joya am Rande des Stadtzentrums. Dort trafen sie vor einem halb verfallenen Schuppen an einem Seitenweg auf ein bewaffnetes Kommando. Es kam zu einer Schießerei, bei der drei Gangster und ein Soldat starben. Die anderen Gangster konnten fliehen. In dem Schuppen machten die Soldaten eine grausige Entdeckung: ein Berg von Leichen, zusammengepfercht, übereinandergestapelt, ein bunter, trauriger Bandwurm, aufgequollen, entstellt, gefesselt. Abgeschlachtet.

Aufgrund der Aussage eines Überlebenden, des jungen Ecuadorianers Luis Freddy Lala Pomadilla, sprachen die Zeitungen am nächsten Tag von ermordeten Migranten. Nach und nach bestätigte sich die Nachricht: 58 Männer und 14 Frauen, Migranten aus Zentralamerika, Ecuador, Brasilien und Indien, die sich auf dem Weg in die Vereinigten Staaten befanden, waren von einem Kommando der Zetas massakriert worden.

* * *

Fernando sagte aus, an dem Tag, als die Meldung in den Zeitungen der halben Welt erschienen sei, habe er einen Anruf des Kojoten erhalten.

»Ich muss weg. Wenn die Polizei kommt, kennst du mich nicht«, habe der Kojote gesagt.

»Aber warum?«
»Egal. Du weißt nichts von mir.«

* * *

›Fernando‹ war der Deckname des Hauptzeugen im Prozess gegen sechs Salvadorianer, die beschuldigt wurden, einer Schlepperbande anzugehören. Fernando kannte den Kojoten seit seiner Kindheit. Sie waren Nachbarn, als Fernando seine Arbeit verlor und als Fahrer des Kojoten zu arbeiten begann. Zu seinen Pflichten habe es gehört – erklärte Fernando vor einem Richter, vor den Staatsanwältinnen der Sondereinheit gegen Menschenhandel und Menschenschmuggel und vor Angehörigen der Eliteeinheit gegen das organisierte Verbrechen, der »División Élite contra el Crimen Organizado« (DECO) –, den Kojoten abzuholen und ihn zu einem Vorgespräch mit potenziellen Migranten oder zu den Treffen mit den anderen Mitgliedern der Schlepperbande zu fahren, ihn zur guatemaltekischen Grenze zu bringen und nach ein paar Tagen dort wieder abzuholen. Zu seinen Pflichten gehörte es nicht, jedenfalls nicht bis zum August 2010, den Mund zu halten, wenn die Polizei kam.

Im Dezember 2010 kam die Polizei. Sie nahm Fernando fest, und sie nahm auch einen dreiunddreißigjährigen Mann namens Érick Francisco Escobar fest. Laut Staatsanwaltschaft, Polizei, Fernando und anderen Zeuge ist er der Kojote.

Die Verhaftung erfolgte erst vier Monate nach dem Massaker von San Fernando, weil das Auswärtige Amt von El Salvador erst im September den forensischen Bericht aus Mexiko zugestellt bekam. Darin wurde festgestellt, dass dsreizehn der in dem baufälligen Schuppen Ermordeten salvadorianische Staatsbürger waren. Die polizeilichen Ermittler suchten die Angehörigen der Opfer auf und erhielten sieben übereinstimmende Zeugenaussagen. Der Schlepper, mit dem sie verhandelt hatten, hieß Érick, und die Telefonnummer, die er ihnen gegeben hatte, stimmte mit der des Verhafteten überein, wie die Polizei später feststellen sollte. Ein Mann, dessen Sohn von den Zetas bei dem Gemetzel in Tamaulipas erschossen worden war, war der Einzige der sieben Zeugen, der angab, dass er Érick wiedererkennen würde. Was er dann auch tat. Im Prozess zeigte er auf den Mann, der seinen Sohn in den Tod geführt hatte.

Fernando wurde zusammen mit Érick festgenommen. Er wurde beschuldigt, der Schlepperbande anzugehören, und nach einer Woche in der Haftanstalt von San Vicente – wo er gezwungen war, direkt neben dem Abort hockend zu schlafen – entschloss er sich, den Staatsanwältinnen und den Ermittlern der DECO unter Eid alles zu sagen, was er wusste.

Drei Monate nach den ersten Verhaftungen nahm die DECO in der Gemeinde Tecapán in Usulután einen Mann fest, dem es gelungen war, während dieser ganzen Zeit unterzutauchen. Der korpulente Mann war Kapitän von Atlético Marte, einer Fußballmannschaft der ersten Liga, und Besitzer von Bussen, die die Linie 46 bedienten. Sein Name war Carlos Ernesto Teos Parada. Laut den Ermittlungen der Staatsanwaltschaft und Fernandos Aussage war er der Chef der Schlepperbande, der auch Érick angehörte.

Sabas López Sánchez, zwanzig Jahre, und Karen Escobar Luna, 28 Jahre, stammten ebenfalls aus Tecapán. Beide endeten als Teil des bunten, traurigen Bandwurms.

* * *

In seiner Aussage gegenüber den Staatsanwältinnen zeichnete Fernando ein Bild, das eine Vorstellung davon vermittelte, wie die Migranten, zumindest die sechs, die mit Érick gingen, ihre letzten Tage an Güterzügen hängend verbracht hatten.

Fernando beschrieb zwei Routen. Eine begann in Chiapas, wohin jedes Jahr Hunderttausende von Migranten strömen, nachdem sie im Suchiate, dem Grenzfluss zu Guatemala, nasse Füße bekommen haben. Von da aus ging es weiter nach Veracruz, was bedeutete, dass die Migranten zuvor die 280 Kilometer, auf denen keine Züge verkehren, abwechselnd zu Fuß quer durch den Dschungel oder in einem der Busse von Chiapas zurückgelegt hatten und dann, in der Gemeinde Arriaga, in den Zug gestiegen waren, in dem sie nach elf Stunden unter der unbarmherzigen Augustsonne die Gemeinde Ixtepec im Staat Oaxaca erreicht hatten. Dort waren sie in einen anderen Zug umgestiegen, einen sehr viel schnelleren, der 70 km in der Stunde fährt und sechs bis acht Stunden braucht, bis er den Staat Veracruz erreicht. In der Gemeinde Medias Aguas werden die Züge aus Oaxaca und Tabasco aneinandergekoppelt und fahren gemeinsam bis in die Nähe von Mexiko-Stadt. Von da aus waren die Migranten zu Fuß nach Ciudad Victoria gegangen, um als nNächstes nach Reynosa und Nuevo Laredo, Tamaulipas, zu fahren. Danach hätten sie den Río Bravo und die Grenzpatrouillen der Vereinigten Staaten überwinden müssen, um in den Staat Texas zu gelangen.

Fernando beschrieb Érick als einen Mann, dem kein Laster fremd sei. Ein Trinker und Kokser. Einer, der, nach den Worten des Zeugen, »am liebsten immer vollgedröhnt ist«.

Kokain ist für Kojoten das, was für Pokerspieler Whisky ist. Nichts Besonderes also. Nichts weiter als das Detail einer Personenbeschreibung, ein nebensächliches Detail, wenn nicht geschehen wäre, was geschehen ist.

Einmal, erzählte Fernando den Staatsanwältinnen, hätten sich Carlos Teos und Érick mit anderen Mitgliedern der Schlepperbande in Usulután getroffen. Das war ungefähr ein Monat vor dem Massaker. Teos gab Instruktionen, besprach die Route, nannte neue Kontaktmänner. Dann befahl er einem der Anwesenden, das Geld zu holen. Fernando sah mehrere Schusswaffen. Kurz darauf kam der Mann mit einer Rolle Banknoten zurück und gab Érick 3.000 Dollar, das Geld für den Schmuggel seiner Migranten.

Die Angehörigen der sechs Salvadorianer, die von den Zetas ermordet worden waren, sagten aus, dass mit Érick ein Betrag zwischen 5.700 und 7.500 Dollar pro Migrant vereinbart worden sei. Die Hälfte hätten sie vor Antritt der Reise bezahlt, der Rest wäre in den Vereinigten Staaten fällig gewesen, nach der Ankunft, zu der es nie kommen sollte.

Nach dem Treffen der Bandenmitglieder, erzählte Fernando, habe Érick ihn gebeten, ihn nach San Salvador zu fahren, zum Boulevard de la Constitución, und von dort in eine Seitenstraße, die nach La Granjita führt, einem von einer alteingesessenen Bande namens Mao Mao kontrollierten Viertel. Dieses Viertel ist allgemein unter dem Namen La Pradera bekannt, weil sich am Anfang der nicht asphaltierten Seitenstraße ein Motel dieses Namens befindet. Érick wollte Kokain kaufen, und sein Fahrer brachte ihn dorthin. Gleich im Auto, sagte Fernando, habe Érick eine »volle Nase« genommen.

Diese »volle Nase« wäre nichts weiter als die übliche Beschreibung eines Kojoten, eine Nebensächlichkeit, hätte Fernandos Bericht nicht so geendet, wie er endete.

* * *

Eine der Frauen, die von Érick geführt wurden, rief unterwegs einen Angehörigen an, der später den Schlepper anzeigte. Die Frau, heißt es in dem Bericht der Staatsanwaltschaft, war optimistisch:

»Ich bin in Mexiko, bei dem, der mich bis hierher gebracht hat. Es geht mir gut, grüß alle von mir, ich ruf an, wenn ich in den Vereinigten Staaten bin.«

Auch der Sohn des Mannes, der im Prozess auf Érick zeigte, rief an. Auch er war optimistisch.

»Wer ist bei dir? Érick?«, fragte der Vater.

»Ja, Papa, er ist noch bei uns, er hat sich noch nicht von uns getrennt.«

Noch war nicht geschehen, was dann geschah. Die kleinen Details hatten noch nicht in einem bunten, traurigen Bandwurm geendet.

* * *

Nach Berichten der Migrationsbehörde von El Salvador verließen die sechs Migranten, die dreizehn Tage später in einem halb verfallenen Schuppen in Tamaulipas ermordet werden sollten, am 11. August das Land über die Grenze bei San Cristóbal.

Fernando sagte aus, dass sie in der Nacht zuvor in zwei Hotels in der Nähe des Busbahnhofs, von dem aus die Busse in den Westen von El Salvador fahren, untergebracht worden seien, einige im Hotel Ipanema, andere im Hotel Pasadena. In diesen Hotels, die 17 Dollar für ein Doppelzimmer nehmen, übernachten Lkw-Fahrer, Busfahrer, Migranten und Schlepper.

Eine der Staatsanwältinnen erzählt mir, dass sie sich im Verlauf der Ermittlungen einen Durchsuchungsbeschluss für das Hotel Pasadena besorgt hätten. Unter den Gästen befanden sich ein zehnjähriger Junge und ein Achtzehnjähriger, die auf ihren Reiseantritt warteten. Ihre Schlepper waren ein Mann, den die Vereinigten Staaten kurz zuvor nach El Salvador abgeschoben hatten, und ein Polizist. Beide wurden verhaftet. Auch ein Guatemalteke namens José María Negrero Sermeño hielt sich dort auf. Die Polizei holte über Funk Auskunft über den Mann ein, und es stellte sich heraus, dass gegen ihn ein Haftbefehl wegen Menschenschmuggels bestand, ausgestellt von einem salvadorianischen Richter. Sie beschlagnahmten seine Handys, auf denen die Nummern von Polizisten, Vertretern der Migrationsbehörde und Zollbeamten gespeichert waren. Außerdem fand sich bei ihm ein Notizbuch mit den Namen von Vertretern der Migrationsbehörden von Guatemala und El Salvador sowie Visitenkarten mehrerer Beamter. Als die Polizisten die Anrufe des Mannes checkten, stellte sich heraus, dass er mit Érick und Carlos Teos telefoniert hatte.

Die Migranten, die später ermordet wurden, seien in einen internationalen Bus gestiegen, der sie in die guatemaltekische Hauptstadt gebracht habe, erzählte Fernando. Érick gab dem Fahrer 120 Dollar, 20 für jeden Migranten. Mit dem Geld sollte der Busfahrer, wenn nötig, Polizisten bestechen, die möglicherweise bemerkten, dass die Migranten von Schleppern begleitet wurden. Érick, Fernando und ein weiterer Mann – Carlos Arnoldo Ventura, der später wegen Menschenschmuggels zu vier Jahren Gefängnis verurteilt wurde – fuhren im Auto an die Grenze. Während der Fahrt, so erinnerte sich Fernando, habe Érick mit Carlos Teos telefoniert und mit ihm Routen und Termine abgesprochen.

In dem Bericht der Staatsanwaltschaft heißt es, Carlos Teos – der ein Touristenvisum für die Vereinigten Staaten besaß – sei fast eine Woche nach den Migranten von El Salvador in die Vereinigten Staaten abgereist. Er hatte den Auftrag, so Fernando, die Migranten dort in Empfang zu nehmen, sie zu ihren Familien zu bringen und die zweite Rate der »Reisekosten« zu kassieren. Im Register der Zollbehörden ist Teos' Ausreise dokumentiert, nicht aber seine Einreise. Die Staatsanwaltschaft geht davon aus, dass Teos mit einem Haufen Geld zurückgekommen ist und die Grenzkontrollen umgangen hat, um die Einfuhr der Devisen nicht anmelden zu müssen. Teos' Kontoauszüge belegen, dass sein Geldvermögen innerhalb eines Monats von null auf fast 10.000 Dollar anwachsen konnte, dass er einmal 85.000 Dollar besaß und drei Tage später 94.000.

Das Letzte, was Fernando von Érick wusste, war, dass er die Grenze unter Umgehung der Kontrollen überquert hatte, in der Absicht, den Bus auf der guatemaltekischen Seite zu nehmen und mit »seinen« Migranten gen Norden zu fahren.

* * *

Kurz darauf erhielt Fernando den Anruf von Érick. Jenen Anruf, der viel zu früh kam.

»Ich muss weg. Wenn die Polizei kommt, kennst du mich nicht«, sagte der Kojote, nachdem Fernando ihn abgeholt hatte.

Érick blieb einige Wochen verschwunden. Als er wiederaufgetaucht sei, sagte Fernando in seiner eidesstattlichen Versicherung aus, habe er ihm etwas anvertraut. Etwas, das typisch ist im Leben dieser harten Männer. Etwas, das dieser Geschichte eine völlig neue Wendung geben sollte.

Érick sagte zu ihm, er habe Geld ausgegeben, das für den Menschenschmuggel bestimmt gewesen sei. Er hatte den Anteil, den er den Zetas in Tamaulipas aushändigen sollte, für Koks ausgegeben. Er hatte das Geld ausgegeben, das ein Schlepper an diese mexikanische Mafia zahlen muss, damit die Migranten ihre Reise fortsetzen können. Érick – so sagte Fernando aus – wusste, dass er unantastbares Geld angetastet hatte, Geld, das ihm nicht gehörte, und darum überließ er die sechs Salvadorianer, die illegal in die Vereinigten Staaten einreisen wollten, ihrem Schicksal.

* * *

Als eine der ermittelnden Staatsanwältinnen erzählt, dass Carlos Teos und Érick von einem stellvertretenden Richter des Sondergerichts in San Salvador freigesprochen worden seien, versagt ihr die Stimme. Sie ist den Tränen nahe.

Trotz Fernandos Aussage, trotz der Auswertung von Telefonverbindungen und der Identifizierung durch den Vater eines der Ermordeten, und obwohl ein anderer Richter mit genau diesen Zeugenaussagen und Beweisen zwei andere Mitglieder der Schlepperbande später verurteilen sollte, sprach dieser Richter Érick und Carlos Teos frei.

»Wir haben schon unseren Erfolg gefeiert. Es war ein Schock ... Es ist so traurig. Wir haben uns nur angesehen, wir konnten es einfach nicht glauben.«

Die Staatsanwaltschaft hat Berufung eingelegt und hofft, dass der Oberste Gerichtshof das Urteil aufhebt und den Fall an einen anderen Richter zur Neuverhandlung übergibt.

Die Angehörigen der ermordeten Migranten sind verschwunden, nachdem sie ihre Aussagen gemacht hatten. Sie erhielten telefonische Morddrohungen. Man werde sie umbringen, sei ihnen gesagt worden, erzählten sie den Staatsanwältinnen, bevor sie ihre Häuser verließen, um sich an einem unbekannten Ort niederzulassen.

* * *

Was in dem Schuppen in La Joya passierte, wurde inzwischen erzählt. Von einem jungen Mann.

Am 14. September 2010 gegen Mittag setzt sich der achtzehnjährige Luis Freddy Lala Pomadilla in der ecuadorianischen Stadt Riobamba vor eine Kamera, um per Video auf die Fragen zu antworten, die ein Staatsanwalt in Mexiko-Stadt ihm stellt. Pomadilla ist einer der zwei Überlebenden des Massakers. Denn er ist überzeugt, dass noch ein weiterer Junge überlebt hat. Es sei dunkel gewesen, sagt er, er habe gesehen, wie er geflohen sei, zwischen den Toten hindurch, aber dann habe es Tumulte gegeben, Schüsse.

Der mexikanische Staatsanwalt interessiert sich vor allem für Namen und Decknamen. Er erkundigt sich nach El Coyote (*Der Kojote*),

El Degollado (*Der Geköpfte*), Chabelo (*Feigling*), El Kilo (*Das Kilo*), Cabezón (*Dickkopf*), nach El Gruñón (*Der Griesgram*), einem guatemaltekischen *kaibil*, und nach fünf Salvadorianern. Er fragt den Zeugen, ob er in ihnen die Mitglieder der Zetas erkenne. Pomadilla, der wie die sechs salvadorianischen Migranten von seinem Schlepper allein gelassen wurde, sagt aus, sie hätten nicht miteinander gesprochen, deswegen könne er sich lediglich an El Kilo erinnern (Martín Omar Estrada, Chef der Zetas in San Fernando, der später verhaftet und verurteilt wurde). Er erinnere sich, dass die Zetas zu acht gewesen seien, alle bewaffnet, dass sie in einem Trooper (einem Geländewagen der Marke Isuzu) und einem weißen Pick-up mit doppelter Fahrerkabine gekommen seien, dass sie die drei Lastwagen mit den Dutzenden von Illegalen auf ihrem Weg zur Grenze gestoppt hätten. Die Männer hätten sie nach San Fernando gebracht und dort in einem Schuppen an der Wand aufgereiht. Einer der Zetas habe gefragt, ob es unter ihnen Männer oder Frauen gebe, die sich den Zetas anschließen wollten. Nur ein junger Migrant habe die Hand gehoben und gesagt, ja, das wolle er. »Aber ihn haben sie auch umgebracht«, sagt Pomadilla. Ihn und 71 weitere Personen. Er, Pomadilla, habe das Massaker überlebt, weil die Zetas ihn für tot gehalten hätten. Er erinnere sich an die Schüsse, drei Minuten lang habe das gedauert. Ein Kugelhagel aus einer einzigen Waffe, die erst schwieg, als sie das Leben von 72 Migranten ausgelöscht hatte.

Los Zetas ist eine Bande brutaler Killer. Nach den Worten eines Coronels, der 2011 der Einheit zur Aufrechterhaltung des Ausnahmezustands in Alta Verapaz angehörte, sind es Leute, die zuerst schießen, foltern und töten, bevor sie ihre Opfer fragen, ob sie tun werden, was man von ihnen verlange.

Doch sie sind nicht nur brutale Killer, sondern auch Geschäftsleute. Bei jeder der Aktionen dieser Bande, die ich seit 2008 beobachte und zu begreifen versuche, geht es nur um eins: Geld. Aber warum entführen sie 74 Migranten, verschleppen sie in eine verlassene Gegend einer ländlichen Gemeinde, um sie dann auf brutale Weise zu ermorden? Was hat ihnen das eingebracht?

Die von den mexikanischen Behörden verbreitete Version lautet, dass die Zetas ihre Opfer erschossen haben, weil sie verärgert darüber waren, dass die Migranten sich ihrer kriminellen Bande nicht anschließen wollten. Eine der Frauen, die bei dem Massaker getötet wurden, war ein junges Mädchen von achtzehn Jahren aus der Provinz La Libertad. Sehen so die Leute aus, die die Zetas anwerben wollen?

Die Geschichte der sechs salvadorianischen Migranten, die erschossen wurden, weil ihr Kojote mehr Kokain konsumieren wollte, als er bezahlen konnte, gibt eine andere Antwort: Wer nicht bezahlt, wird nicht durchgelassen. Mexiko zu durchqueren hat seinen Preis, und die Zetas legen ihn fest.

Die Schlepper und Migranten, die diese Regel missachten, bekommen es mit brutalen Killern zu tun. Was kann das besser demonstrieren als 72 in einen bunten, traurigen Bandwurm verwandelte Leichen?

Alles bekommt eine innere Logik, wenn man davon ausgeht, dass die Zetas den Schleppern und den Migranten eine Botschaft zukommen lassen wollten. Doch um diese These zu untermauern, um zu begreifen, wie die Zetas die Welt der Kojoten verändert haben, muss man sich auf die Suche nach diesen illegalen Reiseführern begeben.

Es gibt kaum einen geeigneteren Ort als die Provinz Chalatenango in El Salvador, um einige der erfahrensten Schlepper zu treffen.

* * *

Auf dem Tisch stehen sechs leere Bierdosen und ein Teller mit verschiedenen Tapas, die der Käse- und Zigarettenschmuggler sich schmecken lässt. Wir sitzen im Restaurant eines Hotels in einem Vorort von Chalatenango, der Hauptstadt der gleichnamigen Provinz. Eigentlich ist es nur ein Dorf, mit einer Bank und ein paar Schnellrestaurants zwar, aber eben ein Dorf. Der Schmuggler, den ich durch einen Mittelsmann kennengelernt habe, erzählt mir, dass das Hotel und das Restaurant, in dem wir sitzen, einem der bekanntesten Schlepper von Chalatenango gehören. Doch das Misstrauen, mit dem sich der Mann uns nähert, um herauszufinden, wer ich bin und was ich in seinem Laden mache, hindert den Schmuggler daran, ihn mir vorzustellen.

Mein Gesprächspartner, ein kleiner, rundlicher Mann, verdient sein Geld mit dem Schmuggel von Käse und Zigaretten. Er kauft den Käse in Nicaragua billig ein und bringt ihn in Hunderten von 50-Kilo-Kisten, versteckt in falsch etikettierten Containern, auf Lastwagen über die Grenze; oder er übernimmt den Transport von chinesischen oder russischen Zigaretten, die in versiegelten Containern über die honduranische Grenze nach Ocotepeque gebracht werden sollen. Hinter der Grenze entfernt er die Plomben und lässt die Zigaretten auf Pick-ups umladen und über die grüne Grenze nach El Salvador schmuggeln. Dort werden die Zigaretten dann für die Hälfte des üblichen Preises verkauft. Hier in Chalatenango kommt man leichter an Zigaretten der Marke »Modern« als an Marlboros.

Plan A des Schmugglers, einen Kojoten für mich aufzutreiben, ist gescheitert. Doch weil er mich aus irgendeinem Grund auf gar keinen Fall enttäuschen will, nimmt er seine Schirmmütze ab, atmet tief durch, kneift die Augen zusammen und sagt:

»Aaaalso, wenn Sie hier einen Stein umdrehen, finden Sie darunter einen Kojoten. Das Problem ist nur, dass die Jüngeren, die Neuen, dass die ängstlicher sind und nicht mit einem Journalisten sprechen wollen. Besser, wir versuchen es gleich beim absolut Größten, beim Chef der Kojoten von Chalatenango. Kann sein, dass er uns zum Teufel schickt, aber versuchen kann man's ja mal. Ich bin ihm sehr dankbar, er hat mir nämlich beigebracht, wie man Käse schmuggelt. Und den Kojoten hier hat er gezeigt, wie das Geschäft mit dem Menschenschmuggel läuft. Er ist der unumstrittene Chef der Kojoten von Chalate.«

Heute ist Freitag. Er bittet mich, ihm übers Wochenende Zeit zu geben, um mit dem »Señor Coyote« zu sprechen.

* * *

Der Chef der Kojoten ist groß und stark wie eine Eiche. Er empfängt uns, den Käseschmuggler und mich, in seinem Haus in Chalatenango. Er lässt Tilapias bringen, dazu Reis und Tortillas und Bier.

Dem Käseschmuggler ist es gelungen – was nicht einfach ist –, den

Schlepper zu überreden, unter Wahrung seiner Anonymität mit einem Journalisten zu sprechen, ihm Geschichten zu erzählen und bestimmte Dinge zu erklären. Der Chef der Kojoten vertraut mir. Darum ist das Gespräch an diesem Nachmittag im Oktober 2013 von Anfang an offen und freimütig.

Der Chef der Kojoten ist jetzt sechzig Jahr alt. 1979 hat er damit begonnen, Menschen in die Vereinigten Staaten zu schleusen. Bei seinem ersten eigenen Versuch, illegal in die Vereinigten Staaten zu gelangen, hatte er einem guatemaltekischen Schlepper 600 Colones bezahlt (damals etwa 240 Dollar). Der Versuch scheiterte, sie wurden in Tijuana verhaftet. Während seines Aufenthalts in verschiedenen Gefängnissen lernte er einen anderen Schlepper aus Guatemala kennen. Der Chef der Kojoten, der damals noch ein junger Mann von zwanzig Jahren war, bot an, den Kontakt zu Migranten aus El Salvador herzustellen. Zu der Zeit, erinnert er sich, wurde das noch nicht als Straftat verfolgt. Niemand wurde verhaftet, nur weil er Kojote war, und schon gar nicht vor ein Sondergericht für organisiertes Verbrechen gestellt, wie es Érick passiert ist. So sicher fühlte sich der Chef der Kojoten, dass er in der Gemeinde Cuscatancingo ein Büro eröffnete, um seine Dienste anzubieten, und in den Zeitungen Anzeigen schaltete unter der Überschrift »Garantiert sichere Reisen in die Vereinigten Staaten«, darunter die Telefonnummer seiner Agentur. Nach ein paar Monaten, als er von dem Guatemalteken alles Wissenswerte über das Geschäft gelernt hatte, machte er sich selbständig. Die Leute riefen ihn an und fragten, welche Strecke zu Fuß zurückgelegt werden müsse. Der Kojote erklärte ihnen, dass sie im Bus quer durch Mexiko fahren und bei Mexicali, San Luis Río Colorado oder Algodones zu Fuß die Grenze überqueren würden. Der Fußmarsch werde nicht länger als eine Stunde dauern. Und so geschah es. Sobald er fünfzehn oder zwanzig Personen zusammenhatte, trat er mit ihnen die Reise an. Die größte Gruppe, die er jemals geführt hatte, bestand aus 35 Personen. Die Fahrt durch Mexiko könne sehr lustig sein, sagt der Chef der Kojoten. »Die Leute haben den Bus nur zum Pinkeln verlassen«, erinnert er sich. In den Transitzonen für Migranten an der Grenze sei alles schon geregelt gewesen, man habe nur den Zollbeamten ein paar Dollar in die Hand drücken müssen.

Mitte der Achtzigerjahre beschloss der Chef der Kojoten, sich für ein paar Jahre aus dem Geschäft zurückzuziehen. Die Nationalgarde hatte sein Büro durchsucht, weil sie auf grund der vielen ein und aus gehenden Menschen vermutete, es handele sich um eine Zelle der Guerilla. Fortan hielt er sich länger in den Vereinigten Staaten auf und schleuste nur hin und wieder kleinere Gruppen von Migranten über die Grenze.

2004 stieg er wieder ein. Die Situation war schwieriger geworden, doch sie sollte noch viel schwieriger werden.

»Die Dinge hatten sich verändert«, sagt er. »In Mexiko wurde mehr für die Sicherheit getan. Jetzt war es schon ein Verbrechen, überhaupt Kojote zu sein. Und der Tarif war auf 6.000 Dollar pro Person gestiegen, egal, wohin sie in den Vereinigten Staaten wollten. Nichts war mehr wie früher.«

Es gab nur noch wenige Schlepper, die die Migranten auf ihrer gesamten Fahrt durch Mexiko begleiteten.

»Damals ging es mehr um die Koordination, und so ist es bis heute. Man bringt die Leute an die guatemaltekische Grenze zu Mexiko, und dort wartet ein Mexikaner, der sie weiter in die Hauptstadt bringt. Er kassiert zwischen 1.200 und 1.300 Dollar pro Person. In Mexiko-Stadt bringt ein anderer sie an die Grenze zu den Vereinigten Staaten. Der bekommt rund 800 Dollar, dazu 100 für Aufenthalt und Verpflegung der ›Hühner‹ an der Grenze. Macht rund 2.500 Dollar von hier bis an die Grenze der Vereinigten Staaten. Von dort bis nach Houston zum Beispiel kassieren die Schlepper 2.000 Dollar. In Houston zahlt man heute für jeden Migranten 2.500 Dollar. Sie werden interniert, in sogenannten Sicherheitshäusern, und ich schicke das Geld, damit sie freigelassen werden. Früher nahmen sie 500 Dollar für die Kleintransporter, die sie in die Sicherheitshäuser brachten. Heute kassieren sie 700. Pro Person bleiben dir 1.000 bis 1.500 Dollar Gewinn.«

Es gebe Möglichkeiten, die Kosten in Mexiko zu senken, sagt der Chef der Kojoten zu mir, aber das seien für ihn »inhumane Methoden«. Zum Beispiel, 120 Migranten in einem Lkw an die Grenze zu karren. Die Verplombung kaufe man von Kontakten an der mexikanischen Grenze, und in den Papieren stehe dann, dass sich in dem Lkw Obst befinde, wo doch in Wirklichkeit Dutzende von Menschen darin eingesperrt seien, vor Hitze und Sauerstoffmangel halb erstickt, ohne Deodorant oder Parfüm, ohne Uhren oder Handys, nichts, was klingeln und sie verraten könnte. Es gebe Kojoten, die, um ein paar Hundert Dollar zu sparen, die Leute zwängen, zwanzig Stunden bis nach Mexiko-Stadt im doppelten Boden eines Bananentransporters zu liegen. Das ist für den Chef der Kojoten inhuman.

In den letzten fünf Jahren seien die Tarife angestiegen, sagt er, und keiner, der sich für einen guten Kojoten halte, werde einem Migranten versprechen, ihn für weniger als 7.000 Dollar in die Vereinigten Staaten zu bringen.

»Das Risiko ist größer geworden«, sagt der Chef der Kojoten und schreibt mit dem Zeigefinger ein Z in die Luft.

»Wann haben Sie damit begonnen, die Zetas zu bezahlen?«, frage ich ihn.

»2005 haben wir angefangen, mit den Zetas zusammenzuarbeiten, aber damals war es noch nicht obligatorisch. Kontakte zu den Zetas zu haben war so etwas wie eine Sicherheitsgarantie, und wir haben diesen Kontakt gesucht. Das lief alles über den mexikanischen Kojoten, genauso wie die Zusammenarbeit mit der Polizei. Später dann, so um 2007, haben die Zetas angefangen, die Illegalen direkt zu schröpfen. Es war ihnen egal, wer diese Leute waren und woher sie kamen. Zuerst kassierten sie 100 Dollar pro Person, und es wurde bezahlt. Seit zwei Jahren aber werden diese Arschlöcher immer unverschämter.«

Die Zetas, die fünfzehn Jahre zuvor als bewaffneter Arm des Golf-Kartells ins Land gekommen waren, trennten sich 2007 von der Organisation. Was früher für sie vielleicht nur ein Nebenverdienst gewesen war, wurde danach zu einer ihrer Haupteinnahmequellen.

»100 Dollar muss also für jeden Migranten an die Zetas gezahlt werden, damit sie sie durchlassen?«, frage ich nach.

»Heute sind es 200 Dollar. Das Risiko ist höher geworden, darum sind sämtliche Tarife gestiegen. Für 1.000 Dollar ist kein Kojote mehr bereit, ein Risiko einzugehen.«

»Wie läuft der Kontakt zu den Zetas?«

»Wir geben den Mexikanern das Geld, das heißt, dem mexikanischen Kojoten, und der kümmert sich dann darum. Ich jedenfalls kenne keinen von den Zetas persönlich. Wenn hier jemand behauptet, er kennt einen von ihnen, dann lügt er. Der mexikanische Kontaktmann zahlt den Zetas vielleicht 100 und kassiert von mir 200. Das kann schon sein. Aber was soll's, man muss zahlen.«

»Oder?«

»Na ja, genau das ist in Tamaulipas passiert. Sie haben nicht bezahlt, und die Zetas haben die Migranten ermordet. Ihnen war es egal, wer die Leute waren. Die Botschaft lautete: Jemand hat vergessen zu bezahlen, und dann passiert das eben. Die Verantwortung dafür trägt der Kojote, der sie nach Mexiko geschleust hat. Niemand von uns schickt Menschen in den Tod. Was wir Kojoten wollen, ist, Geld verdienen und Vertrauen gewinnen.«

»Aber es gibt doch Kojoten, die ihre Migranten nach wie vor selbst durch Mexiko begleiten.«

»Einen guten Kojoten, der die Migranten bis zum Schluss begleitet, gibt es nicht. Nicht einen. Das riskiert keiner. Er bringt sie höchstens nach Ciudad Hidalgo (an der guatemaltekischen Grenze zu Mexiko). Alles wird Stück für Stück gemacht. Man selbst koordiniert nur. Na ja, es gibt die Verrückten, die zwei oder drei Migranten im Zug begleiten. Sie kassieren 4.000 oder 5.000 Dollar für die Zugfahrt durch Mexiko. Wir nennen sie ›Hühnerkojoten‹. Und dann noch die Leute, die selbst fortgehen wollen und zwei oder drei Personen mitnehmen. Sie sind früher schon einmal mit dem Zug unterwegs gewesen und wissen, wie das geht. Und dann passiert, was passieren muss: Sie werden entführt und verschleppt. Wenn Sie 200 Dollar pro Person zahlen, passiert nichts, aber wenn ich auf eigene Faust fahre ... Na ja. Dann werden die Zetas böse. ›Die fahren einfach durch und zahlen nicht‹, sagen sie sich. Sie entführen sie und verlangen ein Lösegeld von bis zu 5.000 Dollar pro Person. Wenn Sie mit Kontaktleuten arbeiten, die die

Zetas kennen, ist die Durchfahrt durch Mexiko garantiert, da gibt es kein Problem. Diese Bande ist bestens organisiert, sie arbeitet mit Militär und Polizei zusammen. Wenn Sie zum Beispiel von einer Patrouille geschnappt werden und die stellen fest, dass Sie die Zetas bezahlt haben, dann werden Sie sofort wieder freigelassen. Aber wenn sie herausfinden, dass Sie keinen Kontakt mit den Zetas haben, dann werden Sie festgehalten. Sie gehen nicht in den Knast, aber man übergibt Sie den Zetas. Auf diese Weise verschwinden die Leute. Wenn man mit den Zetas zusammenarbeitet, ist Mexiko kein Problem. Wenn nicht ... «

Als es dunkel wird in Chalatenango, verabschieden wir uns von dem Chef der Kojoten, im Kopf das »Wenn nicht« und vor allem die Pünktchen, die im Fall der salvadorianischen Migranten, die sich Érick anvertraut hatten, eine Maschinengewehrsalve in einem verlassenen Schuppen bedeuteten. Die Auslassungspunkte anderer Banden können sehr viel Schlimmeres bedeuten. Wenn du Kontakt zu den Zetas hast, gibt es keine Probleme. Wenn nicht ...

* * *

Manchmal vergisst Bertila, wovon sie gerade spricht. Sie isst wenig. Mit ihren über sechzig Jahren wiegt sie knapp 50 Kilo. Seit ihr Sohn Charli auf dem Weg in die Vereinigten Staaten am 27. März 2011 auf der Straße von San Luis Potosí nach Reynosa im Norden Mexikos verschwand, isst Bertila wenig, schläft schlecht und träumt viel. Sie träumt, dass Charli nicht tot ist, dass er zur Tür hereinkommt und sie zu ihm sagt: »Ich hab schon gedacht, dir wär was passiert.« Und er antwortet: »Mir? Mir ist nichts passiert.« Das träumt sie.

Unzufrieden mit den vier Dollar Tagesverdienst, motiviert durch die bevorstehende Geburt seiner ersten Tochter, ermutigt von dem Angebot eines Schleppers, ihn in die Vereinigten Staaten zu bringen und erst dann Geld von ihm zu verlangen, wenn er dort etwas verdient hat, beschloss Charli, sein Haus in Izalco im Westen von El Salvador zu verlassen und zu emigrieren. Mit vier anderen Migranten machte er sich, angeführt von dem Kojoten, auf den Weg.

Ich sitze mit Bertila, Charlis Mutter, im Innenhof ihres Hauses in einem Viertel von Izalco. Und sie erzählt mir, immer wieder von ihrem Kummer überwältigt, Folgendes:

An einem Montag machten sich Charli, der Kojote und die anderen Migranten auf den Weg, abwechselnd mit Bus und Bahn. Am Freitag kam der Kojote mit den Migranten, aber ohne Charli, zurück. Beamte der Migrationsbehörde hatten sie in Oaxaca im Süden Mexikos festgenommen. Sie hatten alle, außer Charli, aus dem Bus geholt und weggebracht. Charli hatte fliehen und seinen Weg fortsetzen können.

Er kam bis San Luis Potosí, schon im Norden Mexikos, und blieb vier Tage bei entfernten Verwandten, die es dorthin verschlagen hatte. Von da aus hat Charli zum letzten Mal telefoniert, nicht mit Bertila, sondern mit seinem Bruder Jorge, der in Oklahoma lebt und arbeitet. Jorge erzählte mir am Telefon, dass Charli nicht wusste, was er machen sollte. Zu dem Zeitpunkt war der Kojote mit den vier Migranten in einem zweiten Versuch erneut von El Salvador aufgebrochen. Charli – so erinnerte sich Jorge – hatte dem Kojoten erzählt, er habe vor, nach Reynosa weiterzufahren, an die Grenze, und dort einen Kojoten aufzutreiben, der ihn auf die andere Seite bringen würde. Jorge versuchte sogar, Kontakt zu der Frau aufzunehmen, die ihn vor Jahren rübergebracht hatte. Ihr Job war es, Leute mit falschen Papieren durch die Grenzkontrolle oder illegal über den Río Bravo zu bringen. Der Unterschied zwischen diesen beiden Optionen betrug 500 Dollar: 2.500 die eine, 2.000 die andere. Charli wollte nicht länger warten. Er sagte seinem Bruder, dass der Kojote aus Izalco ihm gesagt habe, er solle sich nicht vom Fleck rühren, er werde ihn abholen, auf der Strecke wimmele es von Zetas, die würden ihn schnappen, die machten Jagd auf alle, die keinen Kojoten bezahlten, die wiederum die Zetas bezahlten.

Jorge hatte eine ungefähre Vorstellung davon, wie gefährlich der Weg war. Ein paar Monate zuvor war ein Cousin von ihm in die Vereinigten Staaten gekommen, und der hatte ihm erzählt, dass er es nur durch ein Wunder geschafft habe. »Wenn ein Kojote nicht mit den Zetas zusammenarbeitet«, hatte er gesagt, »entführen sie die Leute und bringen sie um. Sie sind wie wild hinter den Kojoten her, die sich weigern zu zahlen.« Der Cousin hatte Jorge erzählt, dass er mit einem dieser Kojoten gegangen sei, und als er gemerkt habe, dass die Zetas hinter ihm her waren, sei er abgehauen.

Doch die Warterei war die Hölle, der Aufenthalt in Mexiko wurde zu einer endlosen Zwangspause.

Charli beschloss, in den Bus nach Reynosa zu steigen.

* * *

Am 6. April 2011 verkündeten die Behörden des Staates Tamaulipas die Entdeckung von acht Massengräbern in La Joya, einem Viertel von San Fernando, demselben Ort, an dem die Zetas ein Jahr zuvor in einem baufälligen Schuppen 72 Migranten erschossen hatten. In dem Massengrab lagen 59 verweste Leichen, einige von ihnen mit eingeschlagenem Schädel.

Anfangs versuchten die Behörden, die Sache zu bagatellisieren, indem sie die Toten als »Mitglieder internationaler krimineller Organisationen« beschrieben, »Opfer von Gewalt auf offener Straße«.

Doch es wurden immer mehr Massengräber entdeckt, immer mehr Tote gefunden.

Am 8. April waren es acht; am 15. April wurden 145 Leichen aus 36 Gräbern geborgen; am 29. April verkündete der Gouverneur von Tamaulipas, dass insgesamt 196 Leichen gefunden worden seien.

Zu spät wurde man sich bewusst, dass man in einer Gemeinde, in der vor nur einem Jahr das Blut von 72 Migranten vergossen worden war, so etwas hätte voraussehen können. Mehr noch: Basierend auf dem »Gesetz zum freien Zugang zu Informationen« erreichte das National Security Archive der Vereinigten Staaten die Freigabe des Inhalts mehrerer Telegramme, die von den Vertretern der Vereinigten Staaten in Mexiko, in der Hauptsache vom Konsulat in Matamoros, einer Grenzstadt in der Nähe von San Fernando, nach Washington D.C. geschickt worden waren.

Aus den freigegebenen Telegrammen ging hervor, dass zwischen dem 19. und 24. März 2011, also fast einen Monat bevor die Massengräber entdeckt wurden, mehrere Busse auf der Route nach Reynosa gestoppt und die Fahrgäste verschleppt worden waren.

Es war dieselbe Route, die Charli trotz der Warnungen seines Schleppers zu nehmen beschloss. Es ist dieselbe Route, die Tausende von Migranten nehmen, um das letzte Hindernis ihrer Reise zu überwinden: die Grenze zu den Vereinigten Staaten.

Die Entführungen waren kein Zufall. Sie waren den gesamten März hindurch an der Tagesordnung. Die Busse mit den Fahrgästen, in der Mehrheit zentralamerikanische und mexikanische Migranten, wurden gestoppt, wenn sie über die vierspurige Bundesstraße 97 in Richtung Reynosa fuhren, und auf Nebenstraßen nach San Fernando dirigiert.

Es gibt noch keine offizielle Bestätigung dafür. Die interdisziplinäre Kommission, die damit beauftragt wurde, die gefundenen Leichen zu identifizieren, hat ihre Arbeit noch nicht beendet, aber Dutzende von Leichen konnten bereits als Mexikaner und Zentralamerikaner identifiziert werden, weil die Mütter von verschwundenen Migranten Blutproben für den DNA-Abgleich abgegeben hatten.

Eine jener Mütter war Bertila. Eine der identifizierten Leichen war Charli.

* * *

Bertila – an einem der Tische ihrer Empanadería, die sie im Innenhof ihres Hauses in einem Viertel von Izalco betreibt – ist mit ihren Gedanken woanders. Ihr Blick geht ins Leere, manchmal scheint sie vergessen zu haben, dass wir miteinander sprechen. Sie macht den Eindruck, als stelle sie sich eine bestimmte Situation vor, als werde in ihrem Kopf ein Film abgespult. Ein trauriger Film. In der Szene, die sie träumt, übergeben Beamte ihr einen Sarg oder einen Sack oder was auch immer – die Verpackung spielt dabei keine Rolle – mit den Knochen ihres Sohnes Charli.

Im Dezember 2012, fast zwei Jahre nachdem ihr Sohn von den Zetas verschleppt und ermordet worden war, erhielt Bertila von der Generalstaatsanwaltschaft der Republik Mexiko die Bestätigung, dass die

Leiche in der Reihe 11, Abteilung 314, Sektion 16 der Städtischen Leichenhalle von Ciudad Victoria, Tamaulipas, ihr Sohn Charli war.

Den Kummer einer Mutter zu beschreiben, deren Sohn verschleppt und ermordet wurde, einer Mutter, die nichts hatte, um ihren Sohn zu begraben – denn bis heute, fast drei Jahre nach der grausamen Tat, hat man Bertila die sterblichen Überreste ihres Sohnes Charli nicht ausgehändigt –, ist sehr schwierig. Welches Wort kann angemessen beschreiben, was Bertila fühlt? Welches Wort trifft ihren Schmerz? Das Einzige, was mir dazu einfällt, ist, dass Bertila nicht mehr ganz in dieser Welt lebt, dass sich in ihrem Kopf immer und immer wieder ein trauriger Film abspielt, dass sie ihn sieht und sich von der Welt immer mehr zurückzieht. Das Beste scheint mir zu sein, sie ihren Kummer mit ihren eigenen Worten beschreiben zu lassen:

»Manchmal vergesse ich, was ich gerade gesagt habe ... Wenn man mich gefragt hat, ob ich etwas von Charli gehört habe, hatte ich manchmal das Gefühl, man würde mich schlagen ... tief hier drin ... Ich bin gefallen, immer und immer wieder ... Ich habe mich auf sein Bett gelegt und bin lange dort geblieben. Seit seinem Verschwinden sind zwei Jahre, sieben Monate und zehn Tage vergangen ... Wenn ich wenigstens seine Knochen begraben könnte ... vielleicht gäbe es dann ein wenig Frieden. Obwohl ich auch dann wohl nie mehr völligen Frieden finden könnte. Aber es würde mein Leben vielleicht ein wenig erleichtern, denn manchmal macht es mich kaputt. Wenn es stark regnet, stelle ich mir vor, dass seine Knochen fortgespült werden und man sie nie mehr wiederfindet. Das macht mich ... Jedes Mal, wenn ich höre, dass es in Mexiko einen Zyklon gibt, ein Unwetter, einen Tropensturm, muss ich daran denken. Es macht mich sehr traurig, wenn ich sehe, wie alle anderen Blumen auf ein Grab legen oder wenn man ihnen ihre Lieben bringt ... Ich bekomme ihn nicht zurück.«

* * *

Und wieder stellt sich die Frage: Warum haben sie Charli und seine Leidensgenossen verschleppt? Warum Benzin verschwenden, riskieren, entdeckt zu werden, nur um auf der Landstraße von San Luis

Potosí nach Reynosa einen Bus mit Migranten zu stoppen? Warum sich die Mühe machen, sie in verschiedene Viertel von San Fernando zu bringen? Warum sie mit einer solchen Brutalität ermorden? Denn die meisten Leichen in den Gräbern wiesen keine Schusswunden auf, sie wurden mit stumpfen Gegenständen ermordet, mit Knüppeln totgeprügelt, mit Macheten zerfetzt. Warum diese Brutalität?

Warum ist das ausgerechnet Charli passiert? Warum ist das den sechs salvadorianischen Migranten passiert, die mit Érick gereist sind? Warum ist das den 72 Personen im Jahre 2010 passiert? Warum ist das den 196 Personen im Jahre 2011 passiert?

Ich nehme an, dass der Chef der Kojoten von Chalatenango bereits eine Antwort darauf gegeben hat. Auf jeden Fall werde ich ihn noch einmal danach fragen.

* * *

Wieder sollte das Treffen im Innenhof seines Hauses in Chalatenango stattfinden, doch im letzten Moment ändert der Chef der Kojoten seine Pläne. Er ruft mich an und sagt, er sei gerade auf einer seiner Fincas, am besten, wir träfen uns auf der Landstraße gegenüber der Vierten Infanteriebrigade. Ich solle am Straßenrand parken und das Blinklicht eingeschaltet lassen, er werde vorbeikommen und hupen, ich solle ihm dann zu seiner Finca folgen.

Er kommt. Einer seiner Arbeiter sitzt am Steuer. Der Chef der Kojoten von Chalatenango ist betrunken.

Eigentlich haben wir verabredet, zu seiner Finca zu fahren, aber er dirigiert mich zu seinem Haus. Wie beim letzten Mal setzen wir uns in den Innenhof. Das Gespräch gestaltet sich schwierig. Er will über andere Themen reden. Ich erkläre mich einverstanden, und wir sprechen eine Weile über Reitpferde, streiten darüber, ob der Appaloosa besser ist als der Morgan, ob die spanische Rasse über der peruanischen steht.

Einer seiner Männer bringt Bier.

Seit einer Stunde reden wir nun schon über Dinge, die mich nicht interessieren. Eine Sackgasse. Ich frage, und er spricht über das, wozu er gerade Lust hat.

Schließlich, als ich das Gefühl habe, dass wir zum Ende kommen müssen, dass er müde ist und die Augen ihm vor Müdigkeit und vom Alkohol zufallen, sage ich mit lauter Stimme:

»Ich verstehe diese Massaker der Zetas nicht, diesen Wahnsinn ... «

Und er, der wohl auch das Gefühl hat, dass wir zum Ende kommen müssen, erwidert, ebenfalls mit lauter Stimme:

»Das ist doch klar. Sie wollen vor dem warnen, was passiert, wenn jemand nicht zahlt. Das ist ihre Botschaft. Ich rate den Leuten immer, sie sollen sich informieren, bevor sie die Reise antreten. Bezahlt dein Kojote die Zetas, oder bezahlt er sie nicht? Wenn er nicht zahlt, dann gnade dir Gott.«

Männer, die Frauen verkaufen

veröffentlicht am 29. Oktober 2012

Eine Frau, die zu emigrieren versuchte, erzählt, wie sie in die Hände der Zetas fiel und in einem Bordell im Norden Mexikos landete. Mit blutigen Ritualen machten guatemaltekische Menschenhändler ihren manchmal noch minderjährigen Opfern klar, dass ein Fluchtversuch tödlich enden konnte. Ein Salvadorianer, der verurteilt wird, weil er an der mexikanischen Grenze eine Frau verkauft hat, kann nach zwei Jahren aus dem Gefängnis entlassen werden. Der Handel mit Frauen und Mädchen zum Zweck sexueller Ausbeutung ist eine kaum beachtete Barbarei in Zentralamerika, das unter schwersten Delikten leidet. Schwache Staaten kämpfen gegen organisierte Banden brutaler, blutrünstiger, kompromissloser Krimineller.

Einer der Staatsanwälte fragt. Grecia antwortet.
»Wo genau?«
»Auf der rechten Wade. Sie haben uns irgendwohin gebracht und uns dort tätowiert. Sie haben uns zu essen gegeben und uns an einer Substanz riechen lassen. Davon bin ich dann eingeschlafen. Als ich aufwachte, habe ich die Tätowierung gesehen. Ein Schmetterling auf einem Zweig in Form eines Z. Das war das Zeichen, es bedeutete, dass ich ihnen gehörte, dass ich eine Ware war.«

* * *

Grecia hat inzwischen das Land verlassen. Zwei Mal hat sie berichtet, auf welche Weise die Mitglieder einer Bande des organisierten Verbrechens ihren Körper missbrauchten. Danach musste sie verschwinden. Sie hat ihre Geschichte vor den salvadorianischen und den mexikanischen Behörden erzählt. Grecia lebt nicht mehr in El Salvador. Sie lebt als Flüchtling in irgendeinem anderen Land. Aus Sicherheitsgründen wissen nur wenige, welches Land das ist.

Ich weiß, dass sie 29 Jahre alt ist, dass sie drei Kinder hat – sechs Jahre, drei Jahre, zehn Monate –, dass sie verheiratet ist und arbeitslos war, als sie sich entschloss zu emigrieren. Ich habe nie mit ihr gesprochen. Das Einzige, was ich von Grecia kenne, ist die Erklärung, die sie vor einem salvadorianischen Richter abgegeben hat. Ich habe 52 Minuten gebraucht, um diese Erklärung zu lesen und auf Band zu sprechen.

Bei einer Anhörung vor der 9. Strafkammer des Friedensgerichts in San Salvador am 2. Juli 2010 um neun Uhr morgens antwortete die unter dem Namen Grecia bekannte Zeugin in Anwesenheit eines von ihr als einen ihrer Peiniger identifizierten Mannes auf die Fragen von Staatsanwälten und Verteidigern. Was war ihr widerfahren? Wie hatte sie überlebt?

* * *

Einer der Staatsanwälte fragt. Grecia antwortet.

»Wissen Sie, warum Sie von diesem Gericht vorgeladen wurden? Sie wurden von diesem Gericht vorgeladen, um über die Delikte Entführung, Vergewaltigung und Menschenhandel – Verbrechen, die gegen Sie verübt wurden – zu Gericht zu sitzen. Wann haben Sie Ihre Reise in die Vereinigten Staaten angetreten?«

»Am 13. April 2009.«

»Welches war der Grund für diese Reise?«

»Meine ökonomische Situation in diesem Land.«

»Mit wem haben Sie die Reise angetreten?«

»Mir Señor Ovidio Guardado.«

»Beschreiben Sie Señor Ovidio!«

»69 Jahre, männlich, weiß, kurzes, leicht gekräuseltes graues Haar, Größe etwa 1,77 Meter, keine Zähne. Er hat eine Narbe am Kopf.«

»Was genau hat er getan?«

»Er hat mich getäuscht. Er hat mir nicht gesagt, dass er ein Kojote ist. Er hat gesagt, wir würden zusammen in die Vereinigten Staaten fahren, aber in Mexiko hat er seine wahre Absicht gezeigt.«

»Und welches war seine Absicht?«

»Seine wahre Absicht war es, mich zu vergewaltigen, aber dazu ist es nicht gekommen.«

»Wie viele Personen haben die Reise mit Ihnen gemeinsam angetreten?«

»Nur Señor Ovidio.«

Ovidio ist ein sonnenverbrannter Mann mit faltigem Gesicht, aber noch sehr stark, wie ein ausgetrockneter Baum ohne Blätter, der sich trotz des fortgeschrittenen Alters noch aufrecht hält. Ovidio ist ein Verwandter von Grecias Ehemann. Ovidio ist ein Nachbar von Grecias Mutter und Schwiegermutter. Grecia vertraute Ovidio.

* * *

Wie die meisten Frauen, die zur Ware werden, wurde auch Grecia durch ihre Hoffnung, der Armut zu entkommen, geködert. Genau das ist die Methode des »Rings von Barberena«. Dieser Fall gibt nicht nur Aufschluss über die Opfer und ihre Herkunft, sondern auch über die verschiedenen Facetten der Menschenhändlerringe in der Region. Der Ring von Barberena bestand aus zwölf Männern und einer Frau, die bis 2006 in Barberena aktiv waren, einer ländlichen Gemeinde in der Provinz Santa Rosa an der Pazifikküste Guatemalas. Eine Bande von Mördern, die eine Finca besaßen, auf der sie Mais anbauten und blutige Rituale veranstalteten, um ihre Opfer einzuschüchtern. Eine kriminelle Bande, die das Glück hatte, einen salvadorianischen Richter zu finden, der die meisten ihrer Mitglieder freisprach. Über die Facetten dieses Rings wird noch zu reden sein. Im Moment interessiert uns vor allem, mit welcher Methode die Opfer geködert wurden.

Die Operationsbasis des Rings von Barberena war die Bar El Pantanal (*Der Sumpf*). Die Vorgehensweise war simpel: Sie schickten salvadorianische Männer oder Frauen los, die jahrelang gezwungen worden waren, als Prostituierte zu arbeiten – eine der Überlebenden war sieben Jahre dort eingesperrt –, und durch den fortgesetzten schweren Missbrauch üble Gewohnheiten angenommen hatten.

Diese Männer und Frauen wurden also in die Stadtviertel und Siedlungen in den salvadorianischen Grenzprovinzen Santa Ana und Ahuachapán geschickt. Sie gingen in die ärmlichen Häuser und gaben sich als Angestellte eines vor Kurzem eröffneten Supermarkts mit angeschlossenem Restaurant in Barberena aus, der auf der Suche nach Personal sei. Der Wochenlohn betrage 70 Dollar plus Fahrtkosten, dazu 50 Dollar in die Hand der Getäuschten, wenn sie bereit sei, ihre Familie zu verlassen.

Die vier Länder im Norden Zentralamerikas sind Herkunfts-, Durchgangs- oder Zielland der Opfer von Menschenhandel. Und in diesen vier Ländern blüht das Geschäft mit sexueller Ausbeutung. Aus Nicaragua, El Salvador und Honduras kommen die meisten Opfer. Vor allem Guatemala ist das Land, in dem sie versklavt werden. Aufgrund der Tatsache, dass sich Tausende von Migranten und vor allem Migrantinnen dort aufhalten, sind diese vier Länder der ideale Steinbruch für die mexikanischen Menschenhändler. Die Experten – NGO-Vertreter, Staatsanwälte, Polizisten, internationale Organisationen – sind sich darin einig, dass die Nachbarschaft zu Mexiko und der enorme Flüchtlingsstrom, der Guatemala durchquert, dieses Land zu einem idealen Ort für Schlepper- und Menschenhändlerbanden macht.

Die Lockvögel der Menschenhändler, die Stadtviertel, Dörfer und Siedlungen aufsuchen, arbeiten anders als die Mormonen, die von Haus zu Haus gehen und darauf hoffen, dass man ihnen die Tür öffnet und sich ihr Geschwätz anhört. Die Lockvögel leben in der Nachbarschaft, gehören zum Umfeld der möglichen Opfer, kennen die Bewohner, treten als Wohltäter auf. Oder sie werfen ihre Netze unter falschem Namen aus. Sie wissen alles über die Frauen, die sie im Visier haben, sogar, ob sie schon einmal vergewaltigt wurden, so die Leiterin des psychologischen Betreuungszentrums der salvadorianischen Staatsanwaltschaft für Opfer des Menschenhandels. Die Menschenhändler riechen die Schutzlosigkeit und die Verletzlichkeit ihrer Opfer wie Haie das Blut.

Die verzweifelten Frauen, die den Lockvögeln des Rings von Barberena ins Netz gingen und bereit waren, ihre Familien zu verlassen, mussten fast eine Stunde fahren, um zum El Pantanal nach Barberena zu kommen. Sogleich wurden sie von bewaffneten Männern und einer Guatemaltekin, Sonia García, in Empfang genommen. Sonia forderte sie auf, ihre züchtige Kleidung – häufig die einer konservativen evangelischen Frau – abzulegen und einen Minirock und eine weit ausgeschnittene, grellbunte Bluse anzuziehen. Sie sagte ihnen, von jetzt an müssten sie in der Bar die Betrunkenen überreden, 50 Quetzales (umgerechnet etwas sieben Dollar) zu bezahlen, um sich eine halbe Stunde lang mit ihnen vergnügen zu können. Die meisten Opfer weigerten sich zunächst, sagten, das sei nicht abgemacht gewesen. Daraufhin erklärten ihnen die in der Mehrheit salvadorianischen Männer um Sonia mit Fäusten und Baseballschlägern, dass es sich nicht um eine Bitte handelte, sondern um einen Befehl.

Als ich Mitte August in der Haftanstalt von Apanteos in Santa Ana mit Rigoberto Morán Martínez sprach, einem von sechs wegen Zugehörigkeit zum Ring von Barberena Verurteilten, erzählte er mir, dass während der knapp zwei Jahre, die er im El Pantanal gewesen sei, keine der Frauen in der ersten Woche gearbeitet habe. Die meisten hatten blau geschwollene Gesichter. Und Frauen mit geschwollenen Gesichtern gefielen den Gästen des El Pantanal nicht. Das Gespräch mit Rigoberto, dessen einziges Arbeitsgerät sein ganzes Leben lang ein Gewehr war, wird uns später noch weitere Aufschlüsse geben.

Ende 2007 erstatteten sechzehn der Frauen, die das El Pantanal überlebt hatten, beim salvadorianischen Gericht Anzeige. Insgesamt waren 26 Frauen in einer Aktion der Staatsanwaltschaft und der Polizei von El Salvador in Zusammenarbeit mit Interpol Guatemala befreit worden. Sechs von ihnen kamen aus Nicaragua und Guatemala, zwanzig aus El Salvador. Der Grund dafür ist der, dass die Lockvögel des Menschenhändlerrings in der Mehrzahl Salvadorianer waren.

In einem Bericht, den das Büro der Vereinten Nationen gegen Drogen und Verbrechen in diesem Jahr veröffentlicht hat, heißt es, dass in El Salvador in 79% der von der Polizei zwischen 2005 und 2010 ermittelten Fälle sexueller Ausbeutung die Opfer aus El Salvador stammten. Dagegen kamen in den Fällen, die in Guatemala im selben Zeitraum aufgedeckt wurden, nur 4% aus Guatemala. 89% waren Frauen aus Honduras, El Salvador und Nicaragua.

Doch sämtliche Untersuchungen und Berichte der Experten stimmen darin überein, dass die Opfer einem Umfeld entstammen, das all diesen Ländern Zentralamerikas gemein ist: der Armut.

Eine Salvadorianerin, die aus dem El Pantanal befreit werden konnte, war minderjährig. Um ihre Anonymität zu wahren, wurde sie während des Prozesses Carmencita genannt. Warum sie mit fünfzehn Jahren bereit gewesen sei, ihre Familie zu verlassen, um in Barberena zu arbeiten, wurde sie gefragt. Und dies war ihre Antwort:

»Es gab Tage, da konnte meine Mami nicht mal Bohnen kaufen.«

Über das, was sie erdulden musste, um wenigstens Bohnen kaufen zu können, sagte Carmencita:

»An manchen Tagen war ich mit bis zu sieben Männern zusammen. Aber ich wollte das nicht, und deshalb hab ich Theater gemacht. Einmal, als der Chef betrunken war, hat er angefangen, wie verrückt mit der Machete auf uns einzuschlagen. Mich hat er dabei am Bein verletzt. Ich hab geweint und ihn gebeten, mich ins Krankenhaus zu bringen. Die Wunde hat sich entzündet, aber er hat mir nur gesagt, ich solle sie mir auswaschen, die Kunden würden sich davor ekeln.«

Die Kunden ekelten sich vor einer tiefen Wunde am Bein, nicht davor, ein fünfzehnjähriges Mädchen zu missbrauchen.

* * *

Einer der Staatsanwälte fragt. Grecia antwortet.

»Und was ist dann passiert?«

»Als es dunkel wurde, brachte mich Señor Ovidio in einen Stall, etwa vier Stunden von einem Fluss namens Las Palmas entfernt. Es war so gegen elf Uhr, drei Pferde standen in dem Stall. Er hat gesagt, sein Gott habe zu ihm gesprochen und ihm gesagt, dass ich ihm gehöre.«

»Hat er etwas getan?«

»Ich bin aggressiv geworden, habe mich nicht anfassen lassen. Er wurde gewalttätig, hat mir einen seiner langen Fingernägel drohend vor die Nase gehalten und gesagt, es wäre nicht das erste Mal, dass er jemanden mit dem Nagel umbringen würde. Ich habe zu Señor Ovidio gesagt, ich müsse mal. Dabei hab ich versucht zu fliehen. Ich laufe also weg, bis zu einem Ort, der El Batallón genannt wird. Eine Dreiviertelstunde bin ich gelaufen. Ich hab zu den Soldaten gesagt, ich sei geflohen, weil der Señor Ovidio mich vergewaltigen wollte. Ein Soldat hat geantwortet, ich solle mir keine Sorgen machen, ich könne die Nacht über dableiben.«

Am fünften Tag nach ihrer Abreise aus El Salvador trennte sich Grecia von Ovidio. Inzwischen war sie in Mexiko, im Staat Tabasco. Sie werde die Hölle auf Erden erleben, hatte Ovidio zu ihr gesagt, erinnert sich Grecia. Nach einer Nacht in der mexikanischen Garnison El Batallón machte sie sich wieder auf den Weg, um die Eisenbahnlinie des Zugs von Tenosique zu erreichen, dem Ausgangspunkt der Atlantikroute des sogenannten »Tren de la Muerte« (*Zug des Todes*), den die blinden Passagiere aus Zentralamerika besteigen, die ein besseres Leben in den Vereinigten Staaten suchen. Grecia traf auf eine Gruppe von Migranten aus verschiedenen Ländern und fragte sie, ob sie sich ihnen anschließen könne. Sie erzählte ihnen, was Ovidio während ihrer Reise immer wieder versucht hatte. Die Migranten nahmen sie in ihren Kreis auf, und gemeinsam gelangten sie schließlich zu einem Bahnhof der Eisenbahnlinie, einem Ort, den Grecia so beschreibt: »Es gibt Kioske, Läden, ein verlassenes Hotel, es gibt sogar einen See, aber vor allem gibt es jede Menge Illegale ohne Papiere. Und bewaffnete Männer.«

Tenosique, nahe der Grenze zu Petén, Guatemala, ist einer der verfluchten Orte der Migration. Tatsächlich war das Hotel, das Grecia erwähnte, bis Anfang 2009 in Betrieb. Dort brachten kriminelle Banden die Migranten unter, die sie verschleppt hatten, bevor sie sie in andere Städte weiter nördlich transportierten. Ironischerweise war der Name des Hotels »California«.

Einer der Staatsanwälte fragt. Grecia antwortet.

»Was waren das für ›bewaffnete Männer‹?«

»Ihre Aufgabe war es, Leute in den Norden zu bringen. Sie trugen Jeans und Hemd. Sie kontrollierten den Ort, gaben Befehle, beherrschten das Gebiet um die Bahngleise herum. Sie sagten, sie würden einer Bande namens Los Zetas angehören und die Region kontrollieren.«

»Wie viele von ihnen hielten sich an dem Ort auf?«

»Ungefähr zwanzig.«

»Was für Waffen hatten sie?«

»Gewehre, großkalibrige Waffen, Pistolen. Einer aus Honduras sagte, es sei eine Uzi …«

* * *

»Wer hat die Frauen im El Pantanal bewacht?«, frage ich Rigoberto in der »grünen Zone«, wie der Innenhof der Haftanstalt von Apanteos in El Salvador genannt wird.

Rigoberto, ein Mann von 48 Jahren, ist nur ein Jahr zur Schule gegangen. Seine ganze Kindheit und Jugend hat er auf Maisfeldern gearbeitet. Als 1982 der Bürgerkrieg in El Salvador begann, wurde er, inzwischen achtzehn Jahre alt, zur Armee eingezogen, und als der Krieg zu Ende war, arbeitete er weiter mit dem Gewehr in der Hand, jetzt als privater Wachmann für eine jener Firmen, die Leute wie Rigoberto an Unternehmen, Apotheken, Geschäfte, Supermärkte oder Eisenwarenläden verleihen.

»Leute, denen er vertraute, Leute aus seiner Familie«, antwortet der kleine, aber kräftige, muskulöse Mann mit dem kantigen Gesicht und dem schmalen Schnurrbart. Er meint die Leute von Adán Cerritos, dem Chef des Händlerrings von Barberena. »Sie waren bewaffnet.«

»Mit Gewehren?«

»Wovon reden wir denn?«

»Haben sie die Frauen rund um die Uhr bewacht?«

»Ja, rund um die Uhr.«

Der Ring von Barberena entsprach exakt dem Bild der Menschenhändler von Zentralamerika. Dazu gehört, dass sich die Bande aus Leuten aus dem näheren Umfeld zusammensetzt, wenn möglich aus Familienangehörigen, die die Bordelle verwalten. Außerdem gibt es ein paar Angestellte, Lockvögel und Schläger, die die Mädchen anwerben und, wenn nötig, mit brutalen Prügeln einschüchtern. Obwohl der Ring von Barberena international tätig war und Frauen aus drei Ländern ausbeutete, handelte es sich dabei um eine vergleichsweise kleine Gang, die weit entfernt war von den monströsen Organisationen der Drogenkartelle und sich auf abgeschiedene, ländliche Gebiete konzentrierte. Doch eine kleine Bande muss nicht zwangsläufig isoliert sein.

»Warum haben Sie nie Anzeige erstattet?«, frage ich Rigoberto, dem ich für einen Moment glauben will, dass er in der Bar El Pantanal nur ein einfacher Angestellter war, ein Handlanger, ein »Ausputzer«. Zwei Jahre war Rigoberto auf der Flucht, bevor er verhaftet und im Februar 2011 wegen Menschenhandels zu sechs Jahren Haft verurteilt wurde. Die Höchststrafe für »Menschenhandel zum Zweck sexueller Ausbeutung« beträgt in El Salvador zehn Jahre, drei Monate und drei Tage in besonders schweren Fällen, wenn zum Beispiel das Opfer minderjährig ist. Laut Rigoberto war er durch eine Salvadorianerin ins El Pantanal gekommen. Sie hatte dort als Köchin und als Lockvogel für den Ring von Barberena gearbeitet, und er hatte sich unsterblich in sie verliebt.

»Weil das nicht ging, wie gesagt, die Polizei dort war gekauft. Es ging nicht. Ich hätte mein Leben riskiert. Ich wäre ein toter Mann gewesen. Wie viel er an sie gezahlt hat, weiß ich nicht«, sagt er, während die Sonne untergeht.

»Haben Sie nie erlebt, dass eine Frau geflohen ist oder um Hilfe gebeten hat?«

»Das ging nicht. Vielleicht hätte ich ihnen geholfen, aber es ging nicht. Cerritos hatte alle Polizisten von Cuilapa und Barberena gekauft. Wenn Leute aus der Hauptstadt gekommen sind, um nach Frauen zu suchen, hat die Polizei ihn vorher gewarnt und die Frauen wurden versteckt. Nur die Frauen, die legal gearbeitet haben, sind dageblieben. Die anderen hat er irgendwo in der Bar versteckt, oder er hat sie am Tag davor auf eine Finca gebracht. Es gab eine Menge Kaffeeplantagen in der Gegend, und er hat 60 *manzanas* Mais gepflanzt.«

Der Ring von Barberena, eine kleine, unauffällige Gang mit nur einem Bordell als Basis, operierte wie eine große kriminelle Bande: mit Korruption. Rigoberto erzählt, dass die Polizisten aus Barberena und aus der Nachbargemeinde Cuilapa wöchentlich vorbeikamen, um zu kassieren, und außerdem waren sie VIPs im El Pantanal, genauso wie einige Angestellte aus den Rathäusern der beiden Gemeinden.

Doch damit endete die Zusammenarbeit noch nicht. Rigoberto erzählt, dass Mitglieder der Mara Salvatrucha in der Region von Ahuachapán an der Grenze zu Guatemala ebenfalls als Lockvögel arbeiteten. Tatsächlich verbüßt ein salvadorianisches Bandenmitglied, Marco Antonio Godoy, zurzeit eine Haftstrafe wegen Zugehörigkeit zum Ring von Barberena.

Der kleine, unauffällige Ring von Barberena operierte wie jede kriminelle Bande. Er verübte alle möglichen Verbrechen, wenn sie denn finanziellen Gewinn versprachen. Im Prozess sagten zwei der aus dem El Pantanal befreiten Frauen aus, dass die Chefs manchmal bis zu 5.000 Dollar für ein Neugeborenes kassierten, das von einem Opfer des Menschenhandels zur Welt gebracht worden war.

* * *

Im Jahr 2011 gewann der Staat El Salvador elf Prozesse gegen Menschenhändlerringe, alles kleinere Banden. Das mag wenig erscheinen, doch das zentralamerikanische Land ist damit das mit den meisten gewonnenen Fällen bis 2011. Zwar kann man von einem Fortschritt sprechen, aber sicherlich noch nicht von einem Idealzustand.

Menschenhandel ist ein Verbrechen, das den Tätern leicht gemacht wird. Die Opfer gehören dem Heer der Ärmsten der Armen dieser Region an, und die Täter sind nicht notwendigerweise Gewohnheitsverbrecher, sondern meist Unternehmer im Dunstkreis des kriminellen Milieus, für die der Menschenhandel ein sehr verlockender Cocktail mit den Zutaten »schwacher Staat plus schutzlose Opfer« darstellt. Das UNODC (Büro der Vereinten Nationen für Drogen- und Verbrechensbekämpfung) nennt eine bedrückende Zahl: Nur etwa jedes dreißigste Opfer von Menschenhandel wird entdeckt und befreit.

Der Ring von Barberena verfügte über ein gut organisiertes, etabliertes Netz. In El Salvador zum Beispiel wurden 2011 Ángel Mauricio Ayala, Kevin Oswaldo Chicas Lobato und Joel Josué Mendoza zu sechs Jahren und acht Monaten Gefängnis verurteilt, weil sie zwei Nicaraguanerinnen, die in der westlichen Provinz San Miguel Arbeit suchten, gezwungen hatten, sich in einer Bierkneipe zu prostituieren. Eine der beiden wurde als zu alt betrachtet, um Kunden zu bedienen, und musste als unbezahlte Haushaltshilfe arbeiten. Sie war vierundzwanzig Jahre alt.

Nelson Orlando Campos und Juan Humberto Ramírez Carranza versprachen zwei guatemaltekischen Mädchen, als Model arbeiten zu können, doch stattdessen endeten sie in einer Spelunke unter verschwitzten Männern. Campos und Carranza verbüßen eine Haftstrafe von neun bzw. acht Jahren und einem Monat. Oder Juan Alfonso Cuéllar, der in Mexiko eine Salvadorianerin verkaufte, die ohne Papiere auf dem Weg in die Vereinigten Staaten war. Sie wurde, wie Grecia, sexuell missbraucht. Am 9. August 2010 wurde Cuéllar zu vier Jahren verurteilt. Das heißt, dass er am 9. August 2013 drei Viertel seiner Strafe abgebüßt haben wird und wegen guter Führung Hafterleichterung bekommen oder sogar auf Bewährung freigelassen werden kann. »Er hat einen Menschen verkauft!«, empörte sich Violeta Olivares, die Koordinatorin der Sondereinheit der Generalstaatsanwaltschaft der Republik El Salvador gegen Menschenhandel (FGR). Innerhalb dieser Einheit werden die Strafen für Menschenhandel als lächerlich empfunden. »Eine Scheißstrafe«, schimpfte eine der dort arbeitenden Staatsanwältinnen. In El Salvador verbringt ein Mann, der zum Beispiel einen Bus überfällt und den Fahrgästen Handys, Brieftaschen und Schmuck abnimmt, mehr Jahre im Gefängnis als Cuéllar, der eine Frau verkauft hat. Der Dieb bekommt zwischen sechs und zehn Jahren. Cuéllar bekam vier.

Erst im Jahre 2003 hat El Salvador Menschenhandel als Delikt in sein Strafgesetzbuch aufgenommen. Die erste Haftstrafe wurde 2006 verhängt, und bis heute sind es 39. Jetzt scheint das Thema mit der Schaffung der Nationalen Kommission gegen Menschenhandel im September 2011 an Aktualität zu gewinnen. Diese Kommission beginnt die Löcher einer Mauer zu schließen, aus der die Steine herausgebröckelt sind.

Während unseres Gesprächs in der Haftanstalt von Apanteos hat Rigoberto Morán Martínez, der Menschenhändler von Barberena, der behauptet, durch seine Geliebte getäuscht worden und so in die Bar El Pantanal geraten zu sein, soeben einen Fehler begangen, der es ihm schwer macht, die Fassade des Unschuldslamms aufrechtzuerhalten. Er hat gesagt, er habe keine Anzeige erstattet, weil die Polizei gekauft und er ein einfacher Angestellter gewesen sei und deshalb Angst gehabt habe. Jetzt erzählt er, dass er in zwei Etappen dort gearbeitet und zwischendurch in El Salvador Urlaub gemacht hat.

»Warum sind Sie ins El Pantanal zurückgekehrt, wo Sie doch inzwischen wussten, was dort vor sich ging?«, frage ich Rigoberto.

»Warum ich zurückgekehrt bin?«, fragt er zurück, um Zeit zu gewinnen, da er seinen Fehler erkannt hat.

»Sie wussten doch, dass die Frauen eingesperrt und misshandelt wurden. Also, warum sind Sie zurückgekehrt?«, frage ich noch einmal.

»Vielleicht verstehen Sie das nicht ... Wir reden über so viele Dinge ... Vielleicht verstehen Sie einiges davon nicht. Wir wissen doch beide, dass es so etwas wie Hexerei oder Zauberei gibt! Genau so hat sie gearbeitet, mit Hexerei. Sie hat den heiligen Simon verehrt. So hat die Frau von Cerritos gearbeitet. Wenn die Leute weggegangen sind und nicht zurückkommen wollten, haben sie sie mit so was gezwungen«, antwortet der Menschenhändler von Barberena.

* * *

Einer der Staatsanwälte fragt. Grecia antwortet.

»Welche Fortbewegungsmittel haben die von Ihnen erwähnten Leute, die die Region kontrollieren, benutzt?«

»Sie sind in Autos gekommen. Sie waren bewaffnet. Sie kamen und gingen, wann sie wollten.«

»Wie lange sind sie an dem Ort geblieben?«

»Drei Tage, bis Señor Ovidio gekommen ist.«

»Was haben die bewaffneten Männer gemacht?«

»Sie haben uns gesagt, wir sollten uns der Organisation anschließen, sie würden uns Arbeit besorgen und uns zu essen geben. Sie gehörten zu den Zetas. Sie würden mir das Geld für die Reise geben, haben sie gesagt, und sie würden mir zu essen geben.«

»Was für eine Arbeit haben sie Ihnen angeboten?«

»Ich sollte für die Leute kochen, die sie entführt hatten. Das war am 20. oder 22. April 2009.«

Erinnern wir uns: Zu der Zeit war Grecia in Tenosique, Mexiko, am Ausgangspunkt der letzten Etappe der Illegalen auf ihrem Weg in die Vereinigten Staaten. Sie befand sich in einer von den Zetas kontrollierten Gemeinde. Sie hatte sich von Ovidio getrennt, nachdem dieser versucht hatte, sie in einem Pferdestall zu vergewaltigen, und sich einer Gruppe von Migranten aus El Salvador und Guatemala angeschlossen.

»Was geschah, als Ovidio kam?«

»Er hat mich spöttisch angesehen und ist zu ihnen (den Zetas) gegangen. Er war fünf Meter von mir entfernt, er ging zu Chicho, einem Mann zwischen 24 und 29 Jahren mit einer Narbe auf der linken Wange. Er gehörte zu den Zetas. Sie haben etwa eine Dreiviertelstunde miteinander geredet. Sie haben zu mir rübergeschaut, haben auf mich gezeigt. Ich stand bei der Gruppe, der ich mich angeschlossen hatte.«

Im Folgenden berichtet Grecia von ihrer Zugreise zusammen mit anderen Entführten. Sie wurden von bewaffneten Männern bewacht, die ihnen damit drohten, sie zu erschießen, wenn sie zu fliehen versuchen würden. Die Zetas benutzen den Zug, um die von ihnen verschleppten Migranten in den Norden zu bringen. Auf seinem Weg von Tenosique nach Coatzacoalcos, Veracruz, hält der Zug in mehreren kleinen Ortschaften. In einer dieser Ortschaften, in Chontalpa, erinnert sich Grecia, versuchte ein Salvadorianer der Zetas namens El Pelón (*Der Glatzkopf*), sie zu verkaufen. Vermutlich wollte El Pelón Grecia damit sogar einen Gefallen tun, denn er sagte zu ihr, dass sie dort, wohin man sie brächte, sehr leiden müsste. Der Handel kam nicht zustande, und später sollte Grecia erfahren, dass El Pelón die Wahrheit gesagt hatte. An diesem Punkt bat der Staatsanwalt die Zeugin, in ihrem Bericht zurückzugehen.

»Sind Sie vorher schon einmal verkauft worden?«

»Ja, von Señor Ovidio ... Man hat ihm vor meinen Augen Geld für mich gegeben.«

»War Señor Ovidio auch in dem Zug?«

»Nein, er ist nach El Salvador zurückgefahren, mit dem Geld, das er für mich bekommen hatte.«

»Wie viel hatte er bekommen?«

»500 Dollar ... Chicho (einer der Zetas) hat es mir später erzählt.«

»Und wie ging es dann weiter?«

»Wir sind auf Lastwagen gestiegen, und sie haben uns nach Reynosa gebracht ... Die Fahrt von Veracruz nach Reynosa dauerte ungefähr eineinhalb Tage. Es war der 26. April 2009, ein Sonntag.«

Im Folgenden beschreibt Grecia eine typische Entführung von Illegalen durch die Zetas.

Reynosa ist eine Gemeinde im Staat Tamaulipas, der Bastion der Zetas. Hier wurden im August 2010 die 72 Leichen entdeckt; hier wurde im September dieses Jahres El Coss festgenommen, der mutmaßliche Chef des Golf-Kartells, jener Organisation, die die Zetas ins Leben gerufen hatte; hier wurden vergangenen Mai unter einem riesigen, auf eine Autobahnbrücke gepinselten Z 49 weitere Leichen ohne Kopf und Gliedmaßen gefunden.

Die rund 300 Migranten wurden auf drei Sicherheitshäuser verteilt und in dunkle, feuchte Räume ohne Belüftung gesperrt. Ab und zu wurden sie von Männern mit Schusswaffen und Baseballschlägern besucht, die jedem mit Folter drohten, der ihnen nicht die Telefonnummer irgendeines Angehörigen nannte, dem sie ihre Lösegeldforderung stellen konnten. Natürlich weigerten sich einige Zentralamerikaner, eine solche Telefonnummer zu verraten. Sie weigerten sich, die 300, 500 oder 700 Dollar zu zahlen, die die Zetas normalerweise fordern. Sie weigerten sich auch noch, als sie gefoltert wurden, und Grecias Gruppe musste mitanhören, wie einer nach dem anderen unter der Folter durch die bewaffneten Männer vor Schmerzen brüllte. So vergingen die ersten drei Tage, erinnert sich Grecia. Am dritten Tag kam Omega.

Einer der Staatsanwälte fragt. Grecia antwortet.

»Können Sie ihn beschreiben?«

»Groß, dick, mit Doppelkinn, weiß. Sie nannten ihn Omega, Kike oder auch El Apá. Sie sagten zu ihm, sie hätten Salvadorianerinnen, die ihm gefallen würden. Sie zeigten auf einige von uns, er holte uns einzeln aus dem Zimmer, um uns besser begutachten zu können, um zu sehen, ob wir hübsch waren. Im Zimmer gab es nur wenig Licht. Er war der Chef des Sicherheitshauses.«

»Woher wissen Sie das?«

»Er hat die Angehörigen der Migranten angerufen und das Geld von ihnen kassiert.«

»Sind Sie immer in demselben Haus geblieben?«

»Nein, man hat uns woandershin gebracht, in eine Siedlung, zehn Minuten von dem Sicherheitshaus entfernt. Auf denselben Lastwagen, die uns schon bis nach Reynosa gebracht hatten. Wir mussten wieder auf dem Boden schlafen. Und dort wurde ich zum ersten Mal von Omega vergewaltigt. Er hat mich geschlagen, ins Gesicht hat er mich geschlagen, weil ich wollte, dass er ein Kondom benutzt. Ich hätte nichts zu wollen, hat er zu mir gesagt. Ständig wurden wir missbraucht, und nicht nur von ihm.«

»Würden Sie diese Leute bei einer Gegenüberstellung oder auf einem Foto wiedererkennen?«

»Ja.«

»Was ist sonst noch passiert?«

»Wie gesagt, wir wurden ständig missbraucht, nicht nur von ihm. Acht oder neun Mal hat er mich vergewaltigt. Er hat zu mir gesagt, er hätte Spaß daran, also sollte es gefälligst auch mir Spaß machen. Er würde das nicht tun, um mich zu quälen. Und dann hat er mich wieder geschlagen. Die anderen haben es genauso gemacht. Aber die, die ihm gefielen, hat er als Erster vergewaltigt.«

Mehrere Wochen sei das so gegangen, erinnert sich Grecia, und obwohl ihre Familie in den Vereinigten Staaten das Geld für ihre Freilassung geschickt habe, sei sie wieder verkauft worden.

»Wie lange ging das genau?«

»Drei Monate. Sie hatten bereits die gesamte Summe kassiert, aber dann haben sie gesagt, sie könnten noch mehr aus mir rausholen. Sie haben mich an eine Bar namens La Quebradita verkauft. Und da musste ich mich dann prostituieren. Es war so was Ähnliches wie eine Diskothek. Am ersten Tag wollte die Geschäftsführerin uns wieder zurückschicken, weil wir das Zeichen nicht hätten. Wir seien viele, und deshalb müssten wir das Zeichen haben. Ich wusste nicht, was das war, ein Zeichen, aber dann bekam ich die Tätowierung.«

»Wo genau?«

»Auf der rechten Wade. Sie haben uns irgendwohin gebracht und uns dort tätowiert. Sie haben uns zu essen gegeben und uns an einer Substanz riechen lassen. Davon bin ich dann eingeschlafen. Als ich aufwachte, hab ich die Tätowierung gesehen. Meine Wade brannte, es hat geblutet, nicht viel, nur ein paar Tropfen. Es ist ein Schmetterling auf einem Zweig in Form eines Z. Das war das Zeichen, es bedeutete, dass ich ihnen gehörte, dass ich eine Ware war. Außer mir waren noch fünf Frauen da, bei vieren konnte ich es an verschiedenen Stellen sehen, auf Arm, Rücken und Brust, in verschiedenen Farben. Meins ist schwarz und grün. Nachdem sie uns gezeichnet hatten, mussten wir uns prostituieren. Zuerst haben uns die anderen Bandenmitglieder missbraucht. Die Kunden haben für uns bezahlt, aber wir haben nichts bekommen. Wie viel sie bezahlt haben, weiß ich nicht.«

Grecia erzählt, dass die Kunden sie gezwungen hätten, Crack zu rauchen oder Kokain zu nehmen. Die Kunden hätten nie ein Kondom benutzt, erzählt Grecia. So sei das mehr als einen Monat lang gegangen, erzählt Grecia. In der ganzen Zeit sei sie nie rausgekommen, ihr

Leben habe sich zwischen dem Sicherheitshaus, der Bar La Quebradita und verschiedenen Motels abgespielt, in die sie die Kunden mitgenommen hätten, erzählt Grecia. Wenn ein Kunde mit ihr in ein Motel gegangen sei, sei immer ein Mann zur Bewachung mitgekommen, erzählt Grecia. Schläge seien normal gewesen, vor allem, wenn sie keinen Alkohol habe trinken wollen oder bei den Kunden im La Quebradita nicht leidenschaftlich genug gewesen sei, erzählt Grecia. Einer hätte ihr mal das Nasenbein gebrochen, so hart hätte er zugeschlagen, erzählt Grecia.

Sowohl der Nasenbeinbruch als auch die Tätowierung wurden durch Ärzte des Gerichtsmedizinischen Instituts von El Salvador bestätigt. Das medizinische Gutachten ist Teil der Prozessakten.

Grecia versuchte nie zu fliehen. Nur wenige würden das versuchen, wenn sie gesehen hätten, was sie gesehen habe, sagt Grecia.

»Ist sonst noch etwas passiert?«

»Ja, Sonia. Sie haben sie gehen lassen, weil ihre Familie das Lösegeld bezahlt hatte. Sie ging zur Migrationsbehörde und erstattete Anzeige. Die von der Migration haben sie direkt an sie (die Zetas) übergeben, und die haben sie mit einem Baseballschläger verprügelt, bevor sie sie bei lebendigem Leib verbrannt haben. So etwas tue man nicht, haben sie gesagt, mit ihnen spiele man nicht, sie habe die Gelegenheit verpasst, frei zu sein. Zu uns haben sie gesagt, dass mit uns dasselbe passieren würde, wenn wir etwas sagen würden.«

»Welche Folgen hatte das für Sonia?«

»Sie starb an den Folgen.«

»Womit wurde sie geschlagen?«

»Mit Baseballschlägern. Aber als sie immer noch nicht tot war, haben sie sie mit Benzin übergossen und angezündet. Sie hat geschrien vor Schmerzen, aber sie haben immer weiter auf sie eingeprügelt. Eine halbe oder eine Dreiviertelstunde. Hinterher war sie unkenntlich, ihr Körper war völlig verkohlt, sie hatte keine Füße mehr. Verbranntes Fleisch ohne Haare.«

* * *

In den Gerichtsakten heißt es, dass der Fall Barberena »nur durch die Aussage einer Anzeigenerstatterin entdeckt« wurde. Wer jedoch den Leidensweg der Frau kennt, weiß, dass der Begriff »Anzeigenerstatterin« sie nur unvollkommen beschreibt. Genauso gut könnte man Gandhi einen Aktivisten nennen. Die Frau ist eine der 16 Migrantinnen, die überlebt und im Prozess in San Salvador als geschützte Zeuginnen ausgesagt haben.

Der Menschenhändler Adán Cerritos, Chef der Bar El Pantanal, besaß eine von Kaffeeplantagen umgebene Finca von 60 *manzanas*, auf der Mais angebaut wurde. Die Finca lag weit außerhalb der Gemeinde, noch hinter der Strafanstalt El Boquerón, die der Grund ist, warum Barberena hin und wieder in den Nachrichten auftaucht. Der Menschenhändlerring beutete seine Opfer nicht nur sexuell aus, er ließ sie auch auf den Feldern arbeiten. Dieselben Frauen, die von Freitag bis Sonntag im El Pantanal von Dutzenden von Männern missbraucht wurden, schufteten von Montag bis Donnerstag auf den Maisfeldern.

Laut den Aussagen der Zeuginnen und den Äußerungen des Menschenhändlers, mit dem ich gesprochen habe, diente die Finca der kriminellen Bande auch als Versteck und als Strafkolonie. Hier versteckten sie die Frauen, wenn sie von den korrupten Polizisten aus Cuilapa und Barberena vor einer Razzia der guatemaltekischen Behörden gewarnt wurden. Hier auf den Maisfeldern versklavten sie an den Wochenenden jene Frauen, die aufgrund der erhaltenen Prügel den Kunden im El Pantanal nicht zumutbar waren. Hier wurde ihnen auch demonstriert, dass die Strafaktionen bis zur letzten Konsequenz verschärft werden konnten.

Einmal, so erzählten die Überlebenden den Staatsanwältinnen, mussten sie sich nachts im Kreis aufstellen. In der Mitte zwei Männer und eine Frau. Außerhalb des Kreises bewaffnete Männer, die aufpassten, dass keine der Frauen davonlief. Die beiden Männer prügelten die Frau zu Tode. Das Ritual dauerte mehrere endlose Minuten. Die Frau hatte versucht, aus dem El Pantanal zu fliehen.

Sie war nicht die Einzige. Grecia, die Frau, die später Anzeige erstattete, erlebte etwas Ähnliches. Die ständigen Beschwerden der Kunden wegen ihrer Passivität brachten ihr so heftige Prügel ein, dass die Menschenhändler schon glaubten, sie hätten sie umgebracht. Sie ließen das blutüberströmte Bündel auf der Finca zurück und beschlossen, sich am Tag darauf der Frau zu entledigen. Mitten in der Nacht wachte die Frau aus ihrer Bewusstlosigkeit auf und schleppte ihren malträtierten Körper bis zur Landstraße. Irgendwie gelangte sie an die Grenze, um dann auf der salvadorianischen Seite vor den Polizisten zusammenzubrechen, nachdem sie ihnen ihren Leidensweg geschildert hatte. Innerhalb einer Woche startete die salvadorianische Staatsanwaltschaft gemeinsam mit Interpol Guatemala eine Aktion. Die Koordinatorin der Sondereinheit der Staatsanwaltschaft von El Salvador gegen Menschenhandel, Violeta Olivares, wird deutlich, als ich sie frage, warum man die guatemaltekische Polizei nicht mit einbezogen habe: »Wir hatten kein Vertrauen zu ihnen.«

2006 sah Tomás Salinas, der leitende Richter des Sondergerichts für das organisierte Verbrechen in Santa Ana, El Salvador, keinen Grund, warum die acht festgenommenen Salvadorianer des Rings von Barberena während des Prozesses in Untersuchungshaft bleiben sollten. Unter Auflagen erlaubte er ihnen, zu Hause darauf zu warten, dass sie vor Gericht geladen würden, um ihre Aussagen zu machen. Einige hatten versucht, sich der Verhaftung zu entziehen, indem sie ihren Wohnort wechselten, als sie von der Aktion im El Pantanal gehört hatten. Der Richter glaubte nun, dass dieselben Männer, die damals untergetaucht waren, nicht versuchen würden, erneut unterzutauchen. Doch genau das taten sie. Die Staatsanwaltschaft legte Widerspruch ein, und die Oberste Kammer für das organisierte Verbrechen revidierte die Entscheidung von Richter Salinas und ordnete die Verhaftung der Flüchtenden an. Von den acht Männern, die Salinas aus der Untersuchungshaft entlassen hatte, konnten sechs gefasst werden, als Letzter Morán Martínez. Zwei sind weiterhin flüchtig.

Es war nicht das einzige Mal, dass Richter Salinas einen Angeklagten nach Hause schickte. Der jüngste Fall ist der von José Antonio Terán, besser bekannt unter dem Namen Chepe Furia, der 2006 von den

Vereinigten Staaten nach El Salvador abgeschoben wurde, Leader der mächtigen Gang Hollywood Locos Salvatrucha in Atiquizaya.

* * *

Killer töten. Drogen- und Menschenhändler korrumpieren, töten oder erpressen. Autodiebe sind blitzschnell, sie agieren mit affenartiger Geschwindigkeit. Drogen- und Menschenhändler sind wie der stete Tropfen, der den Stein höhlt: unbarmherzig, hartnäckig. Sie brauchen ihre Opfer lebend, eingeschüchtert. Lebend, vor Angst schlotternd. Lebend, gefügig. Die Prügel auf der Finca von Barberena sollten nicht die Geprügelten disziplinieren. Diese Frauen waren für ihre Peiniger bereits so gut wie tot. Nein, die Prügel sollten die anderen Frauen disziplinieren. Sie sollten sehen, was mit ihnen geschehen würde, wenn ...

Knüppel, Fäuste, Vergewaltigung sind für die kriminellen Banden Zentralamerikas, die mit Menschen handeln, die wichtigsten Methoden, um ihre Opfer gefügig zu machen. Der Leiter der Sondereinheit der Staatsanwaltschaft in Guatemala, Alexander Colop, und seine salvadorianische Kollegin Smirna de Calles erklären übereinstimmend, dass ein Hauptmerkmal der Menschenhändlerringe darin besteht, dass der Bandenchef als Erster die Opfer vergewaltigt. »Sie sind die Ersten, die sie demütigen, sie benutzen, sie unterwerfen«, sagte Colop. Genau das hat auch Grecia erlebt.

Banden wie die vom El Pantanal, die ihre Opfer aus den ärmlichsten Verhältnissen rekrutieren, im Allgemeinen nur über kleinkalibrige Waffen verfügen und brutale Methoden anwenden, sind im Norden in der Mehrzahl. Doch es gibt dort auch raffiniertere Organisationen, sagt Julio Prado, der Assistent der Sondereinheit der Staatsanwaltschaft gegen die Straflosigkeit in Guatemala.

Prado berichtet, dass an den Orten, an denen er an Befreiungsaktionen von Opfern teilgenommen habe, die Frauen gezwungen worden seien, einem Mann für 50 Quetzales (umgerechnet rund sechs Dollar) eine Viertelstunde zur Verfügung zu stehen, wobei das Geld von der Bande kassiert werde. Er habe aber auch erlebt, dass Kunden für Kolumbianerinnen oder Russinnen bis zu 500 Dollar für eine Stunde bezahlt hätten. »Die Frage ist«, sagt Prado, »welche Kunden können diese Summe bezahlen, um sich eine Stunde zu vergnügen?«

Von 2006 an haben die guatemaltekischen Behörden Fälle von Menschenhandel und Prostitution für eine zahlungskräftige Kundschaft untersucht. Prado hat persönlich an der Razzia einer Diskothek namens »Caprichos« teilgenommen. Inhaber war Herman Smith, ein Nachtklubbesitzer, der sich mit Beamten und bekannten Persönlichkeiten des Landes duzte. In der Diskothek traf man auf minderjährige Salvadorianerinnen, Honduranerinnen und Russinnen, es gab Geheimtüren und unterirdische Gänge, die zu Nachbarhäusern führten, in denen Bücher über Selbstverwirklichung und Chancenverbesserung sowie über Wirtschaftstheorie standen. Nach Aussage verschiedener Opfer erklärte Smith, den sie Papito (*Papachen*) nannten, ihnen anhand dieser Bücher, wie sie, da sie nun schon einmal hier waren, auch wenn sie unter falschen Versprechungen hierher gelockt worden seien, erfolgreiche Unternehmerinnen werden könnten, wenn sie lernten, ihren Körper als Ware zu betrachten. Smith, ein redegewandter Menschenhändler, versuchte seine Opfer zu überzeugen, dass er nicht ihr Peiniger, sondern ihr Wohltäter sei. Der Prozess wurde nie beendet, denn am 6. Mai 2008 schoss ihm ein Killer mitten in der Diskothek Caprichos in die Schläfe. Der Mörder konnte flüchten.

Inzwischen hat Guatemala mehrere Kolumbianer wegen Menschenhandels verurteilt, allesamt Mitglieder bekannter Menschenhändlerringe wie dem im kolumbianischen Pereira, der junge Frauen aus der Region mit dem Versprechen köderte, ihnen eine Karriere als Model zu eröffnen. Diese Ringe, so Colop, ließen ihren Opfern sogar Implantate in Brüste und Po einsetzen und versicherten ihnen, dass dies nötig sei, wenn man auf dem Laufsteg Erfolg haben wolle. »Sie brachten sie nach Honduras, und wenn sie dort nicht mehr gefragt waren, brachten sie sie hierher«, erzählt Colop. Man sagte den Frauen, dass sie so lange eingesperrt bleiben würden, bis sie die Kosten für Implantate, Transport, Verpflegung und Kleidung abbezahlt hätten. Eine der Frauen sagt aus, dass sie es nie geschafft habe, sich freizukaufen.

Prado erklärt uns, warum Kolumbianerinnen nach Guatemala gebracht werden: Es zeuge von dem guten Riecher eines schlauen Unternehmers, der wisse, dass die Drogenhändler in Guatemala gewaltige Summen zahlten, um mit einer Schönheit aus Pereira zu schlafen.

Die höchste Autorität in El Salvador für die Entwicklung von Strategien für den Kampf gegen den Menschenhandel, der Vizeminister für Justiz und innere Sicherheit, Douglas Moreno, erklärt, dass es »ein Netz gut organisierter Leute mit entsprechenden finanziellen Möglichkeiten gibt, die sich diese Situation zunutze gemacht haben und von der wir bisher nichts wussten. Leute, von denen wir uns nicht vorstellen konnten, dass sie in diesem Geschäftsfeld tätig sind. Bedauerlicherweise verfügen wir noch nicht über hinreichende Beweise, um sie zu überführen.«

Netze wie das von Herman Smith oder das von Pereira bemänteln die Versklavung von Frauen, indem sie sich hinter einem »Weil« verstecken: Weil du Schulden bei mir hast, weil ich dir helfe, dich selbst zu verwirklichen, weil du keine Papiere hast und mich dafür bezahlen musst, dass ich dich beschütze ... Netze wie der Ring von Barberena und viele andere in Zentralamerika, die durch lokale Korruption Einfluss nehmen und nur mittelmäßig bewaffnet sind, ziehen billigere Methoden vor, um zu erreichen, dass ihre Opfer tun, was sie von ihnen verlangen: Fäuste, Knüppel, Einschüchterung.

Silvia Saravia, die Leiterin des Zentrums, das die Überlebenden des Menschenhandels betreut, bevor sie von der salvadorianischen Staatsanwaltschaft auf den Prozess vorbereitet werden, hat Dutzende von Fällen erlebt, in denen die Frauen die primitiven Methoden lokaler Banden zu spüren bekamen. Von ihnen berichtet sie Folgendes:

»Die Frauen, die lange eingesperrt waren, haben panische Angst. Sie fürchten um ihr Leben und um das ihrer Angehörigen, haben Angst, dass ihre Familie die Konsequenzen ihrer Flucht tragen muss. Sie sind emotional blockiert, verschließen sich. Viele von ihnen nehmen psychiatrische Hilfe in Anspruch. Sie tragen sich mit Selbstmordgedanken, fühlen sich verfolgt, haben Angst, dass man sie verschwinden lässt. Sie vertrauen niemandem. Sie wissen, dass diese

Leute nicht spielen, dass die Peiniger ihre Drohungen wahr machen ... Angstattacken, Schlaflosigkeit, Hungerattacken ... Grecia zum Beispiel wird ... «, sie zögert einen Moment, »sie wird wohl für lange Zeit psychologische Betreuung in Anspruch nehmen müssen.«

* * *

Nach fast drei Monaten, in denen sie gezwungen gewesen war, Kunden im La Quebradita zu bedienen, eine Woche nachdem sie Sonia hatte brennen sehen und nachdem ihre Tante 3.500 Dollar Lösegeld gezahlt hatte, wurde Grecia von Omega freigelassen. Sie gaben ihr 300 Pesos (rund 25 Dollar), brachten sie an den Busbahnhof von Reynosa und rieten ihr, aus dieser Gegend zu verschwinden. Eine der Staatsanwältinnen, die die Zeugin während des Prozesses vernommen haben, erzählt, Grecia habe sie darauf aufmerksam gemacht, dass im Moment etwas Merkwürdiges vor sich gehe. Es habe den Anschein, als schlössen die Zetas die Sicherheitshäuser und bereiteten ihre Flucht vor. Von den 300 Pesos konnte Grecia sich eine Fahrkarte nach Monterrey kaufen, mit der sie es 200 Kilometer weiter in den Süden Mexikos schaffte. Dort, so berichtete Grecia, habe ein Taxifahrer sich ihrer angenommen. Er habe sie gefragt, ob sie keine Papiere habe, und sie zum Büro der Migrationsbehörde gefahren, wo die Leiterin dieser staatlichen Einrichtung Grecias Symptome erkannte. Die medizinische Untersuchung ergab, dass Grecia an einer Vaginal- und Unterleibsentzündung litt.

* * *

Einer der Staatsanwälte fragt. Grecia antwortet.
»Was geschah im Büro der Migrationsbehörde?«
»Als die Leiterin sah, wie ich mich aufführte, dass ich weinte, schrie, wusste sie, dass mein Zustand nicht normal war. Sie begann zu fragen, und ich fing an zu erzählen ... Sie haben mich in einem Haus des Erzbistums untergebracht, in dem Opfer des Menschenhandels aufgenommen werden ... Sie haben mir einen Psychologen besorgt ... Sie haben mich von Monterrey in die Hauptstadt gebracht ...

Fünf Monate lang wurde ich psychologisch betreut und juristisch beraten.«
»Haben Sie an einer Ermittlung teilgenommen?«
»Ja. Die ganze Zeit über, in der ich da war.«
»Gab es Verhaftungen?«
»Ja, wegen Entführung und Menschenhandel. Sie haben mir Fotos gezeigt. Etwa zehn oder zwölf Männer wurden verhaftet, Honduraner und Mexikaner.«

Am 23. November 2009 war Grecia in Mexiko-Stadt, in der Obhut der Sonderabteilung der Staatsanwaltschaft für die Delikte Gewalt gegen Frauen und Menschenhandel (FEVIMTRA). Laut Bericht der Staatsanwaltschaft war Grecia während der ersten psychologischen Sitzung »deprimiert, misstrauisch, unfähig zu weinen«. Elf Sitzungen waren nötig, bis man sie vernehmen konnte. Durch ihre Aussagen konnten die mexikanischen Behörden 2009 mehrere sogenannte Sicherheitshäuser der Zetas in Reynosa schließen und zwölf mutmaßliche Bandenmitglieder, die an Entführungen beteiligt gewesen waren, festnehmen. Der Prozess gegen diese Männer ist noch nicht beendet, und Grecia leidet noch immer unter den Folgen ihres Martyriums.

Als Grecia im Dezember 2009 nach El Salvador zurückkam, verschlimmerte sich ihr Zustand. Wie befürchtet, hatte Ovidio ihre Mutter und ihre Schwiegermutter bedroht. Im psychologischen Gutachten des Gerichtsmedizinischen Instituts von El Salvador heißt es, dass Grecia »nachts nicht schlafen kann, jedes Geräusch als Schuss empfindet, zwei oder drei Tage nichts gegessen hat, beim Feuermachen sogleich an Sonia denkt, kein sexuelles Verlangen verspürt und ihren Partner zurückstößt, wenn er sich ihr nähert«. Der Bericht schließt mit folgender Auflistung:

Emotionaler Zustand: depressiv, ängstlich.
Orientierung: laut eigener Aussage gibt es Leerstellen in ihrem Gedächtnis, an einzelne Vorfälle kann sie sich nicht erinnern. Mentale Lücken.
Aktueller psychologischer Befund: neurotisch.

* * *

Am 26. Mai 2010, einem Mittwoch, sah eine salvadorianische Frau in einer Zeitung das Foto eines Mannes, der ihr bekannt vorkam. Er stieg aus einem Pick-up und war an zwei weitere Männer mit Handschellen gefesselt. Auf dem Parkplatz der Diskothek Kairo's am Boulevard Los Héroes, einer Hauptverkehrsader der Hauptstadt, hatte die Polizei am Abend zuvor einen dicken Mann, einen Mexikaner, vier Salvadorianer und eine Salvadorianerin in einem schwarzen Kleintransporter mit guatemaltekischem Kennzeichen festgenommen. Im Innern des Transporters fand die Polizei in einem Geheimfach, das sich auf Tastendruck öffnen ließ, ein Sturmgewehr »Galil«, zwei M-16, einen Karabiner Kaliber 30.30, zwei Gewehre, einen Revolver, eine Leuchtspurgranate aus Militärbeständen und elf Mobiltelefone. Die 29jährige Salvadorianerin glaubte den dicken Mann auf dem Foto wiederzuerkennen, versuchte jedoch, nicht mehr daran zu denken. Am selben Abend tauchte der Mann in allen Nachrichten auf, und als er etwas sagte, konnte man seine schrille Stimme hören. Da wurde der Frau endgültig klar, dass sie den dicken Mann kannte. Sie kannte ihn sehr gut. Die Frau war Grecia, der dicke Mann Omega.

Omega heißt mit richtigem Namen Enrique Jaramillo Aguilar. Er ist 35 Jahre alt, geboren in Apatzingán im Staat Michoacán, Mexiko. Im Dezember 2011 wurde er in El Salvador wegen Urkundenfälschung und Besitz von Kriegswaffen zu neun Jahren Haft verurteilt. Zurzeit sitzt er in der Haftanstalt von Apanteos seine Strafe ab. Jaramillo wies sich vor den salvadorianischen Behörden als Guatemalteke aus und legte falsche Papiere vor. Seine Verhaftung am 26. Mai war das Ergebnis einer Aktion der Polizei, die ihn mit den Zetas in Verbindung brachte. Durch einen Informanten hatte die Polizei erfahren, dass der falsche Guatemalteke an dem Massaker von Agua Zarca in Huehuetenango an der Grenze zu Mexiko im November 2008 beteiligt gewesen war. Mutmaßliche guatemaltekische Mitglieder des Sinaloa-Kartells hatten sich dort mit den Zetas eine stundenlange Schießerei geliefert, an deren Ende 19 Leichen zurückblieben. Noch heute gilt dieser Vorfall als die Geburtsstunde der großen mexikanischen Banden in Guatemala. Jaramillo wurde beschuldigt, aufseiten der Zetas an der Schießerei beteiligt gewesen zu sein, doch dem guatemaltekischen Innenministerium gelang es nicht, es ihm vor Gericht nachzuweisen.

Als Grecia in ihm den Mann erkannte, der sie, wie sie versicherte, in Reynosa vergewaltigt, in La Quebradita verkauft und 3.500 Dollar von ihrer Tante kassiert hatte, beschloss sie, bei der salvadorianischen Staatsanwaltschaft Anzeige gegen ihn zu erstatten. Und damit begann ihr mühevoller Weg, der bis in den Gerichtssaal führen sollte. Grecia musste vor einem Richter, zwei Staatsanwälten, zwei von Jaramillo engagierten Verteidigern und Jaramillo selbst ihre Zeugenaussage machen. Sie bat darum, als Erste aussagen zu dürfen, um nicht den gesamten Prozess über sich ergehen lassen zu müssen. Sie hatte Angst, Omega könnte ihr seine Leute schicken, um sie einzuschüchtern. Nachdem sie ihre Aussage gemacht hatte, verließ sie mit Unterstützung der Internationalen Hilfsorganisation für Migranten und der Flüchtlingskommission der Vereinten Nationen El Salvador und ließ sich in einem anderen Land nieder, das geheim bleiben sollte. Sie erhielt eine neue Identität und versucht nun, ein neues Leben zu beginnen.

* * *

Mittwoch, der 4. Juli 2012, acht Uhr dreißig morgens. Sondergericht, San Salvador. Schlussplädoyers im Prozess gegen die Angeklagten Enrique Jaramillo Aguilar und Jesús Ovidio Guardado.

Jaramillo und Ovidio warten draußen vor dem Gerichtssaal. Jaramillo hängen zwei Hautfalten schlaff vom Kinn herab. Seit die Fotos von seiner Verhaftung vor der Diskothek Kairo's gemacht wurden, hat er deutlich an Gewicht verloren. Auch Haare hat er verloren. An den Seiten sind sie rasiert, oben stehen sie wirr ab, so als hätte man sie ihm nicht geschnitten, sondern versucht, sie auszureißen. Er trägt ein graurosa gestreiftes Polohemd und eine am linken Knie aufgerissene Jeans. Er ist an Hand- und Fußgelenken gefesselt. Ovidio sieht nach einem Jahr Untersuchungshaft noch abgemagerter aus, noch heruntergekommener. Das weiße Hemd und die kakifarbene Stoffhose schlottern ihm am Leib.

Im Gerichtssaal scheinen die beiden von Jaramillo engagierten Verteidiger das, was dort gerade vor sich geht, nicht ernst zu nehmen. Sie machen Witze über einen angeblichen Selbstmordversuch, den Grecia in ihrer Jugend unternommen hat.

»Sie soll 200 Tabletten genommen haben, muss wohl abhängig gewesen sein«, sagt der eine grinsend zum anderen.

»Ich frage mich nur, wo zum Teufel hat sie die hingesteckt?«, antwortet sein Kollege. Sie brechen in schallendes Gelächter aus.

Dann erklingt auf dem Handy des Ersten in voller Lautstärke ein Reggaeton. Der Gerichtssekretär bittet ihn, den Saal zu verlassen.

Die Vertreterinnen der Anklage halten ihr Schlussplädoyer: Ovidio hat Grecia an der Eisenbahnlinie verkauft ... Bar La Quebradita ... Sie wurde wie eine Ware behandelt ... Jaramillo hat sie wiederholt vergewaltigt ... Tätowierung am rechten Bein ... Laut Gutachten rühren die psychischen Beschwerden des Opfers von dem her, was in Mexiko passiert ist ... Bei Ovidio handelt es sich um versuchte Vergewaltigung und Menschenhandel in einem besonders schweren Fall, bei Jaramillo um fortgesetzte Vergewaltigung und Menschenhandel in einem besonders schweren Fall ... Höchststrafe für beide.

Jaramillos Anwälte antworten: Was soll das mit den Zetas? Wer behauptet so was? ... Erstunken und erlogen ... Das Gutachten spricht von »mentalen Lücken« ... Das Opfer sagt erst das und dann etwas anderes ... Sie ist eine instabile Persönlichkeit ... Ihre siebenjährige Tochter zieht sich Frauenkleider an ... Dass ihre Tochter anormale Dinge tut, hat nichts mit dem zu tun, was der Nebenklägerin angeblich passiert ist ... Die Aussage eines Opfers ist nicht glaubwürdig.

Dann Ovidios Pflichtverteidiger: Die Anklage wegen versuchter Vergewaltigung ist gegenstandslos. Gab es eine Penetration? Der Tatbestand ist nicht erfüllt.

Daraufhin bittet überraschenderweise Jaramillo ums Wort. Mit seiner schrillen Stimme nennt er den Richter »Euer Gnaden«, um dann Gründe zu ihrer beider Entlastung vorzubringen. Zuerst erklärt er, Ovidio sei »überhaupt zu alt für das mit der Migration«. Dann wird es ein wenig konfus. Grecia habe gesagt, sagt er, Ovidio habe nur fünf

Zähne, aber als sie gefragt worden sei, wie viele Zähne ein Mensch ihrer Meinung nach habe, habe sie gesagt, 36. »Soweit ich weiß, sind es 32.« Als Nächstes versichert er, er lebe nicht in Reynosa und kenne auch niemanden dort. Er stamme aus einem ganz anderen Staat, nämlich aus Michoacán. (Aus seinem Vorstrafenregister, das aus Mexiko geschickt wurde, geht dagegen hervor, dass er seit 2006 im Staat Tamaulipas, zu dem Reynosa gehört, wegen Einbruchdiebstahl gesucht wurde und flüchtig war.) Schließlich führt Jaramillo an, dass er nie Soldat gewesen sei, dass die Zetas aber Soldaten seien, und dass es Lieder gebe, in denen es heiße, »Los Zetas sind 30«, und dass er keiner von diesen 30 sei.

* * *

Freitag, 6. Juli. Urteilsverkündung.
Freispruch.
Richter Roger Rufino Paz Díaz ist zu dem Schluss gekommen, dass Grecia sich widersprochen hat. In der Hauptverhandlung habe sie etwas anderes ausgesagt als vor der salvadorianischen und mexikanischen Staatsanwaltschaft. Damals habe sie nicht erwähnt, dass Ovidio an dem Handel beteiligt gewesen sei. Sie habe behauptet, dass sie von Personen, die mit einer Pension in Veracruz in Zusammenhang stünden, an die Zetas verkauft worden sei.
Die Staatsanwältinnen wenden ein, dass Grecia es deshalb nicht erwähnt habe, weil Ovidio sich in El Salvador aufgehalten habe, dass er ihre Familie kenne und in der Nachbarschaft ihrer Mutter und ihrer Schwiegermutter wohne. Grecia, sagen die Staatsanwältinnen, habe Angst gehabt, weil, hätte sie Ovidio in Mexiko angezeigt, die salvadorianischen Behörden informiert worden wären, und wenn Ovidio davon erfahren hätte, hätte er ihrer Familie etwas antun können. Aus diesem Grund habe sie ihn aus der Geschichte raushalten wollen, solange sie in Mexiko gewesen sei, und erst in El Salvador, als sie sich vergewissern konnte, dass es ihrer Familie gut ging, und sie ihre Angehörigen vor der Gefahr habe warnen können, habe sie sich entschlossen, ihn zu belasten. Das psychologische Gutachten lege nahe, dass diese

Version glaubwürdig sei, sagen die Staatsanwältinnen. Grecia habe Angst, wie die Gutachter herausgefunden hätten. Große Angst.

Noch am selben Tag beraumte die Staatsanwaltschaft in Person der Leiterin der Sondereinheit gegen Menschenhandel, Smirna de Calles, eine Pressekonferenz an. Sie bedauerte den Richterspruch, sagte, die Opfer des Menschenhandels litten an Traumata und Wahnvorstellungen, wenn sie aussagten. Sie teilte mit, dass die Staatsanwaltschaft unverzüglich in Berufung gehen werde, damit der Oberste Gerichtshof von El Salvador sich mit dem Fall befasse. Bis heute ist noch nicht entschieden, ob der Berufungsantrag angenommen wird.

Grecia wird nicht noch einmal vor Gericht erscheinen, um auszusagen. Nicht einmal die Staatsanwaltschaft weiß, wo sie sich aufhält. Sie lebt – überlebt – in irgendeinem anderen Land.

Beten gegen die kriminellen Banden

veröffentlicht am 21. Januar 2015

*Mehr als ein Dutzend Familien verlassen ihre Häuser,
nachdem der Barrio 18 mit einem Massaker gedroht hat.
Ein Mann weint vor Wut, weil er heute mit seinen drei Kindern
bei einem Verwandten schlafen wird. Der Leiter der Anti-Gang-
Einheit der Policía Nacional kommt hinzu und fordert die Leute
auf zu beten.*

   *Dies ist die Geschichte mehrerer Familien, die aus ihrer
Wohnsiedlung San Valentín in der Gemeinde Mejicanos flüchten
mussten.*

Es ist Dienstag, der 20. Januar 2015. Viele Salvadorianer sitzen beim Mittagessen und verfolgen im Fernsehen, was da gerade passiert, ganz so, als handele es sich um die Liveübertragung eines Fußballspiels. Genau so, live und direkt, fliehen mehr als ein Dutzend Familien aus ihren Häusern in der Siedlung San Valentín in Mejicanos, einer Gemeinde im Einzugsbereich von San Salvador. Die Fernsehkameras filmen ihre Flucht, die unter den Augen von Polizisten der Anti-Gang-Einheit stattfindet. Die Polizisten begleiten die Flucht von Menschen, die die Drohung des Barrio 18 ernst genommen haben. Die Bandenmitglieder hatten ihnen am Wochenende befohlen, etwas Bestimmtes zu tun. Sie haben es nicht getan. Also hat die Gang damit gedroht, sie alle umzubringen. Viele von ihnen haben das geglaubt. Sie flüchten. Ihre Flucht wird live im Fernsehen übertragen.

Es herrscht drückende Mittagshitze. Um zehn Uhr morgens haben die Bewohner von San Valentín damit begonnen, ihre Häuser zu räumen, denn um sieben Uhr abends endet die vierundzwanzigstündige Frist, die die Gang gesetzt hat. Dann werde es ein Massaker geben. Bis zur Erschöpfung haben die Menschen Betten, Kühlschränke, Fernseher und Sessel aus ihren Häusern geschleppt. Sie schwitzen, doch trotz der unbarmherzigen Mittagssonne hören sie nicht auf, ihr Hab und Gut hinauszuschleppen, denn sie glauben, dass es stimmt, dass jeder, der nicht ermordet werden will, bis spätestens sieben Uhr von hier verschwinden muss.

Die Siedlung San Valentín liegt im Stadtviertel Delicias del Norte, das zur Gemeinde Mejicanos gehört. Noch vor der Finca Argentina, ein paar Häuserblocks von der Bushaltestelle der Linie 2-C entfernt. Doch vielleicht sind die folgenden Ereignisse hilfreicher, um sich zu orientieren: Die Siedlung San Valentín ist vier Häuserblocks von dem Ort entfernt, an dem am 6. März 2013 Giovanni Morales ermordet wurde, bekannt unter dem Namen El Destino (*Das Schicksal*), Mitglied der Mara Salvatrucha, einer der Veteranen der Gang Guanacos Criminal Salvatruchos, die im oberen Teil des Stadtviertels Montreal ihre Basis hat. Morales war Assistent von Pater Antonio Rodríguez, einem Angehörigen der Passionisten (einer katholischen Ordensgemeinschaft), der im Verdacht stand, mit dem organisierten Verbrechen zusammenzuarbeiten, und im letzten Jahr von der salvadorianischen Staatsanwaltschaft gezwungen wurde, das Land zu verlassen und in seine Heimat Spanien zurückzukehren. Doch falls jemandem weder Pater Toño noch El Destino ein Begriff ist, wird er sich bestimmt an einen anderen Vorfall erinnern: Die Siedlung San Valentín liegt sieben Häuserblocks von der Stelle entfernt, an der am 20. Juni 2010, einem Sonntag, Mitglieder des Barrio 18, genauer gesagt, einer Gang namens Columbia Locos Sureños aus dem Vorort Jardín, einen Bus der Linie 47 mitsamt den Fahrgästen niederbrannten. 17 Menschen starben. Einige von ihnen verbrannten, andere wurden erschossen, als sie versuchten, durch die Busfenster zu klettern, um den Flammen zu entkommen. Der Bus der Linie 47 war auf dem Weg ins Stadtviertel Buenos Aires, das sich im oberen Teil von Mejicanos befindet. Dieses Viertel wird zwar von der Mara Salvatrucha kontrolliert, doch um dorthin zu gelangen, muss der Bus ein Gebiet des Barrio 18 durchqueren. Der Streit der beiden Banden um die Vorherrschaft führte zu jenem barbarischen Akt, der die Welt kopfstehen ließ und von dem Dutzende internationaler Tageszeitungen, die sonst nur selten von diesem gewalttätigen Winkel des Planeten Notiz nehmen, auf ihren Titelseiten berichteten.

Hier, inmitten der Gewalt und des Todes, befindet sich also die Siedlung San Valentín, in der 46 Familien wohnen. Es ist eine Siedlung ohne architektonische Besonderheiten. Ein asphaltierter Weg bildet die Mittelachse zwischen den beiden Toren, die auf die jeweilige Umgehungsstraße führen. Von diesem Asphaltband zweigen links und rechts drei Reihen winziger Häuschen ab. Auch an dem Mittelweg stehen Häuschen. Es sind einfache Häuschen mit nur einem Raum: Küche, Ess- und Wohnzimmer in einem. Ein einziges Zimmer und dazu ein Bad. Die Bewohner sind Experten darin, ihr Mini-Haus in einen multifunktionalen Raum zu verwandeln. Nachts werden die Matratzen auf den Boden gelegt und die Stühle auf den Esstisch gestellt. Tagsüber wandern die Matratzen in die winzige Abstellkammer im hinteren Teil, und die Stühle nehmen wieder ihren Platz um den Esstisch herum oder vor dem Fernseher ein.

So ist das in der Siedlung San Valentín. Jetzt räumen die Bewohner ihre Häuser, während wir Journalisten sie fragen, warum sie das tun, und die Polizisten ihre Flucht koordinieren.

Im unteren Teil der Siedlung schwitzt und weint eine Familie. Seit zehn Uhr schleppen sie Sessel, Haushaltsgeräte und Matratzen aus ihrem Häuschen und verstauen das, was Platz findet, auf der Ladefläche eines Pick-ups. Der Pick-up fährt weg und kommt nach einer Weile zurück, um die nächste Fuhre abzutransportieren. Von dieser Familie sind nur die Erwachsenen hier: zwei junge Männer in den Zwanzigern, eine Frau von über fünfzig, eine andere von über vierzig und eine von zwanzig Jahren. Die beiden Frauen der jungen Männer und ihre vier Kinder wurden zu einer Schwägerin gebracht, bevor die überstürzte Flucht begann. Die vier Kinder sind noch sehr klein, das älteste ist sechs Jahre. Sie alle gehören zu einer Familie, die drei der Häuschen hier in der Siedlung San Valentín gemietet hat. Jedes Häuschen kostet 100 Dollar Miete pro Monat. Das Geld dafür verdienen die jungen

Männer mit dem Putzen von Autoscheiben an einer Ampelkreuzung in San Salvador.

Der Pick-up bringt die Sachen zu ihren Cousinen, die in einer ganz ähnlichen Siedlung wohnen wie dieser hier in der Gemeinde Mejicanos. Die einen werden auch dort schlafen, bis sie etwas anderes gefunden haben; die anderen werden bei den Eltern eines der jungen Männer unterkommen und darauf hoffen, dass der Verwalter sie nicht hinauswirft, wenn er erfährt, dass sich mehr Menschen als vorgesehen in dem Häuschen aufhalten.

Obwohl die Siedlung, die heute geräumt wird, von täglicher Gewalt und Tod umgeben ist, versichern uns die Leute, dass San Valentín offiziell von keiner der Banden kontrolliert wird. Doch das ist relativ. Für die arbeitende Bevölkerung dieses Landes sind kriminelle Banden etwas ganz Alltägliches. Im besten Fall können sie ein weniger akutes Problem darstellen. Vor mehreren Monaten haben sich im zweiten Haus – vom Haupttor der Siedlung aus gesehen – »vier weibliche Bandenmitglieder« einquartiert. Das Häuschen stand zum Verkauf, aber sie sind eingezogen, ohne es zu kaufen. »Sie haben es einfach besetzt«, sagen die Bewohner der Siedlung. Jede Nacht bekamen sie Besuch von tätowierten jungen Männern aus Jardín, Mitgliedern des Barrio 18. Es wurde viel getrunken und viel gelacht. Niemand aus der Siedlung hat sich mit ihnen angelegt.

Diese Geschichte erzählen mir die Männer der Familie, mit der ich spreche. Die Frauen weinen ununterbrochen, während sie dabei zuschauen, wie ihr Zuhause aufhört, ihr Zuhause zu sein.

Am vergangenen Samstag, dem 17. Januar, räumten Polizisten das Häuschen der »Bandenmädchen«. Da es sich um ein illegal besetztes Haus handelte, nahmen sie alles mit, was sie dort fanden. Die Frauen waren nicht zu Hause, sagen die Nachbarn.

Die Polizisten taten ihre Pflicht. Sie handelten auf eine Anzeige hin. Sie räumten ein besetztes Haus, nahmen mit, was sie fanden, und gingen wieder. Genau das ist das Problem. Die Bandenmitglieder gehen nicht. Sie sind Teil des gesellschaftlichen Lebens. Sie leben dort, sind Söhne von Frauen, die dort leben, und Brüder von Männern und Frauen, die auch dort leben. Sie sind Väter, Onkel, Freunde von Leuten, die ebenfalls dort leben. Die kriminellen Banden sind Teil von El Salvador. Sie gehören zu ihrem Viertel, ihrer Gemeinde wie der Laden an der Ecke.

Die jungen Frauen kamen zurück. Noch in der Nacht zum Sonntag – so erzählen es mir sieben Bewohner der Siedlung, die gerade ihre Häuschen räumen – kamen die vier Frauen zurück, begleitet von zwei mit Pistolen bewaffneten Männern. Sie gingen zu einem der Nachbarn und sagten ihm, er solle den anderen Bewohnern der Siedlung mitteilen, sie wünschten, dass ihr Haus möbliert werde. Die »Ratte«, so sagten sie, die sie bei der Polizei angezeigt hätte, wohne in der Siedlung, und deshalb sei die Siedlung verpflichtet, die Tür zu reparieren und ihr Haus mit einem Kühlschrank, einem Fernseher, einer Kücheneinrichtung und einem Esszimmer samt Tisch, Stühlen und Sesseln zu möblieren. Außerdem verlangten sie, dass alle Nachbarn einen Brief unterzeichneten, in dem ihnen bescheinigt werde, dass sie ehrenwerte Bewohner der Siedlung San Valentín seien. Als Alternative boten sie an, dass ihnen ein von allen bezahltes Haus samt Mobiliar zur Verfügung gestellt werden müsse. Die Frauen drohten damit, erzählte der Nachbar, dass, sollte keins von beidem geschehen, ihre Gang mehrere Personen der Siedlung San Valentín töten werde. Der Nachbar fing sofort an, seine Siebensachen zusammenzupacken, weil er die Drohung ernst nahm. Am Montag erhielt er – inzwischen hatte er den anderen Bewohnern berichtet, was vorgefallen war – eine SMS, in der die Drohung wiederholt wurde, versehen mit einem weiteren Detail: »Sie haben 24 Stunden Zeit, die Forderung zu erfüllen, ansonsten wird es ein Massaker geben.« Der Nachbar zeigte den anderen die SMS, darunter einem der Männer der Familie, der ich gerade beim Räumen zusehe. Am Montagabend dann breitete sich Panik in der Wohnsiedlung aus.

Jemand benachrichtigte die Polizei, und die schickte mehrere Beamte, die die Nacht über in der Siedlung blieben und den Bewohnern davon abrieten, ihre Häuser zu verlassen. Bereits am Dienstagmorgen fassten mindestens fünf Familien den Entschluss, zu fliehen. Diese fünf Familien machten den anderen Angst, und am Mittag luden 17 Familien ihre Sachen auf Lastwagen und Pick-ups und in alte Autos und verschwanden in eine andere Gegend, die von derselben oder einer anderen Gang kontrolliert wird. Jeder wird wissen, welche Strategie er verfolgt.

»Das ist das Problem«, sagt einer der beiden Scheibenputzer, die mit ihrer Familie das Weite suchen. »Wohin sollen wir jetzt gehen? Überall, wo wir wohnen können, wo die Mieten niedriger sind als 300 Dollar pro Monat, gibt es solche Gangs. Wohin sollen wir also gehen? Was wollen wir sagen, wenn uns die Bandenmitglieder in der neuen Siedlung fragen, woher wir kommen? Wenn sie zum Barrio 18 gehören, wird ihnen nicht gefallen, was hier passiert ist. Wenn sie von den anderen sind, werden sie uns dort nicht haben wollen. Jetzt gehen wir erst mal weg von hier, später werden wir sehen, was zu tun ist.« Der Mann – ein harter Mann, den das Leben zwingt, Autoscheiben zu putzen – beendet den Satz und schweigt. Er fängt an zu weinen. Er weint nicht hemmungslos wie seine Tante neben ihm. Er weint nicht ununterbrochen, schluchzt nicht wie seine Tante, die langsam weint, anhaltend, und sich hin und wieder mit einem Taschentuch die Tränen abwischt. Der sonnenverbrannte Mann weint, obwohl er nicht weinen will. Oder zumindest will er nicht, dass man ihn weinen sieht. Er versucht, nicht zu weinen, aber er weint, und sein Gesicht verzieht sich zu einer Grimasse, denn er weint aus seinem tiefsten Innern heraus. Sein Magen zieht sich krampfartig zusammen. Er weint, fühlt sich gedemütigt. »Ja, gedemütigt«, sagt er.

Dieser Mann, der den ganzen gottverdammten Tag an einer Straßenkreuzung in diesem heißen, sonnenverbrannten Land Scheiben putzt, muss das Haus, das er von seinem sauer verdienten Geld gemietet und möbliert hat, räumen, weil vier grell geschminkte junge Frauen die Bewohner der Siedlung bedrohen. Er, der, nachdem er den ganzen Tag gebettelt hat, man möge ihn Scheiben putzen lassen, den Blick senkte, wenn er den Frauen begegnete; er, der immer gesagt hat, man dürfe sich nicht »mit denen anlegen«, der immer gedacht hat, dass es das Beste sei, »von der Arbeit direkt nach Hause zu gehen und die Tür hinter sich zu schließen«, er muss jetzt sein Haus verlassen, weil diese vier Frauen unter dem Schutz der »Jungs« stehen.

Der andere Mann sieht ihn weinen und fängt ebenfalls an zu weinen. Er weint genauso wie sein Schwager. Tief gedemütigt, den Kopf gesenkt, das Gesicht zu einer Grimasse verzogen, obwohl er sich bemüht, nicht zu weinen.

Heute werden sie und ihre Kinder in einer anderen Siedlung, in einem anderen Haus schlafen. Heute werden sie in einem »geborgten« Raum schlafen. Gedrängt wie die Ölsardinen. Und morgen werden sie wieder Autoscheiben putzen, um ganz von vorn anzufangen. Vielleicht aber werden sie das Handtuch werfen und versuchen, in die Vereinigten Staaten auszuwandern.

Es ist ein Uhr mittags. Sieben Polizisten der Sicherheitskräfte überwachen die Flucht der Familien. Plötzlich stürmen 15 Polizisten mit Sturmhauben in die Siedlung, begleitet von ihrem Chef, dem stellvertretenden Leiter der Anti-Gang-Einheit der Policía Nacional, Kommissar Pedro González. Die Flucht wurde soeben live im Fernsehen übertragen, das ganze Land konnte beim Mittagessen zusehen, wie die Leute aus ihren Häusern flüchteten. Etwas musste geschehen.

Die Polizisten der Anti-Gang-Einheit fordern alle Medienvertreter auf, die Siedlung zu verlassen. Ich befinde mich ganz hinten in einer der Häuserreihen, und es gelingt mir, unbemerkt zu bleiben. Einsatzleiter González ruft die Bewohner zu sich: »Kommen Sie bitte zu mir, alle, die Kameras sind weg, wir haben die Reporter gebeten, für einen Moment das Gelände zu verlassen, damit ich Ihnen etwas mitteilen kann.« Nur wenige kommen seiner Aufforderung nach. Etwa zwölf. Die Übrigen sind weiterhin damit beschäftigt, ihre Flucht vorzubereiten, oder ziehen es vor, im Haus zu bleiben.

Eine Frau kommt aus ihrem Häuschen und sagt: »Ich bin allein hier, mein Mann hat nämlich ein schwaches Herz.«

Einsatzleiter González fordert die Leute auf, zurück in ihre Häuser zu gehen, Wäsche zu waschen, Essen zu kochen, fernzusehen. Mehrere Polizeibeamte werden Sie beschützen, sagt er. Machen Sie ganz normal weiter, sagt er, meine Leute werden die Kriminellen verhaften. Er sagt: »Wir werden alle Gangster in dieser Gegend festnehmen.« Er brüllt seinen Befehl: »Das gesamte Gebiet durchkämmen!« Er hebt einen Zeigefinger und lässt ihn kreisen. Keiner seiner Männer rührt sich vom Fleck. Schließlich fordert er die Bewohner auf zu beten. Er sagt zu ihnen: »Egal, ob Sie katholisch oder evangelisch sind, beten Sie! Das ist jetzt das Wichtigste. Lasst uns zum Herrn beten.« Er bittet, jemand möge sich zum Vorbeten melden. Die Leute sehen ihn nur an. Der Einsatzleiter bittet noch einmal, dass jemand laut vorbeten möge. Niemand meldet sich. Er spricht eine Frau an, eine etwa siebzigjährige Frau, die direkt vor ihm steht, und bittet sie, »sich zu opfern« und zu beten. Doch sie betet nicht. Schließlich opfert sich die Frau neben ihr. Von ihrem Gebet notiere ich mir den einen Satz: »Herr, stell einen Engel vor jede Tür.«

Die Familie der Scheibenputzer ist weiter mit ihrer Flucht beschäftigt.

Zehn Familien verlassen ihre Häuser, während der stellvertretende Leiter der Anti-Gang-Einheit sie auffordert, nicht fortzugehen, und ihnen verspricht, sie zu beschützen.

Rund fünfzig Personen glauben nicht daran, dass diese Männer sie beschützen können.

Minuten später sagt Einsatzleiter González etwas zu mir, das sein Chef, der Polizeidirektor, und auch dessen Chef, der Minister für Justiz und innere Sicherheit, mir bei einer anderen Gelegenheit sagen werden: »Es ist auch eine Frage, wie man die Realität wahrnimmt.«

Ja, man könnte annehmen, dass die Drohung der Bande pure Selbstherrlichkeit ist. Einige Familien jedenfalls haben beschlossen, hier zu bleiben. Sie glauben, dass es sich um leeres Geschwätz und nicht um eine reale Gefahr handelt. Doch wer will behaupten, dass diejenigen, die fortgehen, Schwächlinge sind? Vier Straßen weiter hat die Gang einen Mann ermordet. Sieben Straßen weiter haben sie ein Massaker verübt, haben Menschen verbrannt oder erschossen. Vor nur zehn Tagen haben sie den Sohn der Empanada-Verkäuferin umgebracht. Sie haben ihn außerhalb der Siedlung entführt, als er eine Butangasflasche nach Hause trug, und einen Tag darauf haben sie seine Leiche in einem benachbarten Viertel namens Panamá abgeliefert.

Ja, es ist eine Frage der Wahrnehmung. Doch hier geht es um die Wahrnehmung einer realistischen, tödlichen Bedrohung, nicht um die Wahrnehmung von jemandem, der der Wettervorhersage vertraut oder nicht und beschließt, eine Regenjacke überzuziehen oder im Hemd zu gehen. Es geht nicht um die Wahrnehmung von jemandem, der glaubt, dass Diebe sein Auto klauen könnten oder nicht. Nein, hier geht es um die Wahrnehmung derer, die vor der Wahl stehen, zu glauben oder nicht zu glauben, dass heute Abend, genau um sieben Uhr, ihre Familien umgebracht werden. Ja oder nein? Gehst du das Risiko ein oder nicht?

Das Gebet, zu dem Einsatzleiter González die Bewohner aufgefordert hat, ist beendet. Stunden später wird man verkünden, dass man in den angrenzenden Stadtvierteln vier Männer verhaftet hat, die verdächtigt werden, dem Barrio 18 anzugehören.

Hier in der Wohnsiedlung San Valentín fragt eine Frau: »Dann werden die Polizisten also hier bleiben?« Einsatzleiter González antwortet: »Sie werden hier bleiben, bis Sie sich sicherer fühlen.« Die Frau bohrt weiter: »Und dann? Wenn sie fort sind? Wenn wir mit unseren Kindern in den Bus steigen, um sie zur Schule zu bringen? Wenn wir von der Arbeit nach Hause kommen?« Die Frau wendet sich ab und fährt fort, ihre Sachen zusammenzupacken, um die Siedlung zu verlassen.

Eine andere Frau fragt: »Könnten Sie einen Polizisten rund um die Uhr vor jede Tür stellen?« Der Kreis der Betenden hat sich bereits aufgelöst. Niemand antwortet ihr.

Die unglückliche Geschichte eines Illegalen ohne Papiere: verkauft, erpresst, abgeschoben

veröffentlicht am 7. April 2014

Nach den Worten des ältesten Schleppers von Chalatenango im Norden El Salvadors gibt es Regeln, die ein guter Kojote befolgen muss. Und es gibt Fragen, die ein guter Migrant seinem Kojoten stellen muss. Dies ist die Geschichte eines Mannes, der diese Fragen nicht gestellt hat. Und die eines Kojoten, der die Regeln nicht befolgt hat.

Auf seinem mit Wachstuchbändern bespannten Stuhl, in der drückenden Mittagshitze, sieht der Chef der Kojoten genauso aus wie das, was er ist: der Patriarch einer Bande von Schleppern in der salvadorianischen Provinz Chalatenango. Von Männern, deren Arbeit darin besteht, Personen in die Vereinigten Staaten zu bringen. Männer, die Leuten helfen, Länder zu durchqueren, die sie nicht durchqueren dürfen.

Der Chef der Kojoten ist – wie mir ein Käse- und Zigarettenschmuggler erzählte – der älteste Kojote in dieser Provinz. Es begann 1979, zu der Zeit, als Salvadorianer, die in die Vereinigten Staaten wollten, sich einem Guatemalteken anvertrauten. Das tat auch der Chef der Kojoten, damals noch ein junger Mann. Danach fing er an, für einen Guatemalteken, den er im Gefängnis kennengelernt hatte, zu arbeiten, indem er ihm Klienten aus El Salvador besorgte. Danach begleitete er ihn auf seinen Reisen. Danach, als er die Regeln begriffen hatte, machte er sich selbständig.

Heute, alt und groß geworden, beschränkt er sich darauf, zu »koordinieren«, wie er selbst sagt. Die Zeiten der reisenden Kojoten sind vorbei. Jetzt, sagt der Chef der Kojoten, herrscht Arbeitsteilung. Einer besorgt die Klienten aus El Salvador, schickt sie mit einem Kojoten, der für ihn arbeitet, nach Guatemala-Stadt oder gleich an die mexikanische Grenze, wo sie einem anderen Kojoten übergeben werden, normalerweise einem Mexikaner, der sie nach Mexiko-Stadt bringt, wo er sie wieder einem anderen Kollegen übergibt, der sie an die Grenze zu den Vereinigten Staaten bringt, wo er sie an einen »*pasador*« oder »*tirador*« genannten Schlepper weiterreicht, der sie über die Grenze und weiter in eins der sogenannten »Sicherheitshäuser« bringen soll, in denen die Migranten, nun bereits in den Vereinigten Staaten, eingesperrt werden, bis ihre Familien den zweiten Teil der abgemachten Summe überweisen. Die Anzahlung war bereits vor Abreise fällig.

Niemand – »absolut niemand«, wiederholt der Chef der Kojoten – wird in El Salvador weniger als 7.000 Dollar pro Migrant für diese Reise verlangen. Jedenfalls kein »seriöser Kojote«.

Ein seriöser Kojote würde nie den Zug benutzen, sagt der korpulente Mann, der noch seine Arbeitsstiefel trägt. Viele Illegale aus Zentralamerika – 250.000 von ihnen werden jährlich von der mexikanischen Migrationsbehörde aufgegriffen – benutzen Güterzüge als Fortbewegungsmittel. Sie klammern sich irgendwie an die Wagendächer und fressen auf diese Weise Kilometer um Kilometer quer durch die ödesten, verlassensten Gebiete Mexikos. Ein seriöser Kojote, sagt der Mann mit dem Hut auf dem Kopf, wird das bezahlte Geld darauf verwenden, den Illegalen mithilfe einer Kette von Kojoten so schnell wie möglich in die Vereinigten Staaten zu schleusen. Für diese »Koordination« bleibt einem Schlepper wie dem Chef der Kojoten rund 1.500 Dollar Gewinn pro Migrant. Es gibt Möglichkeiten, die Kosten zu senken. Die klassische Methode ist die, die Migranten auf Züge zu setzen, die erstickende die, sie im doppelten Boden eines Bananentransporters zu befördern; die waghalsigste – oder dümmste – Methode ist die, dem mexikanischen Kojoten nicht die 200 Dollar zu zahlen, die die Zetas für jeden Migranten kassieren, der ihre Gebiete durchquert. Und ihre Gebiete sind auf das gesamte Land verstreut, sind Teile des Puzzles namens Mexiko. Wenn man die Regionen, die von den Zetas kontrolliert werden, rot markieren würde, wären die Bundesstaaten Tabasco, Veracruz und Tamaulipas tiefrot. Und genau durch diese Gebiete fahren die Züge. Und die Bananentransporter. Los Zetas, das ist – falls es jetzt noch einer Erklärung bedarf – jene mexikanische Mafiabande, die Ende des vergangenen Jahrhunderts zur Privatarmee eines der Chefs des Golf-Kartells, Osiel Cárdenas Guillén, aufgestiegen ist. Seit 2007 sitzt Guillén in den Vereinigten Staaten im Gefängnis. 2007 machten sich die Zetas selbständig. Von nun an nahmen sie alles in ihr Repertoire auf, was man einem Illegalen ohne Papiere Böses antun kann, um an Geld zu kommen: Entführung, Lösegelderpressung, Vergewaltigung, Verkauf. Es sei denn, der Kojote des Migranten zahlt eine Gebühr. Ein seriöser Kojote, sagt der seriöse Chef der Kojoten, versucht nicht, seine Kosten zu senken. Ein seriöser Kojote zahlt seine Gebühr an die Zetas. So schlimm, wie es sich anhört, ist es auch.

Wenn Sie den letzten Absatz in Fragen an Ihren Kojoten verwandeln, sind Sie nach den Maßstäben des Chefs der Kojoten ein guter Migrant. Wenn er selbst ein Migrant wäre, sagt er, würde er seinen Kojoten fragen, wie viele Kojoten an dem Transport beteiligt sein werden. Er würde ihn fragen, wie er Mexiko zu durchqueren gedenkt. Er würde ihn fragen, wie er das Geld verwenden wird. Um sicherzugehen, würde er ihn fragen, ob man ihn zusammen mit anderen Migranten in einem Bananentransporter zusammenpferchen oder auf einen Zug setzten wird, ob er genug Kontakte zu den mexikanischen Behörden hat, um in Ruhe die Kontrollpunkte passieren zu können. Er würde ihn fragen – immer und immer wieder würde er ihn fragen –, ob in dem Preis die Gebühr an die Zetas enthalten ist. Und dann würde er ihm dieselben Fragen noch einmal stellen.

Wenn Sie wenig fragen, haben Sie schon verloren. Das sagt der Chef der Kojoten.

»Heutzutage sind 7.000 Dollar das Minimum. Viele Schlepper sind Betrüger. Das Gesetz sollte den betrügerischen Kojoten bestrafen, aber dem, der gut arbeitet, sollte man einen Kostenzuschuss zahlen.«

Es gibt besonders niederträchtige Formen des Betrugs, sagt der Chef der Kojoten.

Kategorie 1: Der Kojote verlangt vom Migranten den gesamten Betrag im Voraus und verspricht, dass es am Tag A losgehen wird; doch das tut er nur, weil er dringend Geld benötigt, und am Ende reisen sie am Tag Z ab.

Kategorie 2: Der Kojote kassiert im Voraus, verspricht, dass es am Tag A losgeht, aber sie reisen nie ab.

Kategorie 3: Der Kojote weiß, dass der Migrant die Summe nicht aufbringen kann, und verlangt irgendwelche Sicherheiten (ein Grundstück mit Haus, ein Stück Land). Er beteuert, dass es nur vorübergehend ist, zur Sicherheit eben, und dass er dem Migranten den Besitz zurückgeben wird, sobald er das Geld hat. Doch das geschieht nie.

Kategorie 4: Der Kojote sagt dem Migranten, dass er für die Reise nur 3.000 oder 4.000 Dollar nimmt, auf jeden Fall weniger als 7.000. Auch wenn der Kojote den Eindruck erweckt, dass es ihm nicht darum geht, die Kosten niedrig zu halten, ist ein Kojote, der weniger als 7.000 Dollar nimmt, ein Betrüger. Sagt der Chef der Kojoten.

Ein Kojote, der wenig kassiert, wird die Fragen eines guten Migranten nicht befriedigend beantworten können. Oder er wird lügen. Dafür legt der Chef der Kojoten die Hand ins Feuer.

Wenn man die Gerichtsakten durchsieht, stößt man auf Fälle wie den des jungen Adán, der dem Chef der Kojoten recht gibt.

* * *

Nach den Maßstäben des Chefs der Kojoten ist der junge Adán ein schlechter Migrant. José Ricardo Urías ist nach den Maßstäben des Chefs der Kojoten ein betrügerischer Kojote – einer, der unter die Kategorie 4 fällt. Adán ist ein junger Mann von 25 Jahren aus Chalatenango, der beschloss, am 14. September 2011 in die Vereinigten Staaten zu emigrieren. José ist ein Kojote von 34 Jahren aus El Zamorano in der Provinz Usulután, der sich am 14. September 2011 mit Adán und einem Freund von Adán auf die Reise machte. Adán ist es in Mexiko sehr schlecht ergangen. José verbüßt zurzeit eine vierjährige Haftstrafe in El Salvador wegen Menschenschmuggel und Menschenhandel.

An jenem 14. September um acht Uhr morgens begaben sich Adán und sein Freund, nachdem sie in der mit Blech gedeckten Hütte des Kojoten die Nacht in Hängematten verbracht hatten, auf die Reise in die Vereinigten Staaten.

Adán hatte acht Jahre lang in den Vereinigten Staaten gelebt. 2003 war er ohne gültiges Visum eingereist. Am 27. Juli 2011 um 16.39 Uhr war er, zusammen mit anderen Abgeschobenen, in einer staatlichen Maschine der Vereinigten Staaten auf dem Flughafen von San Salvador gelandet.

Adán und sein Freund waren überzeugt, dass der Versuch, in die Vereinigten Staaten zurückzukehren, gelingen würde. So sehr waren sie davon überzeugt, dass sie dem Kojoten José am Abend vor der Abreise 1.500 Dollar als Anzahlung gegeben hatten. Die Gesamtsumme für die Reise belief sich auf 4.500 Dollar. So steht es in der Gerichtsakte mit den Ermittlungsergebnissen, die den Kojoten José ins Gefängnis gebracht haben.

* * *

Erinnern wir uns an einen Satz des Chefs der Kojoten: »Heutzutage sind 7.000 Dollar das Minimum.«

* * *

Der Kojote José – erzählte Adán den Staatsanwälten – hatte ihm versprochen, dass es ihm »gut gehen« werde, er werde »Fleisch und Hühnchen essen«.

Der Kojote José ist nicht reich, er ist kein Krimineller mit weißem Kragen. Er ist, der Beschreibung seines Hauses nach zu urteilen, ein armer Mann. Das Häuschen – eher eine aus verschiedenen Baumaterialien zusammengezimmerte Hütte mit Blechdach – befindet sich in einer Siedlung ohne Hausnummern im Stadtviertel El Zamorano in der Gemeinde Jiquilisco in der Provinz Usulután.

Der Kojote José gehört nicht in die vom Chef der Kojoten aufgestellte Kategorie des »seriösen Kojoten«. Erstens, weil er nicht das kassiert, was man kassieren muss; und zweitens, weil er die Migranten auf ihrer Reise begleitet. Nach den Worten des Chefs der Kojoten sind die Zeiten der reisenden Kojoten vorbei. Die Arbeit eines seriösen Kojoten besteht darin, die Reisen der Migranten zu koordinieren, sagt der korpulente Mann auf seinem mit Wachstuchbändern bespannten Stuhl in der brütenden Mittagshitze.

Ohne den Kojoten José zu fragen, ob in dem Preis die Gebühr für die Zetas enthalten sei, ohne ihn zu fragen, ob sie mit dem Zug fahren würden, ohne ihn zu fragen, wie er das Geld verwenden werde, begaben sich Adán und sein Freund also am 14. September 2011 von El Zamorano zum Busbahnhof der Linie »Puerto Bus« in El Salvador, stiegen in einen Bus, der sie nach Guatemala-Stadt brachte, von wo aus sie mit weiteren Bussen nach La Mesilla fuhren, an die guatemaltekische Grenze zu Mexiko.

Zu Fuß überquerten sie die Grenze nach Ciudad Cuauhtémoc, Mexiko, und fuhren mit verschiedenen Kleintransportern nach Chontalpa, einer Gemeinde im Bundesstaat Chiapas an der Grenze zu Tabasco. Sie schlugen sich durch den Dschungel und warteten auf den Zug aus Tenosique. Eine Woche lang, erinnert sich Adán, fuhren sie auf diesem Zug, der sie ins Innere der Provinz Veracruz brachte, mitten ins Herz des Zetas-Gebietes.

Sie fuhren weiter in den Bundesstaat Mexiko, an die Peripherie der Hauptstadt, und gelangten schließlich nach Celaya im Staat Guanajuato, nachdem sie sich über 700 Kilometer an die »Bestie« geklammert hatten, wie der Güterzug dort genannt wird.

* * *

»Ein seriöser Kojote«, sagt der Chef der Kojoten, »würde nie den Zug benutzen.«

* * *

Adán erinnert sich, dass der Kojote José in Celaya telefonierte:
»Sie sind hier, ihr könnt sie abholen«, habe er gesagt.
Adán und sein Freund dachten, es handle sich um andere Kojoten, die sie übernehmen würden.
Doch die, die kamen, sahen nicht wie Kojoten aus. Es kam ein

Kleintransporter, ein Chevrolet Silverado, aus dem ein Mann stieg und sagte, er sei El Trenzas (*der mit den Zöpfen*). Dahinter kam ein zweiter Kleintransporter, ein Dodge Ram, aus dem drei Männer stiegen und sagten, sie seien die Bodyguards von El Trenzas.

El Trenzas – sagte Adán – gab dem Kojoten José 800 Dollar. Der Kojote José sagte: »Ich bin gleich zurück«, und verschwand.

Da wurde Adán klar, dass der Kojote José sie verkauft hatte.

El Trenzas sagte, er gehöre zu den Zetas, und drohte ihnen: »Wenn ihr nicht zahlt, mach ich euch fertig.«

Sie brachten Adán und seinen Freund in eine Hütte, in der bereits ein Honduraner festgehalten wurde. Zwei Tage blieben sie dort. Man zwang sie, ihre Familien anzurufen und ihnen zu sagen, sie sollten 1.500 Dollar per Eilüberweisung auf das Konto eines Mexikaners überweisen. Adáns Exfrau und die Mutter des Freundes von Adán schickten das Geld aus den Vereinigten Staaten.

Bis hierhin verlief alles normal. Eine ganz normale Entführung durch die Zetas.

* * *

Ein ganz normaler Vorfall, wie er mehr als 9.000 Migranten pro Jahr passiert. So völlig normal, so üblich, dass es 25 Millionen Dollar in nur sechs Monaten einbringen kann.

Im Jahre 2009 sprach die Kommission für Menschenrechte in Mexiko (CNDH) mit 9.758 Migranten, die berichteten, dass sie von kriminellen Banden – hauptsächlich von den Zetas – in verschiedenen Staaten Mexikos verschleppt worden waren. Daraus schloss die CNDH, dass diese Entführungen den Banden rund 25 Millionen Dollar in nur sechs Monaten eingebracht hatten.

Ganz normal.

* * *

El Trenzas drohte Adán und den beiden anderen Entführten wiederholt, dass er auf diesem Streckenabschnitt seine Augen überall habe, bevor er sie in einen Bus setzte, in dem sie tausend Kilometer bis nach Piedras Negras fuhren, einer Gemeinde im Staat Coahuila an der mexikanischen Grenze zu Texas.

Auf der anderen Seite der Grenze befindet sich die Kleinstadt Eagle Pass, Texas. Piedras Negras und Eagle Pass werden von dem reißenden Río Bravo getrennt, in den vorher der Río Pecos auf der nordamerikanischen und der Río Conchos auf der mexikanischen Seite geflossen sind.

El Trenzas hatte Adán und den beiden anderen Migranten gesagt, dass ein Mann sie am Busbahnhof von Piedras Negras in Empfang nehmen würde.

An besagtem Busbahnhof wartete ein Mexikaner in einem roten Kleintransporter auf die drei Migranten.

* * *

Auf einem Stuhl sitzend, in dem Haus, in dem man wohnt, im Bett, in dem man Adáns Geschichte liest, sagt es sich leicht, dass Adán dumm und feige ist, weil er wie ein Automat genau das tat, was El Trenzas ihm befohlen hatte.

Warum ist Adán nicht aus dem Bus gestiegen und hat Hilfe gesucht oder ist nach El Salvador zurückgefahren? Das fragt man sich, wenn man gemütlich bei sich zu Hause sitzt.

Drei Jahre lang habe ich die Route der Migranten durch Mexiko – manchmal mit ihnen zusammen – bereist. Und ich habe herausgefunden, dass einem das, was man, wenn man zu Hause sitzt, für dumm halten mag, als das Logischste der Welt erscheint, wenn man diese Route selbst bereist.

Einmal sprach ich mit einem Salvadorianer, der nichts wie weg wollte aus einem Dorf namens Altar an der Grenze zu den Vereinigten Staaten. Seine Schwester war weniger als 100 Kilometer entfernt entführt worden, doch er wollte nur weg von dort. Er wusste, dass es nichts gab, was er hätte tun, dass es keine Behörde gab, an die er sich hätte wenden können. Er hatte recht.

Polizisten erzählten mir, dass sie in Veracruz einmal einen Migranten zu den Zetas zurückgebracht hatten. Der Mann war aus einem sogenannten »Sicherheitshaus« geflohen. Doch anstatt einfach aus der Gegend zu verschwinden, hatte er Anzeige erstattet und die Behörden darauf hingewiesen, dass dort in dem Haus noch mehr Migranten festgehalten wurden. Die Polizisten der Gemeinde Coatzacoalcos brachten ihn zu den Zetas zurück. Der Mann wurde zu Brei geschlagen, bis er nur noch eine rote Masse war, die kaum atmete. Das erzählten mir zwei junge Guatemalteken, die das Zimmer mit der roten Masse, die kaum atmete, geteilt hatten. Sie waren nicht geflohen und kamen frei, nachdem ihre Familien 500 Dollar pro Kopf an die Zetas gezahlt hatten.

Einmal sprach ich mehrere Tage lang in Ixtepec im Bundesstaat Oaxaca mit einem mexikanischen Kojoten, der auf der Flucht war. Er war mit drei honduranischen Migranten unterwegs gewesen, hatte das Geschäft aber seinem Chef, einem Mann namens Don Fito, verschwiegen. Der Chef hatte seine Basis in der nordmexikanischen Stadt Reynosa, und von dort aus zahlte er den Zetas monatlich 10.000 Dollar, um sicherzustellen, dass seine Kojoten in Ruhe arbeiten konnten. Seine Kojoten durften aber nur die Leute durchs Land schleusen, die er ihnen vermittelte. Der Mann, mit dem ich gesprochen habe, El Chilango, 41 Jahre alt, dachte nun, er könnte seinen Chef hintergehen und die drei Honduraner auf eigene Rechnung in den Norden schleusen und das ganze Geld für sich behalten. Als sein Chef davon erfuhr, ließ er ihn suchen. Er suchte ihn auf der gesamten Route, einer rund 5.000 Kilometer langen Strecke von der Grenze zwischen Mexiko und Guatemala bis zur mexikanischen Grenze zu den Vereinigten Staaten. Auf dieser Strecke haben die Zetas ihre Augen überall. Natürlich geben sie an, übertreiben, brüsten sich damit, allmächtig und unüberwindbar zu sein, doch ungeachtet der Übertreibungen steht es außer Frage, dass sie ihre Augen überall haben.

Ein paar Tage später erhielt ich gegen Mittag einen Anruf von El Chilango. Am anderen Ende der Leitung waren neben Störgeräuschen Stimmen zu hören:

»Heeeey ... Hilf mir ... krrckrrrck ... Sie sind hinter mir her ... Sie haben mich ... Du musst mir hel ... Tuuut ... tuuut ... tuuut ...«

Von da an war das Telefon tot. Ein Jahr lang habe ich auf dieser Route nach El Chilango gefragt. Niemand hatte ihn wiedergesehen.

* * *

Der mexikanische Schlepper brachte die drei Migranten in ein Haus in Piedras Negras. Dort, erinnert sich Adán, sagte ihnen eine »dicke Frau«, sie müssten »300 pro Kopf zahlen, oder ihr werdet umgebracht«. In dem Haus der dicken Frau war außer ihnen noch ein mexikanischer Migrant eingesperrt.

Wieder riefen sie ihre Familien an. Die 300 Dollar pro Kopf wurden per Eilüberweisung überwiesen, doch die Migranten blieben noch 13 Tage in dem Haus eingesperrt, wo sie nur eine Mahlzeit am Tag bekamen.

Adán und sein salvadorianischer Freund beschlossen zu fliehen. Der Honduraner und der Mexikaner wollten bleiben. »Sie hatten Angst«, sagte Adán, steht in der Gerichtsakte. Auf ihrer Flucht kamen sie nur ein paar Straßen weit. Bandenmitglieder, die für die dicke Frau arbeiteten, schnappten die beiden Salvadorianer und brachten sie in das Sicherheitshaus zurück.

Am 11. Oktober 2011 gingen die Schläger der dicken Frau mit Adán, seinem Freund, dem Honduraner und dem Mexikaner an den Río Bravo. Sie brachten sie über einen Feldweg an eine Stelle, an der der Fluss nicht sehr tief ist. Am Ufer – erinnert sich Adán – lagen acht Säcke voll mit Marihuana. Jeder Sack, schätzte Adán, wog um die 15 Kilo.

»Bringt das Zeug rüber«, befahlen die Schläger und zeigten in Richtung USA.

»Das werde ich nicht tun«, weigerte sich Adán, »dafür krieg ich in den Vereinigten Staaten zwanzig Jahre Gefängnis.«

Einer der Schläger hielt Adán eine Machete an die Kehle und zwang ihn so, zwei Sack Marihuana über den Fluss zu transportieren. Bei den anderen machten sie es genauso.

Sie wateten auf die andere Seite. Dann gingen sie drei Stunden weiter, bis sie von zwei Männern in einem Sedan angehalten wurden. Die beiden nahmen das Marihuana an sich und verschwanden. Die Migranten blieben mitten im Nichts zurück. Ein Führer, der sie auf der nordamerikanischen Seite begleitet hatte, um sicherzustellen, dass das Marihuana ordnungsgemäß übergeben wurde, kehrte nach Mexiko zurück. Die Migranten rührten sich nicht vom Fleck. Zwei Stunden später kam der Sedan mit den beiden Männern zurück, und sie brachten die vier Migranten in ein Hotel nach Eagle Pass. Adán sagten sie, sie würden ihn am nächsten Tag nach San Antonio bringen, der größten Stadt in der Gegend, dort könne er seine Angehörigen anrufen und von ihnen abgeholt werden. Alles deutete darauf hin, dass die unglückliche Reise ein gutes Ende nehmen würde.

Am nächsten Tag löste sich die Hoffnung in Luft auf. Sicherheitskräfte der Vereinigten Staaten umstellten das Hotel und verhafteten die beiden Männer, zwei Frauen, die in ihrer Begleitung waren, und die vier Migranten, die darauf gewartet hatten, nach San Antonio gebracht zu werden.

Adán erzählte den Behörden der Vereinigten Staaten, was er erlebt hatte. Er sagte gegen die beiden Männer aus, die, soweit er verstand, Mitglieder der Zetas waren und seit Langem in den Vereinigten Staaten gesucht wurden. Zwei Monate saß Adán in Texas in Abschiebehaft. Nachdem die Regierung der Vereinigten Staaten von ihm gehört hatte, was sie hören wollte, wurde er abgeschoben.

Am 12. Januar 2012 um 16.37 Uhr kehrte der Migrant Adán, zusammen mit anderen Abgeschobenen, mit Flug N593AN aus den Vereinigten Staaten in sein Land zurück.

Adán nahm Kontakt zum Kojoten José auf, jenem Mann aus Usulután, der ihn in Celaya für 800 Dollar an El Trenzas verkauft hatte. Adán wollte von ihm seine 1.500 Dollar zurück. Der Kojote José sagte zu ihm, so als handle es sich um ein nicht zurückgezahltes Darlehen, er habe die 1.500 Dollar nicht.

Genau so, als wäre alles halb so schlimm.

Adán erstattete Anzeige. 2013 wurde der Kojote José wegen Menschenschmuggel und Menschenhandel zu vier Jahren Haft verurteilt. Das heißt, weil er Illegale durchs Land geschleust und verkauft hatte, bekam der Kojote José vier Jahre. Ein Taschendieb, der ein Handy klaut, kann zwischen sechs und zehn Jahren kriegen. Ein Mann, der zwei Migranten an die Zetas verkauft hatte, bekam vier Jahre. So ist das Gesetz.

* * *

Der Chef der Kojoten von Chalatenango sagt, dem guten Kojoten müsse man einen Kostenzuschuss zahlen. Der Chef der Kojoten sagt, kein guter Kojote habe ein Interesse daran, dass betrügerische Kojoten die Leute einschüchtern. Der Chef der Kojoten sagt, ein guter Kojote lebe von seiner Glaubwürdigkeit, von der Mundpropaganda. Der Chef der Kojoten sagt, dass er ein guter Kojote ist. Er sagt, dass es für einen guten Kojoten nichts Besseres gibt als zufriedene Migranten. Deswegen sagt der Chef der Kojoten – als wäre es eine Frage der Moral –, dass ein guter Migrant ein Migrant ist, der Fragen stellt. Deswegen wiederholt er, dass er, wenn er ein Migrant wäre, seinen Kojoten fragen würde, wie viele Kojoten an dem Transport beteiligt sein werden. Er würde ihn fragen, sagt er, wie er Mexiko zu durchqueren gedenkt. Er würde ihn fragen, wie er das Geld verwenden wird. Um sicher zu sein, würde er ihn fragen, ob er vorhat, ihn zusammen mit anderen Migranten in einem Bananentransporter zusammenzupferchen oder auf einen Zug zu setzen, ob er Kontakte zu den mexikanischen Behörden hat, um sicherzustellen, dass er die Kontrollpunkte problemlos passieren kann. Er würde ihn fragen – immer und immer wieder würde er ihn fragen –, ob in dem gezahlten Betrag auch die Gebühr an die Zetas enthalten ist. Und dann würde er ihm dieselben Fragen noch einmal stellen.

El Niño von der Hollywood-Gang wurde ermordet (und wir wussten alle, dass das passieren würde)

Miguel Ángel Tobar war ein Mörder. Ein ehemaliges Mitglied der Mara Salvatrucha und seiner Hollywood-Gang. Am 21. November wurde er von einem Killer ermordet. Außerdem war er Kronzeuge der Staatsanwaltschaft und sorgte mit seiner Aussage dafür, dass dreißig Bandenmitglieder im Gefängnis landeten. Der Staat hatte ihm versprochen, ihn zu beschützen. Dies ist die Geschichte eines Mannes, von dem sowohl die Polizei, als auch die Staatsanwaltschaft wussten, dass man ihn ermorden würde. Dies ist die kurze Geschichte eines Mannes, von dem auch ich wusste, dass man ihn ermorden würde.

Miguel Tobar wusste seit November 2009, dass man ihn ermorden würde.

Er wusste nur noch nicht, wer ihn ermorden würde. Manchmal glaubte er, dass es Polizisten aus dem Westen El Salvadors tun würden. Manchmal glaubte er, dass es Mitglieder des Barrio 18 sein würden. Doch meistens war er überzeugt, dass Mitglieder seiner eigenen Organisation, der Mara Salvatrucha, ihn ermorden würden.

Miguel Ángel Tobar, ein Mann von dreißig Jahren, wusste, dass er weder an einem Herzinfarkt noch an einem Sturz oder an Altersschwäche sterben würde – vor allem kam ihm niemals in den Sinn, dass er an Altersschwäche sterben würde. Manchmal glaubte er, er würde auf einem staubigen Feldweg in der Provinz Santa Ana oder Ahuachapán im Westen El Salvadors ermordet werden. Seit Januar 2012, also seit ich ihn kenne, war ihm klar, dass »die Bestie« ihn verfolgte. Das sagte er immer wieder. Damit meinte er jenen abrupten Tod, der dich nicht einfach zu sich nimmt, sondern dich mitten aus dem Leben reißt. Er kannte ihn, denn er selbst hatte ihn häufig herbeigeführt. Deswegen grub er im vergangenen Jahr das Gewehr wieder aus, das er irgendwo auf einem Brachland vergraben hatte. Das Gewehr hatte er dem Wachmann einer Tankstelle bei einem Überfall in der Gemeinde El Congo abgenommen, zu dem er von der Polizei überredet worden war. Miguel Ángel Tobar lebte gefährlich. Deswegen besorgte er sich Anfang dieses Jahres eine .357er, die die Polizei jedoch konfiszierte, als er in der Nähe seines Häuschens im Vorort Las Pozas der Gemeinde San Lorenzo, Provinz Ahuachapán, unterwegs war. Und weil er wusste, dass die Bestie ihm auf den Fersen war, ging er Anfang des Jahres über die grüne Grenze nach Guatemala und zahlte 20 Dollar für einen *trabuco* – zwei kurze Metallrohre, die man ihm auf das Gewehr montierte, um den Lauf der Kugel zu beschleunigen. Miguel Ángel Tobar wusste, dass er ermordet werden würde, doch er wollte nicht gefoltert oder erdrosselt oder zerstückelt werden. Er zog es vor, durch eine Kugel zu sterben.

So sicher war er sich, ermordet zu werden, dass man ganz offen mit ihm darüber reden konnte. Am Dienstag, dem 14. Januar 2014, habe ich ihn besucht. Seit ich ihn im Februar 2012 kennengelernt hatte, besuchte ich ihn mindestens ein Mal im Monat. An jenem Dienstag fühlte er, dass sein Tod so nah war wie nie. Am Abend zuvor hatte man ihm berichtet, dass sich ein paar junge Männer in der Siedlung, in der er wohnte, herumtrieben und nach dem »Marero« gefragt hatten. Wir saßen in dem Pick-up mit abgedunkelten Scheiben, in dem ich gekommen war. Die ganze Zeit über lief der Motor.

»Hey, Miguel, es gibt da ein Problem«, sagte ich an jenem Dienstag zu ihm, »du änderst ständig deine Telefonnummer, ich kann dich nur schwer erreichen. Du musst mir eine Nummer deiner Familie geben, damit ich sie anrufen kann, wenn irgendwas ist.«

»Ach, Chef, wenn irgendwas ist ... Du meinst, damit sie dir Bescheid geben, wenn man mich umbringt, damit sie dir sagen, hey, sie haben El Niño umgebracht«, erwiderte Miguel Ángel Tobar, der sich immer bei seinem Spitznamen nennt, den er hatte, als er noch zur Mara Salvatrucha gehörte: El Niño von der Gang Hollywood Locos Salvatrucha, Atiquizaya.

Am vergangenen Freitag, dem 21. November, hat mich keiner sei-

ner Familienangehörigen angerufen. Ein Nachbar von El Niño hat mich aus Las Pozas angerufen. Er war es, der mich um 15.43 Uhr über das unterrichtete, was passiert war und von dem wir alle wussten, dass es passieren würde:
»Hey, es gibt schlechte Nachrichten. Sie haben El Niño in San Lorenzo erwischt.«

* * *

Miguel Ángel Tobar war ein Mörder.
Wenn man ihn fragte, wie viele Menschen er umgebracht habe, antwortete er:
»56 ... Ich hab 56 erledigt. Sechs Frauen und fünfzig Männer. Zwei von den Männern waren Drogenhändler. Ich hab zwei Drogenhändler umgebracht.«
Miguel Ángel Tobar war ein Mörder.
In den Polizeiberichten ist von 30 Tötungsdelikten die Rede, an denen dieser Mann beteiligt war, als er der Mara Salvatrucha angehörte, laut FBI der gefährlichsten Bande der Welt. Sie wurde Ende der Siebzigerjahre in Kalifornien gegründet und Ende der Achtziger mit ihren rund 4.000 Mitgliedern nach Guatemala, Honduras und El Salvador exportiert, als in diesen Ländern noch Bürgerkrieg herrschte. Zurzeit hat sie allein in El Salvador rund 40.000 Mitglieder. Was die Vereinigten Staaten zum Verschwinden bringen wollten, hat sich inzwischen vervielfacht.
Miguel Ángel Tobar war ein Mörder.
Er war gnadenlos. 2005 ermordete er, zusammen mit anderen Mitgliedern seiner Gang, einen 23jährigen Mann, der Caballo (*Pferd*) genannt wurde. Caballo war so dumm gewesen, sich eine 1 auf ein Bein und eine 8 auf das andere tätowieren zu lassen. Und er hatte noch eine andere Tätowierung auf der Brust: ein M und ein S. Weiß der Himmel, wie er das hinkriegte, aber er bezeichnete sich je nach Situation als Mitglied des Barrio 18 oder, wenn es besser für ihn war, als Marero, also als Mitglied der rivalisierenden Mara Salvatrucha. Miguel Ángel Tobar entdeckte sein Geheimnis, lockte ihn, zusammen mit anderen Ma-

reros, unter einem Vorwand in den Dschungel von Atiquizaya. Sie brachten ihn um. Caballo starb ohne Arme, ohne Beine und ohne Tätowierungen. Mehr muss man dazu nicht sagen. Und als er weder Arme noch Beine noch Tätowierungen hatte, wurde er noch eine Weile weitergefoltert. An jenem Tag änderte Miguel Ángel Tobar, der in seiner Gang »Clown« genannt wurde – wegen seines lustigen Aussehens, seines länglichen Gesichts und seines großen Mundes –, seinen Spitznamen in »El Niño«. Denn als er Caballo das Herz herausschnitt, überkam ihn ein großes Glücksgefühl: Es war ihm, als würde er ein Kind auf die Welt holen, ein *niño*.

Miguel Ángel Tobar war ein Mörder.

Alle wussten das. Sie wussten es seit Langem. Als die Polizei Anfang 2009 auf ihn zukam mit der Aufforderung, ihr bei der Aufklärung mehrerer Morde zu helfen, die von der Hollywood Locos Salvatrucha begangen worden waren, wusste sie, dass sie einen Mörder vor sich hatte. Sie haben nie etwas anderes angenommen. Der Polizist, der El Niño im Vorort Las Pozas aufsuchte, musste vorsichtig sein, denn Miguel Ángel Tobar, der beschlossen hatte, seine Gang zu verraten, war an jenem Nachmittag mit einer .40er und einer .357er bewaffnet und hatte Crack geraucht, viel Crack; dennoch willigte er ein, den Polizisten auf die Polizeidienststelle der Gemeinde El Refugio zu begleiten.

El Niño fühlte sich in die Enge getrieben. Seine Gang vermutete, dass er drei Mitglieder der Parvis Locos Salvatrucha aus Turín (einer Nachbargemeinde von Atiquizaya) ermordet hatte, weil sie seinen Bruder umgebracht hatten. So sieht es im Innern einer Bande aus: ein Sumpf von Intrigen und Verschwörungen unter den eigenen Mitgliedern. El Cheje, der Bruder von El Niño, war 2007 ermordet worden, und nach und nach rächte El Niño seinen Tod, heimlich, still und leise, ohne seiner Gang etwas davon zu erzählen. Er tötete Chato, Zarco und Mosco mit einem Schuss in den Kopf. Nur einer überlebte, Coco, der aus dem Westen des Landes floh, als er sah, dass seine Mordkomplizen einer nach dem andern mit einem Loch im Kopf endeten, getötet vom Bruder ihres Opfers.

Dennoch war Miguel Ángel Tobar sehr viel mehr als ein Mörder.

Er war die Schlüsselfigur, mit deren Hilfe die Polizei und die Staatsanwaltschaft mehr als dreißig Bandenmitglieder der Gangs Hollywood, Parvis und Ángeles aus Santa Ana und Ahuachapán hinter Gitter brachten. Durch die Zeugenaussage dieses Mannes gelang es einem Richter, zwei Leader der Hollywood-Gang zu 22 Jahre Haft zu verurteilen. Einer der beiden ist José Guillermo Solito Escobar, genannt El Extraño (*Der Seltsame*), ein dreißigjähriger Leader der Gang in Atiquizaya. Der andere ist bekannter. Der ehemalige salvadorianische Minister für Justiz und innere Sicherheit, Manuel Melgar, bezeichnete ihn als einen der Bandenchefs, die das organisierte Verbrechen ins Land gebracht hatten. Es handelt sich um José Antonio Terán, besser bekannt unter dem Namen Chepe Furia, vierzig Jahre alt, ehemaliges Mitglied der Nationalgarde, Chef der Müllabfuhr in Atiquizaya, eines der ersten Mitglieder der MS in den Vereinigten Staaten, Gründer der dortigen Gang Fulton Locos Salvatrucha und Gründer der Gang Hollywood Locos Salvatrucha in Atiquizaya, El Salvador. Dank der Aussage von Miguel Ángel Tobar vor einem Sondergericht in San Miguel verbüßen Chepe Furia und El Extraño eine 22jährige Haftstrafe wegen Mordes an einem Informanten der Polizei in der Provinz Usulután am 24. November 2009. Das Opfer hieß Samuel Trejo und war 23 Jahre alt, als es ermordet wurde. In der Bande kannte man ihn als Rambito.

Miguel Ángel Tobar war ein Mörder.

Dennoch wären ohne seine Hilfe mehr als 30 Mörder in El Salvador weiterhin auf freiem Fuß. Und wahrscheinlich – sehr wahrscheinlich – wurde dieser Mann umgebracht, weil er der salvadorianischen Justiz geholfen hatte. Vielleicht hätte er noch elf weitere ins Gefängnis gebracht, doch nun wird er nicht mehr aussagen können im Prozess gegen die Männer, die beschuldigt werden, Leichen in einen Brunnen geworfen zu haben, mitten in einem Maisfeld in der Gemeinde Turín.

Am Freitag, dem 21. November, wurde nicht nur ein Mörder ermordet. Es wurde auch ein Zeuge, der unter dem Schutz des salvadorianischen Staates stand, für immer zum Schweigen gebracht. Am 21. November wurde Miguel Ángel Tobar durch die Schüsse eines Killers getötet. An jenem Freitag wurde ein Mann getötet, dem der salvadorianische Staat versprochen hatte, ihn unter seinen Schutz zu stellen, wenn er aussagen würde. Der Staat hatte ihm sogar neue Namen gegeben: Liebre (*Hase*) oder Yogui. So wurde er in den Gerichtsakten und während des Prozesses genannt, als er mit einer Sturmmaske auftrat, in einer Polizeiuniform, die dem kleinen, aber kräftigen Mann zu groß war. Miguel Ángel Tobar wurde ermordet, während er unter dem Schutz des Staates stand.

* * *

Freitag, der 21. November 2014, acht Uhr abends. In einer Straße der Gemeinde San Lorenzo, dreißig Schritte von der Polizeidienststelle entfernt, liegt ein Fahrrad neben Blutspuren. Es ist die Straße, die nach El Portillo führt.

Zu der Gemeinde San Lorenzo gelangt man, wenn man durch Santa Ana fährt, Atiquizaya durchquert, den Zentralpark hinter sich lässt und 20 Kilometer auf einer zweispurigen Straße zwischen Hügeln weiterfährt. Ich werde von meinem Bruder Juan begleitet, mit dem ich El Niño seit Januar 2012 besucht habe.

Die Polizeidienststelle ist ein kleines Häuschen fast am Ende des Wohngebiets von San Lorenzo. Es ist noch früh am Abend, doch die Gemeinde liegt im Dunkeln. Nur wenige Straßenlaternen erleuchten die Straße. Die Leute gehen kurz nach den Hühnern zu Bett. Nur ein paar Jugendliche lungern herum. Überrascht sehen sie dem Pick-up hinterher.

In der Dienststelle gibt es zwei Polizisten. Sie zeigen keine Spur von Angst. Wenn sich abends oder nachts ein Pick-up mit abgedunkelten Scheiben der Polizeidienststelle einer ländlichen Gemeinde in El Salvador nähert, werden die Beamten ihn höchstwahrscheinlich mit der Hand auf ihrer Pistole empfangen. Wenn sie das nicht tun, wie hier in San Lorenzo, dann deshalb, weil sie meinen, dass sie sich nicht in einer kritischen Region dieses Landes befinden. Und so ist es auch. Mit ihren rund 10.000 Einwohnern verzeichnete die Gemeinde San Lorenzo laut Statistik im Jahre 2013 null Tötungsdelikte; 2012 waren es zwei und 2011 wieder null. In diesem Jahr erinnern sich die beiden Polizisten nur an einen Mord, den, der vor ein paar Stunden verübt wurde, den an Miguel Ángel Tobar alias El Niño. Seit Juni 2012 ist dies der erste Mord in San Lorenzo. Darum ist San Lorenzo eine glückliche Gemeinde dieses Landes.

Nach einer kurzen Unterhaltung ist klar, dass die beiden Polizisten El Niño als Krebsgeschwür betrachtet hatten, als jemand, der zum Sterben verurteilt war. »Er war problematisch«, sagten sie, »er war ein Verbrecher. In diesem Jahr hat er ein Problem gekriegt, weil er einen Kollegen von der Kriminalpolizei der Provinz Santa Ana (DIC) verletzt hat, der auf Urlaub war und sich in dem Vorort aufhielt, in dem auch El Niño wohnte.«

El Niño war in der ganzen Region bekannt. San Lorenzo ist der Statistik nach keine Gemeinde, die ernsthafte Probleme mit der Bandenkriminalität hat. El Niño selbst hat sie als einen Ort beschrieben, der mit Überfällen und Diebstählen von Lastwagen, aber nicht mit Bandenkriminalität zu kämpfen hat. Durch diese Gemeinde kommen nur Bandenmitglieder, die sich zwischen der Grenze zu Guatemala und Atiquizaya bewegen, aber sie wohnen nicht hier. Als sich El Niño Mitte des Jahres hier niederließ, ging das Gerücht, ein Bandenmitglied oder ein Bandenchef oder aber ein Denunziant halte sich in Las Pozas auf. Der eine sagte das, der andere das. Bei meinem ersten Besuch, als wir wie so häufig bei laufendem Motor in einem Pick-up saßen, kamen Neugierige, die wissen wollten, wer den berühmten El Niño besuchte. Es kamen Nachbarn, Verkäuferinnen, Schüler der kleinen Schule des staubigen Vororts Las Pozas.

Die Polizisten hassten ihn vor allem, weil er einer kriminellen Organisation angehört hatte. Er sprach wie ein Bandenmitglied, war problematisch und respektlos. Und drogensüchtig.

Viele Polizisten der Region hassten ihn auch, weil er als Kronzeuge gegen zwei Kollegen aus Atiquizaya ausgesagt hatte. Die beiden Polizisten waren José Wilfredo Tejada von der Mordkommission von Atiquizaya und Walter Misael Hernández von der Kommission gegen Schutzgelderpressungen. Am Morgen des 24. November 2009 forderten die beiden Beamten die örtliche Polizei auf, einen 23jährigen Mann auf dem Markt zu verhaften und aufs Revier zu bringen, weil sie mit ihm sprechen müssten. Dieser Mann war Samuel Trejo, bekannt unter dem Namen Rambito. Er wurde von Chepe Furia ermordet. Am 24. November 2009 holten die beiden Cabos ihn auf der Dienststelle von Atiquizaya ab und brachten ihn nie mehr zurück. Stunden später sah El Niño ihn in einem Pick-up, der von Chepe Furia gelenkt wurde und in dem außerdem noch zwei weitere Männer saßen, El Extraño und Liro Jocker, der 2009 aus Maryland ausgewiesen worden war. Sein richtiger Name ist Jorge Alberto González Navarrete, er ist 32 Jahre alt. El Niño sah, wie Chepe Furia, El Extraño und Liro Jocker mit Rambito in einem Pick-up davonfuhren.

Zwei Wochen später wurde Rambitos halb verweste Leiche auf einer Landstraße der Provinz Usulután gefunden. Seine Hände waren auf dem Rücken mit einem blauen Band gefesselt – demselben blauen Band, das El Niño laut seiner Aussage in dem Pick-up gesehen hatte. In dem gerichtsmedizinischen Gutachten steht, dass Rambito an dem Tag ermordet wurde, als die beiden Cabos ihn von der Polizeidienststelle abgeholt hatten, am selben Tag, als die drei Bandenmitglieder mit ihm in einem Pick-up gesehen wurden. In dem Gutachten heißt es außerdem, dass er gefoltert und schließlich mit drei Schüssen in den Kopf getötet wurde. Rambito war ein Informant der Polizei und half, einen Fall von Schutzgelderpressung, an dem Chepe Furia beteiligt gewesen war, aufzuklären.

Bevor El Niño Chepe Furia in seinem Pick-up begegnet war, hatte er die beiden Cabos mit Rambito in einem anderen Pick-up gesehen. Das sagte er in dem Prozess aus.

Am Mittwoch, dem 15. Januar 2014, mehr als vier Jahre nach dem Mord an Rambito, wurden die beiden Cabos aus der Untersuchungshaft entlassen. Ihre Kollegen wollten nicht gegen sie aussagen. Sie wollten sich nicht mehr an das erinnern, was sie in den Vernehmungen zuvor gesagt hatten. Sie wüssten nicht mehr, sagten sie, ob es der Tag des Mordes gewesen sei, an dem die Cabos verlangt hätten, Rambito zu verhaften. Die Staatsanwälte legten ihnen das Dienstbuch vor, in das dieselben Polizisten eigenhändig festgehalten hatten, dass die Cabos genau an dem Tag Rambito abgeholt hatten. Dann zeigten sie ihnen das Protokoll ihrer früheren Aussage, in der sie sich ganz genau an alles erinnert hatten. Schließlich wiesen sie sie darauf hin, dass sie unter Eid standen. Die drei Polizisten sagten, sie würden ihre Schrift nicht mehr erkennen, aber sie erinnerten sich an nichts mehr, sie seien völlig durcheinander. Sie senkten die Köpfe – alle drei – und wiederholten einer nach dem anderen: Ich erinnere mich nicht mehr. Ich erinnere mich nicht mehr. Ich erinnere mich nicht mehr.

Daraufhin betrat El Niño mit verhülltem Gesicht den Saal des Sondergerichts von San Miguel. Die Staatsanwaltschaft hatte ihm in seiner Eigenschaft als Kronzeuge den Namen Yogui gegeben. Im Gerichtssaal war es heiß wie in einem Backofen, und er nahm die Sturmmaske ab. Sein Gesicht jucke, sagte er. Es sei ihm egal, dass die Anwälte der Angeklagten – die in diesem Moment hinter einem Wandschirm standen und beteten – sein Gesicht sehen könnten. Er sagte, sie würden ihn ja sowieso kennen. Alle wussten, dass El Niño Miguel Ángel Tobar war. Auf Anordnung des Richters zog er sich die Sturmmaske wieder übers Gesicht und sagte genau dasselbe, was die als Zeugen vorgeladenen Polizisten gesagt hatten: Er erinnere sich an nichts, er erinnere sich auch nicht an das, was er früher ausgesagt habe, er erinnere sich nicht mehr daran, Rambito in einem Pick-up gesehen zu haben, er erinnere sich an gar nichts mehr. Die Anwälte der angeklagten Cabos lachten. Die Staatsanwälte sahen sich ungläubig an, erschrocken. Die Cabos hinter dem Wandschirm beteten. Sie wurden freigesprochen.

Der Urteilsspruch ist absurd. Er widerspricht jeder Logik. Die freigesprochenen Cabos hatten Rambito verhaften lassen und auf der Dienststelle abgeholt. Am Ende landete Rambito bei den Bandenmitgliedern, die wegen Mordes verurteilt wurden. Der Zusammenhang zwischen den beiden Fällen bleibt ungeklärt.

Ohne El Niños Aussage war die Staatsanwaltschaft machtlos. Sie wurde lächerlich gemacht. Ein lustiges Spektakel, über das die Verteidiger im Gerichtssaal lachten.

Als ich den Gerichtssaal verließ, wusste ich nicht, was ich denken sollte. Einen Moment lang glaubte ich, El Niño habe mich angelogen. Dann erinnerte ich mich daran, dass er mir selbst erzählt hatte, die ermittelnden Beamten von Atiquizaya und El Refugio hätten ihn aufgefordert, sich im Prozess nicht mehr zu erinnern und die polizeilichen Ermittler zu verwirren. Sie hätten ihm 5.000 Dollar angeboten, erzählte mir El Niño. Später hätten sie ihn gebeten, in Atiquizaya einen Mord zu begehen, die Waffe würde er an Ort und Stelle bekommen. Bei einem meiner Besuche lachte El Niño hasserfüllt über die plumpe Falle:
»Arschlöcher, Naivlinge, Ratten verdammte! Sie wollten El Niño ›abholen‹! Diese Scheißkerle!«

Nachdem der Prozess mit einem Freispruch für die Cabos geendet hatte, rief ich El Niño an.

»Niño, hast du mich angelogen oder den Richter?«, fragte ich ihn.

»Ich hab sie mit Rambito gesehen, und ich hab gesehen, wie Rambito mit Chepe und den anderen fortgefahren ist ... Aber, na ja ... Ich wollte es nicht sagen. Ich hab schon so viele Kreuze auf der Stirn, da will ich nicht noch eins dazukriegen ...«

* * *

Zu der Zeit wohnte El Niño nicht in Las Pozas, dem Vorort von San Lorenzo, sondern in der Gemeinde El Refugio, ganz in der Nähe von Atiquizaya. Er wohnte in einem Häuschen, eher einer Baracke, mit einem kleinen Grundstück, das Polizei und Staatsanwaltschaft für ihn angemietet hatten. Er wohnte gegenüber der Polizeidienststelle von El Refugio. Die Ermittler hatten ihn von Atiquizaya hierher geholt, weil sie überzeugt waren, dass die Polizisten jener Gemeinde auf Chepe Furias Gehaltsliste standen.

In El Refugio wohnte El Niño zusammen mit seiner 18jährigen Lebensgefährtin und seiner zweijährigen Tochter Marbely. Sie lebten von dem, was El Niño konnte: Marihuana anbauen oder es über seine Kontakte aus Guatemala kommen lassen und in kleinen Dosen an die wenigen Konsumenten verkaufen, die wussten, dass er dort wohnte.

Außerdem schickte ihm die Unidad Técnica Ejecutiva (UTE) der Justizbehörde jeden Monat einen Lebensmittelkorb, wie sie ihn allen geschützten Zeugen, die nicht in den Sicherheitshäusern leben, zukommen lassen. Einen sehr armseligen Korb.

Die UTE betreut rund tausend Personen jährlich, in der Mehrzahl Opfer oder Augenzeugen eines Verbrechens. Nur etwa fünfzig davon sind Kronzeugen wie El Niño: Mörder, Diebe, ehemalige Schlepper, die unter dem Schutz von Polizei und Staatsanwaltschaft stehen und vor Gericht aussagen sollen. Es gilt eine einfache Abmachung: Schutz und Verpflegung gegen die Aussagen im Prozess.

El Niño erhielt also vom Staat das Häuschen mit Grundstück und jeden Monat einen Korb mit vier Pfund Bohnen, vier Pfund Reis, Nudeln, Tomatensauce, Salz, Zucker, Öl, Toilettenpapier, Seife, Zahnbürsten. Um weitere Lebensmittel, Kleidung für das Kind oder Milch zu kaufen, dealte El Niño mit Marihuana.

Doch seit Januar 2014 blieb der Korb aus. Der Korb kam einfach nicht mehr, ohne dass ihm der Grund dafür mitgeteilt wurde. El Niño musste noch gegen die Polizisten und die Mörder aussagen, die ihre Opfer in Turín in einen Brunnen geworfen hatten, woran er selbst beteiligt gewesen war. Und nicht nur der Korb blieb aus. Auch die 60 Dollar, die ihm die Polizisten hin und wieder gaben, blieben aus. Wenn die Polizei von den Zeugen brauchbare Informationen erhält, lässt sie ihnen hin und wieder kleinere Summen zukommen, um sie bei der Stange zu halten.

Im März beschloss El Niño, mit seiner schwangeren Frau und seiner Tochter Marbely aus El Refugio fortzugehen.

Zunächst ließ El Niño seine kleine Familie in Las Pozas alleine wohnen, er selbst wohnte etwas außerhalb, in einem verlassenen Haus, das ein Bauer Jahre zuvor gebaut hatte. Das Gewehr, das er nach dem Überfall auf die Tankstelle versteckt hatte, grub er wieder aus. Der Überfall auf die Tankstelle in El Congo 2009 war von der Polizei inszeniert worden. Sie hatte El Niño in die Gang eingeschleust, als die anderen Bandenmitglieder noch nicht wussten, dass sie einen Verräter in ihren Reihen hatten. Er sollte die Polizei über den Überfall auf dem Laufenden halten. Das tat er. Er schickte mehrere SMS, doch als die Streife nicht auftauchte, beschloss er, sich aktiv an dem Überfall zu beteiligen. Er ließ das Gewehr des Wachmanns und noch etwas Geld mitgehen. Als er aus El Refugio fortging, grub er das Gewehr wieder aus und nahm drei Jungen aus Las Pozas mit, die er *ganyeros* nannte, weil sie Marihuana rauchten und Probleme mit den Mitgliedern der MS hatten, die hin und wieder in Las Pozas auftauchten, um sich zu vergewissern, dass der Barrio 18 sich nicht in diesem Niemandsland niedergelassen hatte. In Las Pozas gibt es Spuren von der MS und vom Barrio 18, es ist ein Durchgangsgebiet für beide Banden.

Nachts wechselten sich El Niño und die drei Jungen ab: Zwei schliefen, zwei hielten Wache. In den Ort gingen sie nur, wenn sie etwas brauchten.

Als ich El Niño zum ersten Mal besuchen wollte, nachdem er aus El Refugio fortgegangen war, sagte er mir, ich solle auf einem Feldweg, der von der Landstraße nach San Lorenzo abzweigt, bei einem großen Feigenbaum auf ihn warten. Das Gebiet gehört dem Barrio 18. Einige Leute fingen bereits an, sich über den parkenden Pick-up mit den abgedunkelten Scheiben Gedanken zu machen, als plötzlich El Niño auftauchte, in der Hand eine kurze Machete, am Gürtel ein Gewehr und fünf Patronen Kaliber 12. Die Sturmmaske, die er auch im Gerichtssaal getragen hatte, hatte er zurückgeschoben. Er stieg zu mir und meinem Bruder in den Pick-up und setzte sich auf die Rückbank. Er war nervös, fast panisch, sah sich nach allen Seiten um. Er schrie: »Los! Los, fahr zu! Gib Gas!« Als wir durch Atiquizaya fuhren, vergrub er sich so tief wie möglich im Rücksitz und bedeckte sich eine Gesichtshälfte mit der Hand. Wir fuhren zu einem Motel auf der Landstraße, die nach Santa Ana führt. Wir schlossen die Tür und legten die Querstange vor. Jetzt konnten wir in Ruhe reden.

Weil ihm der Boden in Las Pozas zu heiß wurde, beschloss er, zu seiner Mutter zu ziehen, in das Haus, in dem er geboren und aufgewachsen war. Er war immer in Alarmbereitschaft. Eine Gruppe von *ganyeros* informierte ihn über jede seltsame Bewegung.

Es wurde immer schwieriger, mit ihm in Kontakt zu treten. Wöchentlich wechselte er das Handy. Er reiste nach Guatemala, um Marihuana zu kaufen, das er in Las Pozas verkaufte. Mehrmals wurde er von Soldaten oder Polizisten festgenommen. Sie konfiszierten seine Waffen. Als er einmal zum Angeln ging, fanden sie bei ihm zwei Marihuanazigaretten, die er mitgenommen hatte, um sich ein wenig zu entspannen. Sie brachten ihn nach Atiquizaya und steckten ihn zu Mitgliedern der MS in eine Zelle. Das war im vergangenen Oktober. El Niño hatte gesagt, er sei ein ehemaliges Mitglied der Centrales Locos Salvatrucha. Ein Polizist sei in die Zelle gekommen, erzählte mir El Niño, und habe gesagt: »Das ist El Niño von der Hollywood-Gang, er hat Chepe Furia hinter Gitter gebracht.« Zum Glück war es El Niño gelungen, ein Taschenmesser in die Zelle zu schmuggeln. Er baute sich in einer Ecke auf, aber die Mareros – noch halbe Kinder, erinnerte sich El Niño – trauten sich nicht, das berüchtigte Ex-Mitglied zu attackieren. Schließlich kam die Anweisung, ihn freizulassen, denn er stand ja unter dem Schutz des Staates.

El Niño war, was er war. Ein harter Bursche, ein Verbrecher. Wieder auf freiem Fuß, benahm er sich auch so. Er prügelte sich in den Kneipen. Einmal schlug er einen Polizisten k. o., einen Nachbarn, der zu viel getrunken hatte und in El Niños Haus gekommen war, als dieser die Tür offen stehen gelassen hatte. Er fing an, ihn zu beleidigen: »Wichser, Verräter der Mara, schwule Sau!« El Niño schlug ihn zusammen. Stunden später wurde der Polizist mit einem Gewehr Kaliber 12 angeschossen. Er beschuldigte El Niño. Drei Zeugen versicherten mir, dass es zwei junge Männer waren, die keiner in der Gegend kannte. Zu der Zeit besaß El Niño sein Gewehr nicht mehr. Er behauptete, es seien »Typen vom 18« gewesen, die vorbeigekommen seien und den besoffenen Polizisten der Sondereinheit von Santa Ana gesehen und beschlossen hätten, ihn zu erschießen.

Zum Abschied sagte El Niño wie üblich zu mir:

»Also dann, mal sehen, ob ich noch lebe, wenn du das nächste Mal kommst.«

* * *

Die polizeiliche Rekonstruktion des Verbrechens ergab Folgendes: El Niño fuhr in San Lorenzo mit dem Fahrrad auf der Straße nach El Portillo. Von dieser Straße gehen mehrere Feldwege ab, die in den Vorort Las Pozas führen. Plötzlich tauchte vor ihm ein *tuc-tuc* mit zwei kahl geschorenen dicken Männern um die vierzig auf. Sie stießen ihn vom Fahrrad. El Niño versuchte zu fliehen. Der erste von sechs Schüssen traf ihn im Rücken. Die ersten Blutspuren fanden sich einen Meter von dem umgestoßenen Fahrrad entfernt. Er lief weiter, wurde von zwei weiteren Schüssen getroffen, einer in den Kopf, hinter dem Ohr, der andere in die Seite. Er lief noch fünfzehn Schritte weiter, es floss immer mehr Blut. Dann fiel er aufs Gesicht, drehte sich um, um sich zu verteidigen. Die Täter kamen näher und schossen noch drei Mal. In den Kopf und in die Brust. Die Patronenhülsen fanden sich direkt neben der Blutlache, die sich länglich auf dem Pflaster ausbreitete, so als hätte sich ein verwundetes Tier noch ein paar Meter weitergeschleppt. Die Mörder flüchteten auf ihrem *tuc-tuc*, einem von denen, die einen Höllenlärm machen. Aber sie flüchteten nicht in den Dschungel, sondern in den Ort San Lorenzo. Das alles spielte sich etwa fünfzig Meter von der Polizeidienststelle ab. Die Polizisten kamen erst zwanzig Minuten später an den Tatort. Es wurde keine Fahndung veranlasst, nichts.

Ich sehe ihn vor mir, wie er sich auf dem Pflaster wälzt und Blut spuckt. Ich kenne ihn. Ich weiß, dass er sich wie ein Tier bis zum letzten Augenblick wehrte. Schon früher hatte man versucht, ihn zu töten. Auch da hatte er sich wie wild gewehrt, mit allem, was er hatte. Er hat immer gesagt, dass ihn eine Kugel erwarte, aber er wünsche sich, die »Bestie« möge ihn doch bitte an einen stillen Ort bringen und dort in aller Ruhe töten ... »Aber so wird es nicht kommen, das ist Schwuchtelkram«, sagte er. Er wusste, wovon er sprach, früher war er selbst die Bestie gewesen.

Am Freitag, dem 21. November 2014, seinem Todestag, war El Niño nach San Lorenzo gefahren, um seine zweite Tochter auf dem Standesamt anzumelden. Seinen Personalausweis und den seiner Lebensgefährtin hatte er bei sich. Er ließ die inzwischen drei Monate alte

Tochter auf den Namen Jennifer eintragen. Sie wurde an demselben Tag Halbwaise, als ihr Vater sie als seine Tochter anerkannte.

* * *

Niemand, weder die Polizei noch die Staatsanwaltschaft oder ein Beamter der UTE, tat etwas, um für seine Sicherheit zu sorgen. Nicht einmal den Lebensmittelkorb bekam er. Alle Polizisten, mit denen ich im Laufe der mehr als zwei Jahre gesprochen habe, wussten, dass El Niño ermordet werden würde. Sie sagten es, als wäre das für sie selbst keine Katastrophe.

Im März 2014 veröffentlichte ich in meiner Zeitung El Faro (*Der Leuchtturm*) unter dem Titel *Der Stachel der Mara Salvatrucha* ein Porträt von El Niño, das mein Bruder Juan und ich 2013 für ein Buch geschrieben hatten. Etwa einen Monat später erzählte mir mein Bruder Carlos, ebenfalls Journalist beim Faro, dass Raúl Mijango ihm eine Botschaft von der nationalen Führungsebene der Mara Salvatrucha überbracht habe. Raúl Mijango ist – unter anderem – ein ehemaliger Guerillero-Kommandant, der in den Verhandlungen über ein Friedensabkommen zwischen der Regierung und den kriminellen Banden als Vermittler fungierte. Im März 2012 wurde das Abkommen unterzeichnet, und für ein Jahr sank die Anzahl der Tötungsdelikte drastisch. Doch das Abkommen bröckelt in dem Maße, wie die Anzahl der Morde wieder ansteigt. Mijango wird allerdings auch weiterhin von den Banden als Ansprechpartner anerkannt. Die nationale Führungsebene der Mara Salvatrucha setzt sich aus verschiedenen Leadern zusammen, die die allgemeinen Regeln für sämtliche Mara-Gangs festlegen. Alle sitzen in der Haftanstalt von Ciudad Barrios. Mijango sagte meinem Bruder, dass der Artikel bei den Leadern der Mara Salvatrucha Missfallen erregt habe und dass es ihnen nicht gefalle, wenn innere Angelegenheiten der Bande an die Öffentlichkeit gelangten. Es war offensichtlich, dass die Veröffentlichung das Risiko von El Niño erhöhen würde, und mein Bruder Carlos fragte Mijango, ob es irgendeine Lösung für ihn gebe. »Nein, es gibt keine Lösung«, war Mijangos Antwort.

Alle wussten, dass El Niño ermordet werden würde. Auch ich gehörte zu denen, die das wussten.
Niemand tat etwas, um es zu verhindern.

* * *

Anfang 2013 hatten wir folgendes Gespräch auf dem Grundstück in El Refugio, während wir gekochte *pipianes* aßen.
»Hast du das Gefühl, dass man dich benutzt hat?«, fragte ich.
»Alle haben von mir profitiert, nur ich selbst nicht. Alle alten Säcke, die von der Schickeria, haben am Ende profitiert. Wie viel hat Rambitos Tod gekostet? 11.000 Dollar hat Chepe Furia dafür gezahlt, dass sie Rambito ›abgeholt‹ haben. Ich bin der, der am wenigsten davon gehabt hat.«
»Und was ist mit uns? Wer garantiert uns, dass du dich nicht wieder als Killer anheuern lässt, wenn du auf freiem Fuß bist?«
»Man hat mir keine andere Möglichkeit angeboten. Was ich brauche, ist Arbeit. Wir geben dir eine Chance, wenn du vor Gericht reinen Tisch machst. Ich hab mir meine Tätowierung nicht wegmachen lassen, weil sie mir nichts angeboten haben. Das verschafft mir wenigstens Respekt, wenn ich wieder auf die andere Seite wechsle. Meine Informationen stimmen. Ich hab gesagt, dass ich es war, dass ich geschossen habe, und dass die anderen getan haben, was sie getan haben. Das muss reichen!«
»Kannst du ausschließen, dass du rückfällig wirst?«
»Nein, das kann ich nicht. Sogar hier hat man mir Jobs angeboten …«
»Was meinst du, was schulden wir Salvadorianer dir?«
»Ich riskiere mein Leben. Ich bin weg von der Straße und hab noch einen anderen Scheißkiller da weggeholt. Und jetzt wollen mir ne Menge Leute ans Leder. Polizisten, Bandenmitglieder. Ich weiß nicht, wer hier für wen arbeitet. Das Ganze nennt sich organisiertes Verbrechen. Ich hab die Schnauze voll davon, schließlich ist da die Kleine. Der Gesellschaft ist es scheißegal, was ich riskiere. Für die ist es nur wichtig, dass der Kronzeuge ausgesagt hat. Anstatt zu überlegen und zu sagen,

hey, der Typ kann ernsthafte Probleme kriegen, er hat Frau und Tochter, besorgen wir ihm wenigstens ein Dach über dem Kopf ...«

* * *

Die Bandenmitglieder, die ihn 2011 aus der Haftanstalt in Ciudad Barrios heraus telefonisch bedrohten, haben sich geirrt. Sie sagten zu ihm, er werde nach Kiefer riechen. Damit meinten sie das Material, aus dem sein Sarg gezimmert sein würde. Auch El Niño hat sich geirrt. Er antwortete ihnen, dass die Särge in seiner Region aus Mango- und Guanacaste-Holz gezimmert würden.

El Niños Sarg ist aus Teakholz. Es war der billigste, den es in dem Bestattungsinstitut gab. Gestiftet hat ihn die Stadtverwaltung von San Lorenzo, auf Bitten des Schwiegervaters von El Niño.

Die Totenwache fand am 22. November statt. Sie verlief ohne Zwischenfälle. Rund dreißig Personen, Freunde der Mutter von El Niño, singen evangelische Kirchenlieder. In einem der Lieder heißt es ungefähr, es gebe nur zwei Orte, den Himmel und die Hölle. Es wird süßes Brot gereicht, dazu Kaffee und *atol*. El Niños Mutter sitzt zusammengesunken auf einem Plastikstuhl neben dem Sarg. Sie weint nicht, die Situation ist nicht neu für sie. 2007 tötete die Mara Salvatrucha ihren anderen Sohn, genannt Cheje, ein Mitglied der Parvis Locos Salvatrucha in Atiquizaya. Heute weint sie nicht, sie sitzt nur zusammengesunken auf dem Stuhl, schweigend. El Niños Witwe sitzt in einer Ecke und stillt Jennifer.

Draußen wird gefeiert. Im Vorort Las Pozas wird gefeiert. Auf einem Podium gegenüber der Schule ist eine Diskothek aufgebaut, Scheinwerfer verströmen buntes Licht, aus den Lautsprechern dröhnt in voller Lautstärke ein Reggaeton. 100 Meter weiter wird Totenwache gehalten, die evangelischen Kirchenlieder und der Reggaeton versuchen sich gegenseitig zu übertönen. Das Fest war bereits angekündigt, es findet jedes Jahr zu dieser Zeit statt. Es wird von der Stadtverwaltung von San Lorenzo organisiert. Sie wollten es wegen eines Todesfalls nicht ausfallen lassen.

* * *

Sonntag, der 23. November, zwölf Uhr mittags. Friedhof von Atiquizaya. El Niños Beerdigung. Das Grab befindet sich neben einer Schlucht am Rande des Friedhofs. El Niños Schwiegervater hatte es am Morgen ausgehoben. Etwa dreißig Trauergäste sind gekommen, die meisten auf Veranlassung des Pastors von Las Pozas. Etwas weiter sitzt eine Gruppe von Bandenmitgliedern auf einem Grab und würfelt. Der Bestatter, der jetzt neben dem städtischen Friedhofswärter sitzt, sagte zu uns, als wir den Friedhof betraten: »Das sind die, die den Friedhof kontrollieren.« Das Gebiet wird vom Barrio 18 beherrscht. Meine Anwesenheit und die meines Bruders Juan verwirrt die Bandenmitglieder. Einer taucht aus der Schlucht auf, dann noch zwei weitere. Sie gehen zu dem Grab, auf dem die anderen würfeln. Dann kommt noch einer, er lacht, als Erde auf den Sarg geschaufelt wird. Er wirkt wie verkleidet: runder Mexikanerhut, weites weißes Hemd, weite schwarze Hose, weiße Tennisschuhe. Er fühlt sich stark, geht hinter uns vorbei, spuckt aus. Dann ist er wieder weg. Noch einer taucht aus der Schlucht auf. Zwei Frauen singen evangelische Kirchenlieder. El Niños Mutter weint und klagt, das dauert etwa fünf Minuten. Als die Männer die letzte Erde auf den Sarg schaufeln, beschließen wir zu gehen. Man hat das Gefühl, dass die Bandenmitglieder etwas vorhaben. Zu viele lungern hier herum. Wir glauben, dass wir jetzt besser gehen sollten. Wir sagen der Witwe, dass wir am Friedhofseingang auf sie warten werden. Wir gehen. Sie und ihr Vater haben ebenfalls die Spannung bemerkt. Die Beerdigung ist zu Ende. Ein Mann schneidet eine Blüte mit langem Stängel von einem Izote-Strauch, dem nationalen Symbol von El Salvador, und steckt sie an der Stelle in die Erde, an der irgendwann vielleicht jemand ein Steinkreuz aufstellen wird.

Gemeinsam mit Juan verlasse ich den Friedhof. Ein junger Mann folgt uns, groß, dunkelhäutig, nicht älter als 25. Er fordert uns auf, stehen zu bleiben. Wir gehen weiter, hinter uns die Trauergäste. Ein Trauermarsch der Armen. Der junge Mann stellt sich mit einem anderen neben den Eingang, um sich zu vergewissern, dass auch jeder den Friedhof verlässt. Wir kommen gerade noch dazu, der Witwe und ihrem Vater die Hand zu drücken.

Auf dem Friedhof bleibt ein Erdhügel mit einer Izote-Blüte zurück, ohne Kreuz, ohne Grabstein, ohne Grabinschrift. Darunter ruht Miguel Ángel Tobar, El Niño von der Gang Hollywood Locos Salvatrucha, ein Mann, von dem wir alle wussten, dass er ermordet werden würde.

Antonio Ortuño
DIE VERBRANNTEN
Roman

Santa Rita, ein unbedeutendes Kaff im Süden Mexikos. In einer Notunterkunft für zentralamerikanische Flüchtlinge auf dem Weg in die USA wird ein Feuer gelegt, dem zahlreiche Männer, Frauen und Kinder zum Opfer fallen. Irma, genannt La Negra, wird zur Untersuchung des Vorfalls zum lokalen Büro der Nationalkomission für Migration geschickt. Dort sind ihre Nachforschungen wenig willkommen und in einem Klima der Angst ist keiner der Überlebenden bereit, zu den Ereignissen in der Nacht des Anschlags auszusagen – bis auf die zwanzigjährige Yein, die zu Irmas einziger Zeugin wird.
»Absolut erschütternd und großartig, ein Meisterwerk, das weit über Mexiko hinaus jede Art von Sentimentalität durch kristalline Wut zum Schweigen bringt.« TOBIAS GOHLIS, KRIMIZEIT-BESTENLISTE

Aus dem Spanischen von Nora Haller, 208 Seiten, ISBN 978-3-95614-055-6

Carmen Boullosa / Mike Wallace
¡ES REICHT!

Der Fall Mexiko:
Warum wir eine neue globale Drogenpolitik brauchen

Seit Jahren lesen wir über die Schrecken, die der Krieg gegen die Drogen in Mexiko mit sich bringt. Wann und wie fing dieser absurde Krieg an, wer hat ihn begonnen und warum? Wer profitiert dabei und welche fatalen Konsequenzen hat er für eine Gesellschaft? Carmen Boullosa und Mike Wallace konfrontieren uns in dieser Streitschrift mit den deprimierenden historischen und politischen Fakten.
»Die tiefgehenden Analysen der Autoren legen nahe, dass die Dekriminalisierung von Drogen in den USA die wirksamste Hilfe für die fragile mexikanische Demokratie wäre.«
MICHAEL HOLMES, NZZ AM SONNTAG

Aus dem Spanischen von Gabriele Gockel und Thomas Wollermann, 288 Seiten, ISBN 978-3-95614-059-4

© Verlag Antje Kunstmann, München 2016
© der Originalausgabe: Verso 2016
Die Originalausgabe erschien unter dem Titel
»A History of Violence – Living and Dying in Central America«
Umschlaggestaltung: Heidi Sorg und Christof Leistl, München
Typografie und Satz: frese-werkstatt.de
Druck und Bindung: Pustet, Regensburg
ISBN: 978-3-95614-099-0

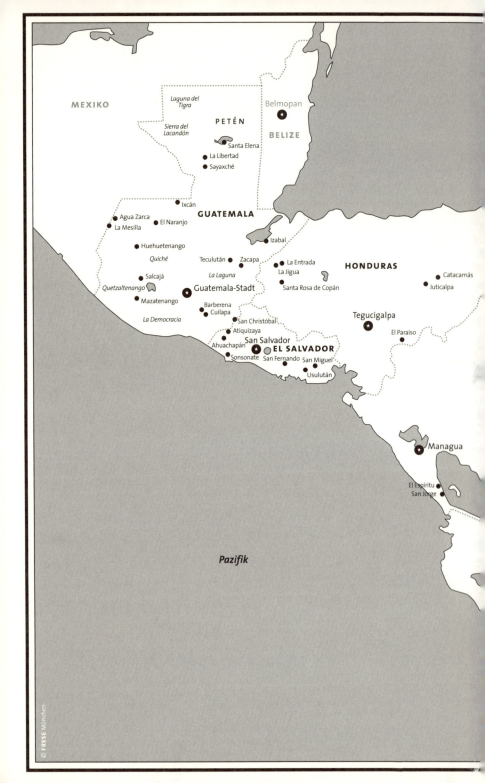